고통과
기억의
연대는
가능한가?

국가, 국민, 고향, 죽음, 희망, 예술에 대한 서경식의 이야기
고통과 기억의 연대는 가능한가?

제1판 제1쇄 발행일 2009년 1월 26일
제1판 제2쇄 발행일 2009년 5월 28일
제1판 제3쇄 발행일 2010년 7월 12일
제1판 제4쇄 발행일 2012년 3월 24일
제1판 제5쇄 발행일 2023년 1월 1일

글쓴이 서경식
기획 (사)평화박물관건립추진위원회, 책도둑(박정훈, 김민호, 김위종, 박정식)
기획에 도움을 주신 분들 이기찬, 조진석, 탁미정, 손제민, 경향신문사
편집 서혜영, 전광진
인쇄와 제본 (주)갑우문화사
발행인 김은지
발행처 철수와영희
등록번호 제319-2005-42호
주소 서울시 마포구 월드컵로 65, 302호(망원동, 양경회관)
전화 (02)332-0815 팩스 (02)6003-1958
전자우편 chulsu815@hanmail.net

ⓒ 서경식, (사)평화박물관건립추진위원회, 2009
ⓒ Otto Dix / BILD-KUNST, Bonn-SACK, Seoul, 2022
이 서적 내에 사용된 일부 작품은 SACK를 통해 VG Bild-Kunst와 저작권 계약을 맺은 것입니다.
저작권법에 의하여 한국 내에서 보호를 받는 저작물이므로 무단 전재 및 복제를 금합니다.

* 이 책 내용을 일부 또는 전부 재사용하려면 저작권자와 철수와영희 양측의 동의를 얻어야 합니다.
* 이 책의 인세는 (사)평화박물관건립추진위원회에 모두 기부하기로 했습니다.
* 책값은 뒤표지에 있습니다.

ISBN 978-89-93463-02-6 03300

철수와영희 출판사는 '어린이' 철수와 영희, '어른' 철수와 영희에게 도움 되는 책을 펴내기 위해 노력하고 있습니다.

고통과 기억의 연대는 가능한가?

국가, 국민, 고향, 죽음, 희망, 예술에 대한
서경식의 이야기

철수와영희

서문

해답이 아니라,
어려운 물음을 공유하는 '우리'로

　나는 2006년 4월부터 2008년 3월까지 2년 동안, 근무하고 있는 도쿄게이자이 대학에서 연구 휴가를 얻어 한국에 머물렀다. 그 때까지 몇 번인가 짧게 머문 적은 있었지만, 2년이라는 긴 시간에 걸쳐 조국에서 생활하는 것은 처음이었다.
　나는 1951년에 태어난 재일 조선인 2세이다. 청년기 이후부터 나는 늘 삶이 끝나기 전에, 체력도 지력도 쇠하기 전에 한 번은 한국에서 생활해 보고 싶다고 바라 왔다. 한국은 내게 조상의 출신지인 '조국'이며 동시에 내 '모국'이기도 하니까 말이다. 조국의 사람들에게 다가가고 싶다, 그리고 가깝고도 먼 곳 일본에서 조국 사람들의 마음을 미루어 짐작하며 사는 안타까움에서 이제 그만 벗어나고 싶다고 바라 왔다. 그런데 운 좋게도 그 기회가 찾아온 것이다.
　일본을 떠나기 전에 내가 마음속으로 세운 목표 두 가지는, 원고 없이 강연이나 강의를 할 수 있을 만큼 우리 말을 익히고 싶다, 그리고 젊은 사람들과 느긋하게 시간을 두고 대화하고 싶다는 것이었다.
　한국에 머문 지 1년째 되는 해에는 학회, 연구회 몇 군데에서 발표할 기회를 얻었다. 몇몇 대학 강연에도 초청을 받았다. 그러나 그 무렵까지 나는 일본어 원고를 우리 말로 번역해 그것을 읽어 나가고는 했다. 그러니 연구회가 끝난 뒤 사람들끼리 교류하는 자리가 있어도 썩 깊이 있는 대화를 나눌 수는 없었다.

하지만 체재 2년째부터 상황은 조금씩 바뀌기 시작했다. 나는 원고 없이 발표나 강연을 했고, 청중과 질의응답도 우리 말로 어떻게든 해 낼 수 있게 되었다. 아쉽게도 열심히 노력해 우리 말을 완전히 익혔기 때문이라고는 말할 수 없다.

내가 원고 없이 강연을 하게 된 것은 한국에서의 생활과 우리 말 의사소통에 어느 정도 익숙해졌기 때문이기도 하지만, 심경에 적지 않은 변화도 있었다.

나는 이 땅에 살고 있는 한국 국민들에게 끊임없이 다가가려고만 하던 태도를 바꾸어 오히려 '타자'로서 나 자신을 온전히 드러내 놓고 대화하는 것이 낫겠다고 생각을 고쳐먹었다. 우리 말을 잘 못 하는 것도, 여러 가지 습관이나 발상법이 다른 것도 그대로 드러낸 뒤, 그 차이를 불러온 역사적 원인이나 의미에 대해서 함께 생각해 보고 싶었다. 그리고 '같은 동포'라는 일체감을 공유하고 싶은 바람을 누르고, 존재하는 차이를 서로 인정하고 그 바탕 위에서 어떤 연대의 길이 가능한지 찾아보고 싶었다. 다시 말하면 '우리'라는 일체성을 무조건 전제로 하는 곳에서 출발하는 것이 아니라,

이 땅에 살고 있는 한국 국민들과 재일 조선인이 서로의 '타자'성을 인정하면서 지난한 대화를 통해 식민지 지배와 분단이라는 역사를 공유하는 '새로운 우리', '미래의 우리'를 이루어 갈 수 있는 가능성을 모색하고자 한 것이다.

그 사이 내가 쓴 책 여러 권이 한국에서 번역되어 나왔다. 이전에는 상상도 하지 못할 행운인 셈이다. 《나의 서양미술순례》, 《청춘의 사신》, 《단절의 세기 증언의 시대》, 《소년의 눈물》, 《디아스포라 기행》은 한국에 머물기 전에 나왔지만, 《난민과 국민 사이》, 《시대의 증언자 쁘리모 레비를 찾아서》, 《교양, 모든 것의 시작》, 《사라지지 않은 사람들》, 《시대를 건너는 법》, 《만남 – 서경식 김상봉 대담》은 모두 내가 한국에 머무는 동안 출판되었다.

이 책들이 이 땅에 살고 있는 사람들에게 무언가 새로운 관점을 제시하고, 새로운 생각을 하게 했다면 저자로서 그보다 큰 기쁨은 없다. 더할 나위 없이 기쁜 일이다. 많지는 않지만, 조국의 독자들이 진지한 반응을 보내 온 것도 기뻤다. 관심을 갖고 질문을 던져 준 독자들과 느긋하게 대화를 나누는 것은 내 바람이기도 했다. 그 과정에서 나도 한국 사회나 사람들에 대해서 많이 배우고 싶었다. 하지만 내가 바라던 그런 대화는 한 번으로 그치는 강연회나 학술 심포지엄으로는 이룰 수 없는 것이었다.

　마침 그런 내 마음을 헤아려, 2007년 봄 (사)평화박물관건립추진위원회에서 연속 강좌를 기획해 주었다. 한홍구 교수와 이기찬 씨가 무척 애를 썼다. 모인 청중들 가운데는 비교적 젊은 세대의 시민 운동가나 학생들뿐만 아니라 일반 회사원도 있어, 두루 이야기를 나눌 수 있었다.

　또 2007년 가을부터 성공회 대학교 NGO 대학원 학생들과 여러 차례 세미나를 했다. 조진석 씨가 간사로 궂은일을 도맡아 주었다. 여기서 여러 전교조 선생님들을 만나고, 아름다운 가을, 그들과 함께 태백과 안동을 돌아본 것은 잊기 힘든 추억으로 남아 있다.

　나는 강연과 세미나를 하면서 그곳에서 만난 사람들의 순수한 진보 정신에 커다란 감명을 받았다. 일본에서는 정의롭지 못한 것에 대한 분노나 억압받는 자들에 대한 공감을 이렇게 순수한 마음으로 직선적으로 표현하는 사람들과 만나기가 어렵다. 무관심, 무기력, 냉소주의가 많은 사람들을 사로잡고 있기 때문이다.

　하지만 이렇게 진보적인 한국 사람들마저도 '고향', '가족', '국가', '민족', '성', '죽음', '아름다움' 같은 문제들에 대해서 아직까지 기존의 사회 통념에 사로잡혀 있는 듯 보인 것은 무척 의외였다.

인간과 사회의 복잡함을 들여다보려 하지 않고, 흑백론으로 재빨리 단정 짓고 마는 것처럼 안이하고 위험한 태도는 없다. 오히려, 당연하다고 굳게 믿고 있는 전제를 다시 한번 의심하고, 보다 근원적인 곳까지 내려가서 다시 생각해 보는 것, 간단히 답을 얻을 수 없는 답답함을 견디며 끊임없이 묻는 것, 자신을 기존 관념의 지배에서 해방시켜 기어이 정신적 독립을 얻어 내는 것, 이것이야말로 참된 지적 태도라고 나는 믿는다. 지금처럼 어지럽고 위기에 처한 시대에는 더욱더 그러한 태도가 요구될 터이다. 해서 나는 한결같이 물음을 던지는 역할에 철저하기로 했다. 그 역할을 다하고자 힘쓴 결과물이 바로 이 강의록이다.

철수와영희의 박정훈 대표가 이 강의록을 펴내고 싶다는 제안을 해 왔을 때 나는 선뜻 그러자, 하지 못했다. 우선 양이 엄청난 강의록을 읽기 쉽게 잘 정리해 낼 수 있을까 걱정스러웠다. 그리고 숱한 물음을 던지면서 확실한 답을 주는 것도 아닌 이 책이 독자들에게 널리 환영을 받을 수 있을까 자신이 없었다. 출판사에 부담만 지우는 일은 아닌지 지금도 걱정이 앞선다.

하지만 나는 결국 박정훈 대표의 설득을 받아들였다. 그것은 역시 일본으로 돌아온 뒤에도 조국 사람들과 계속 대화를 나누고 싶다, 이를 위한 씨

앗을 한국에 남기고 싶다는 바람이 컸기 때문이다.

　내가 조국에 머무는 동안 여러분들에게 던진 물음은 아마도 아직 소화 불량인 채로 남겨져 있을 것이다. 그 소화가 덜 된 물음을 포기하지 않고 계속 안고 갔으면, 하고 바란다. 2007년에 한국에서 만난 우리들이 주어진 답을 공유하는 '우리'가 아니라, 어려운 물음을 공유하는 '우리'로서 되풀이해서 만남을 이어가기 위하여.

　이 책 표지에 쓰인 이미지는 송현숙 화백의 그림이다. 고맙게도 귀한 작품을 써도 좋다고 기꺼이 허락해 주셨다. 송 화백은 오래 전 간호사로 독일로 건너가 지금껏 거기서 살고 있는 코리안 디아스포라 가운데 한 사람이다. 이 책의 표지에 이보다 더 어울리는 작품은 없을 것이다.

　끝으로 강의록을 정리하고 편집하는 지난한 일을 맡아 준 서혜영, 전광진 두 사람에게 고마운 마음을 전한다.

2008년 11월 3일 광주항일학생운동 기념일에

일본 도쿄에서 서경식

번역 | (사)평화박물관건립추진위원회 김영환

차례

서문 4

1부 디아스포라와 국민주의

1_재일 조선인은 누구인가?
'국민'과 '주민' 19
1910년, 모든 조선 사람은 일본 국적이 되었다 22
식민지 지배와 조선인의 국적 25
다수자의 등식, 조국=고국=모국 33
타자를 배제하는 틀, 국민 39
'국민' 바깥에서 살아가기 41
국가의 이익에 편성되는 다문화주의 46
'우리'는 누구인가? 51

2_국민주의를 비판한다
부활하는 일장기와 기미가요 56
근대국가의 국민이 져야 할 책임 59
한국은 일본과 다른가? 63
비국민에 대한 폭력, 귀화 65
국민주의를 어떻게 넘어설 것인가? 72
알퐁스 도데의 《마지막 수업》에 담긴 진실 76
국민주의에 갇힌 사회주의 81
베트남전쟁에 대한 우리의 책임 83

3_누가 그 기억을 이야기하는가?

유대인은 누구인가? 88

유대인, 시오니스트 그리고 이스라엘 95

시오니즘과 디아스포라 – 유대인 역사의 두 가지 전통 97

피해자는 누구이고 가해자는 누구인가? 99

'유일한 피폭국 일본'이라는 신화 103

2부 당연한 것을 다시 묻는다

4_ 디아스포라에게 고향은 어디인가?

디아스포라로 살아온 윤동주 112

'조선'이라는 기호로 사는 사람들 114

'고향은 어디인가?'라는 난처한 질문 119

고향에 대한 디아스포라의 감수성 126

5_ 생명이 선이고 죽음이 악이다?

개인=가족=국가라는 위험한 등식 137

신의 의지로 살아온 중세인 142

착취를 위해 자살을 금지한 산업사회 147

한국과 일본의 현실 – 그래도 희망이 있다? 150

삶과 죽음을 스스로 결정한 이들 153

누구의 도덕, 누구의 이데올로기인지를 따져야 한다 157

6 _ 희망이라는 이데올로기를 넘어서

희망이라는 말의 뜻 162
루쉰, 근대의 과제들과 맞서 싸운 동아시아의 지식인 164
환등 사건과 후지노 선생 166
희망을 보고 걷는 것이 아니다 170
깊은 어둠을 누비는 루쉰의 글쓰기 176
루쉰을 어떻게 읽을 것인가? 183
희망, 다수자의 이데올로기를 넘어서 188

3부 저항하는 예술 증언하는 예술

7 _ 당신의 미의식은 당신 것인가?

전쟁을 겪은 20세기 독일 미술 192
근대국가가 만들어 낸 '국민의 미' 195
자기의 미의식을 지키고자 한 투사, 반 고흐 198
테오, 너는 코로의 화상이 아니다 207

8 _ 예술은 전쟁에 저항할 수 있는가?

전쟁의 기억을 그려 낸 오토 딕스 212
계몽주의 사상의 패배를 그린 펠릭스 누스바움 219
난민의 자화상으로 남겨진 디아스포라 224
80년대 독일, 기억의 전장 227
과테말라 저항 미술의 상징, 다니엘 살라사르 229
기억의 투쟁에 우리는 어떻게 참여할 것인가? 232

4부 '솔직한 비관주의자' 서경식과 나눈 대화

9_한국판 시라케 시대가 열리고 있다

'솔직한 비관주의자' 서경식을 만나다 238
한국판 '시라케 시대'가 열리고 있다 239
낙관할 수만은 없는 미래 241
빠르게 일본을 닮아 가는 한국 사회 245
'지식인'이 사라진 시대 249
판단을 포기한 지식 노동자, 스페셜리스트 254
컴퓨터 첨단 기술과 노예화 258
언어의 감옥을 넘어서 260
디아스포라의 눈에 비친 한일 양국 264
디아스포라 지식인의 역할 269

자료

소논문 일본 '국민주의'의 어제와 오늘 274
연표 재일 조선인의 역사 301
연표 팔레스타인 분쟁사 307

* 일러두기

1. 이 책은 (사)평화박물관건립추진위원회가 2007년 4월부터 6월까지 '고통과 기억의 연대는 가능한가? — 서경식과의 대화'라는 주제로 연 다섯 차례 기획 강좌와, 저자가 성공회 대학교 NGO 대학원 학생들과 만나면서 2007년 9월부터 2008년 2월까지 진행한 세미나 내용을 엮은 것이다. 단, 9장은 저자가 〈경향 신문〉 손제민 기자와 나눈 대담을 실었다.
2. 이 책의 맞춤법과 띄어쓰기, 외래어 표기법은 대부분 국립국어원 《표준국어대사전》 용례를 따랐다.

1부;
디아스포라와 국민주의

오늘은 '재일 조선인'에 대한 이야기부터 시작하겠습니다. 그리고 디아스포라가 본 국가와 국민에 대해 말씀 드리겠습니다. "재일 조선인에 대해서 너무 몰랐다."는 얘기에 머물지 않고, 한 걸음 더 깊이 들어가서 그러면 국민이라는 것은 뭐냐, 국가가 도대체 뭐냐 하는, 그러니까 국민이라는 개념 자체를 아주 자연스럽게, 당연한 것처럼 생각하고 있는 사고방식을 다시 성찰할 수 있도록 하고 싶은 것이 저의 강연 의도입니다.

1 _ 재일 조선인은 누구인가?

안녕하세요? 서경식입니다.

도쿄게이자이 대학東京経済大学에서 해외 연구 기회를 얻어 한국에 온 지도 1년이 넘었습니다. 1년이 지났으면 좀 더 말이 많이 늘어야 되는데, 아직도 우리 말이 어렵습니다. 다행히 오늘 참석자 명단을 보니 희망제작소 림혜영 선생이 와 있네요. 제가 아는 선배의 따님입니다. 재일 동포시라 앞으로 서로 의사소통에 문제가 있으면 도와주실 겁니다. 참가자 명단을 보니 일본 분도 계시네요.

나머지는 전부 한국 국민 여러분이십니까? (청중 웃음) 아니면 재중 동포나 재미 동포, 이런 분은 없으세요? 안 계세요? 아, 재일 동포 한 분이 더 계시군요.

한국에 와서 지난 1년 동안 여러 차례 이런 강연을 했습니다. 창원대, 강원대, 경북대, 전남대……, 뭐 여러 곳에서 강연을 했는데 그때마다 조금씩 답답함을 느꼈습니다. 뭔지 제가 소화가 안 되는 그런 느낌이었습니다. 전부 다 일회성이라고 할까요? 그냥 제가 한 번 말씀 드리고 지나가 버리는 거죠. 듣는 분들은 새로운 내용이 많으니까 "아, 처음 알았다.", "몰랐다."라는 이야기만 합니다. 거기서 더 들어가야 하는데, 문 앞에까지 왔다가 못 들어간 채 멈춰 서는 그런 느낌이 들었습니다. 그것이 그냥 입구지요. 그래서 제가 주변 분들에게 조금 더 깊이 있게 많은 이야기를 나눌 수 있는 자리를 만들어 달라고 요청했습니다.

오늘이 그 첫 번째 시간인데요. '재일 조선인'에 대한 이야기부터 시작하겠습니다. 그리고 디아스포라*가 본 국가와 국민에 대해 말씀 드리겠습니다. "재일 조선인에 대해서 너무 몰랐다."는 얘기에 머물지 않고, 한 걸음 더 깊이 들어가서 그러면 국민이라는 것은 뭐냐, 국가가 도대체 뭐냐 하는, 그러니까 국민이라는 개념 자체를 아주 자연스럽게, 당연한 것처럼 생각하고 있는 사고방식을 다시 성찰할 수 있도록 하고 싶은 것이 저의 강연 의도입니다. 제대로 될지 모르겠습니다.

저는 지금 성공회 대학교에서 한홍구 교수의 NGO 대학원 수업을 듣고 있습니다. 거기서 학생들과 같이 배우고 있는 거죠. 학생들이라고 하더라도 NGO 대학원이니까 낮에는 직장에 다니는 분이 많고 특히 교사들이 많습니다.

수업 중에 군사정권 시대의 고문에 대한 진상 규명과 과거사 청산에 대한 이야기가 나왔습니다. 70년대, 박정희 시대에는 국회의원도 고문을 당했

---

* diaspora : 대문자 Diaspora라는 말은 본래 "'이산'을 의미하는 그리스어"이자, "팔레스타인 땅을 떠나 세계 각지에 거주하는 이산 유대인과 그 공동체를 가리킨다."고 한다. 그러나 그것은 물론 사전상의 의미에 지나지 않는다. 오늘날 '디아스포라'라는 말은 유대인뿐 아니라 아르메니아인, 팔레스타인 등 다양한 '이산의 백성'을 좀더 일반적으로 지칭하는 소문자 보통명사 diaspora로 사용하는 경우가 많아졌다. ─《디아스포라 기행》서경식 씀, 김혜신 옮김, 돌베개, 2006, 13쪽 가운데.

는데, 당시 고문당했던 어떤 의원이 김영삼 정권이 들어서면서 법무부 장관에 취임을 했대요. 그 사람은 취임 기자회견에서 "나도 박정희 때는 고문당한 적이 있다. 간첩도 아닌데……."라는 이야기를 했답니다. 그 말은 간첩이면 고문해도 상관없고 (청중 웃음), 간첩이 아닌 사람을 고문하면 문제가 있다는 말이지요. 그래서 "기본적인 인권이라는 관점에서 볼 때 민주 진영의 인사나 군사독재 정권에게 고문당했던 문민정부의 장관이라 하더라도 이런 수준이다."라는 이야기가 나왔습니다. 이런 이야기를 학생들과 함께 나누었는데 그 얘기를 먼저 전해 드릴까 합니다.

저는 "이것은 이 나라가 해방 직후부터 겪어 온 내전의 역사에 영향받은 군사주의적인 사고방식 때문이다. 모든 것을 적이냐, 아니면 내 편이냐로 나누는 그런 이분법 때문이다."라고 말했습니다. 아시다시피 저의 형 둘(서승, 서준식)도 그런 경험을 했습니다. 보안사에서 조사받을 때, 그냥 자백하라고 이야기하는 것이 아니었답니다. 항복하라고 한답니다. "너 이 새끼! 항복하라!"라고요. 눈앞에 있는 모든 사람이 적이지요. 그래서 저는 "이런 것은 문제가 있는 것 아니냐? 이런 사고방식 자체를 청산해야 하는 것 아니냐?"라는 문제 제기를 했습니다.

그러자 어떤 학생이 제 생각에 동의하면서 "그런 이분법적인 사고방식은 문제가 있습니다. 모두가 다 같은 국민인데……." 하는 얘기를 했어요. 그러나 "같은 국민인데……." 하는 것도 "간첩도 아닌데……."와 별로 큰 차이가 없습니다. "그럼 국민이 아닌 사람은 고문당해도 되느냐?"라고 물어볼 수 있지요. 물론 그 학생은 나쁜 의도가 없었습니다.

한국에 와 보니 '인권을 향유하고 있는, 인권을 보장받을 수 있는 사람이야말로 국민이다.'라는 대명사식의 '국민'이란 말이 자주 나옵니다. 저는 무의식적으로 자신도 모르게 내면화되어 버린 '국민'이란 말로 표현되는 국민의식을 깊이 생각하고 극복해 나갈 수 있는 좋은 창구가 재일 조선인, 재중 동포의 처지라고 생각하고 있습니다. 여기에 계신 '국민' 여러분이 자기 자신의 일상적 사고방식에 대해서 깊이 성찰하지 않고 '아, 재일 조선인에 대해서 너무 몰랐다. 불쌍하다. 앞으로도 많이 관심을 가져야겠다. 일본 놈들 나쁜 놈들이다!' (청중 웃음) 하는 식으로만 생각하신다면 재일 조선인을 겉핥기로만 바라보게 될 뿐입니다.

제가 왜 이런 얘기부터 하냐면, 이 자리를 통상적인 재일 조선인에 대한 연구회나 강연회가 아닌 새로운 배움터로 만들고 싶어서입니다. 이 자리는 '재일 조선인이라는 것은 이거 이거다.'라는 사실만 알고 이해하려는 것이 목적이 아닙니다.

우리가 소수자, 주변화된 사람들, 차별받고 있는 사람들, 자기 자신의 뜻을 나름대로 제대로 표현할 수 없는 처지에 있는 사람들, 표현해도 아무도 들어주지 않는 사람들의 이야기를 듣는다 할 때 쉽게 범할 수 있는 잘못은, 다수자의 입장에서 바라보는 것입니다. 다수자의 입장에서 바라볼 때 우리는 그들을 정보 제공자^{informant}로만 여기면서 그 사람들의 이야기를 단편적으로 인용하고, 이용하게 됩니다. 그리고 보고서나 논문 같은 것을 쓰고 해석할 권리를 갖습니다. 해석할 높은 권위는 어디까지나 다수자인 중심부가 갖고 있으면서 소수자에게는 "네가 그렇게 느끼고 있는데 그 이유는 이거 이거다."라고 할 수 있는 거지요.

'국민'과 '주민'

그럼 이야기를 계속해 보죠. 일본의 지방자치단체가 재일 조선인 지방공무원 임용을 거부해 온 역사는 오래되었습니다. 지금은 조금씩 상황이 나아지고 있습니다. 90년대 들어서면서 재일 조선인이 사무직 공무원에 임용될 수 있게 되었습니다. 그러나 지금도 직업의 종류에 따라서는 임용될 수 없는 경우가 있고, 또 공무원이 되더라도 승진에 한계가 있습니다. 왜냐하면 '공무원은 국가 의지를 행사하는 직업이다.'라는 것이 일본 정부의 기본 입장이기 때문입니다.

90년대에 재일 조선인 3세가 오사카 시大阪市의 채용 시험 자체를 거절당한 일이 있었어요. 그래서 그 재일 조선인 3세는 그것이 부당하다고 해서 세 번인가 다시 응시를 하고, 시민운동도 벌이고 해서 겨우 시험을 볼 수 있었습니다. 제가 일본의 대학교에서 강의할 때 그것을 소개하면서 학생들에게 "어떻게 생각하느냐? 솔직히 어떤 느낌이 드는지 써 달라."고 설문 조사를 했습니다. 아래 글은 그 설문 결과 중 하나입니다.

> 나는 공무원이라는 직업의 성격상 재일 조선인이 차별받는 것은 어쩔 수 없는 일이라 생각한다. 공무원은 국가나 지방자치단체의 업무를 담당하는 만큼 재일 조선인을 안 좋게 여기는 주민들은 재일 조선인이 공무원으로 일하는 것에 불쾌감을 느낄 것이다. 공무원과 주민 사이에는 서로 신뢰가 필요하며, 그것이 어렵다면 재일 조선인의 고용을 거부한 오사카 시를 비판하는 것은 옳지 않다.

본인 스스로 아주 민주적인 시민이라고 여기고 있는 학생의 글입니다. 다른 학생들도 대개 위와 같은 답을 했습니다. 자, 그러면 이것을 어떻게 생각해야 하는지, 어디에 문제가 있는지부터 얘기해 봅시다. 어떻게 생각하세요? 특히, 한국 '국민' 여러분은 어떻게 생각하는지 물어 보고 싶습니다.

제가 학교에서 학생들을 가르칠 때 학생 대다수가 일본 사람이니까 어떤 경우에는 감정적인 문제로 가서 "선생님께서는 왜 그렇게 일본 사람을 싫어

하십니까?"라는 식으로 얘기가 나오기도 합니다. (청중 웃음) 그런데 감정적인 것도 많이 있죠, 물론 여기서도요. 하지만 불쾌감을 느낀다면 그 불쾌감의 근거는 어디에 있는지, 역사적으로 어떻게 형성되어 온 불쾌감인지, 누가 불쾌감을 느끼고 있는지 따져 봐야 합니다. 이 학생 자신이 의식적으로 갖고 있는 불쾌감을 여기서 이렇게 이런 식으로 털어놨을 수도 있겠죠.

그러나 핵심적으로 중요한 것은 '주민'이라는 개념입니다. 재일 조선인은 일본 국적은 없지만 주민세를 내고 있어요. 오사카 시에는 재일 동포 18만 명이 살고 있지요. 그 중에서도 이쿠노 구生野区 같은 경우는 주민의 1/4이 재일 조선인입니다. 그래서 재일 조선인들이 주민세의 1/4을 부담하고 있습니다. 그러니까 '이 오사카 시 이쿠노 구라는 지방자치단체에서 세금만 내고 주권이 없는 상태에 있는 것이 재일 조선인이다.'라고 말씀 드릴 수 있지요. 불쾌감이니 뭐니 하는 것은 이차적인 문제입니다. 왜냐하면 우리가 호감을 느끼는 사람들끼리만 사는 것이 아니니까요. (청중 웃음) 해외에서 외국인들이 오면 무조건 호감을 가져야 한다, 느껴야 한다는 것이 아닙니다. 서로 호감을 못 느껴도 주민은 주민들끼리 자치를 해야 한다는 거죠. 그렇지 않으면 재일 조선인의 주민세도 면제해야 합니다.

주민이냐, 국민이냐 하는 것은 일본 헌법상 아주 큰 문제입니다. 나중에 자세히 말씀드리겠지만 일본 헌법에는 원래 'people'이란 말밖에 없어요. 일본 헌법은 아시다시피 일본이 패전하면서 미국이 '이런 헌법으로 하라.'고 '맥아더Douglas MacArthur 초안'을 제시했는데, 그걸 일본어로 번역한 것이죠. 거기서 주권자, 주체가 영어로 'people'이라고 되어 있어요. 이것을 '국민'이라고 번역한 조항도 있고 '주민'으로 번역한 것도 있습니다. 국민하고 주민을 대립 관계로 생각하는 경우가 많은데요. '너는 여기 오사카에 살고 있지만 일본 국민이 아니니까 당연히 국가공무원이 될 수 없다.' 이렇게 생각하고 있는데 과연 당연할까요? 어떻게 해서 'people'이란 말이 이런 식으로 번역되었는지, 왜 그런 해석이 정착되었는지 하는 것을 생각해야 합니다. 역사적인 배경을 통해 이 얘기를 더 해 보고자 합니다.

1910년, 모든 조선 사람은 일본 국적이 되었다

1910년 일본은 조선을 병합했어요. '국권피탈國權被奪'이라고 하는 말은 여기 와서 배웠습니다. 병합 조약 제1조에는 "대한제국 황제는 한국 정부의 통치권을 영원히 일본 천황에게 양여한다."고 되어 있습니다. 그때는 군주제 시대니까 국민주권이 없었습니다. 그래서 대한제국의 황제는 조선이라는 땅뿐만이 아니라 거기 살고 있는 사람들에게도 통치권을 갖고 있었습니다. 이 통치권, 그러니까 조선 사람 한 사람, 한 사람에 대한 통치권이 대한제국 황제로부터 일본 천황한테로 옮겨 갔다는 것입니다. 여기 있는 사람들의 국적이 그 순간부터 일본 국적으로 바뀌었지요. 1910년 이후로는 모든 조선 사람은 일본 국적이었다고 일단 말할 수 있습니다.

예를 들어 중국 옌볜延邊 연변, 소련에 살고 있는 조선 사람도 일본 사람이 되었다는 것이 일본 정부의 입장이었습니다. 그래서 "나는 싫다. 나는 그런 것을 의논한 적도 없고, 동의한 적도 없다."고 해도 일본 국적을 포기할 수 없었어요. 왜냐하면 그때 일본 헌법에도 국적 포기에 대한 조항이 있기는 했지만 일본 헌법 체계가 여기(조선)에는 적용되지 않았기 때문입니다. "일본 헌법은 일본 내지內地에만 적용한다. 일본 외지外地인 조선은 조선총독부가 독자적으로 지배한다." 이렇게 되어 있었어요. 조선총독은 천황이 지명하는 것이니까, 물론 법적으로 최고 책임자는 천황입니다. 하지만 일본 내지에 적용하는 여러 법들이 아니라 총독이 발동하는 여러 가지 명령들이 그대로 그 순간부터 조선에서 법으로 유효했습니다. 그래서 일본 국적법도 여기(조선)에는 적용되지 않으니까 일본 국적을 포기할 법적인 절차와 근거조차 없었어요. 이 순간부터 일본 국민이라는 틀 안으로 모든 조선 사람들이 다 갇혔다고 말할 수 있는 거죠.

여기 계시는 여러분의 할아버지, 할머니 때는 모두가 일본 국적을 가진 일본 국민이었다는 것을 새삼스럽게 떠올릴 필요가 있습니다. 별로 기분 안 좋은 일인데요. 어떤 뜻인가, 어떤 의미가 있는가를 생각해야 해요. 이런 상태에서 일본 제국의 틀이 점점 넓어졌어요. 만주국이 생기고, 산둥 성山東省산둥성도 점령되고요. 심지어는 대만, 남태평양 지역까지 점령당했지요. 이 사람들의 국적은 전쟁이 끝나고 나서, 일본이 패전하고 나서, 어떻게 되었습니까? 대한민국 국민이 되었습니까? 남북한이 분단되었기 때문에 남한에 있던 사람들만 대한민국 국민이 되었죠. 그러나 스스로 원해서 그렇게 된 겁니까? 많은 분들이 대한민국이라는 국가, 대한민국의 국민이라는 것을 모든 것의 시발점으로 생각하고 있는데 과연 그럴까요?

38도 이북 조선에 있는 사람은 조선민주주의인민공화국의 공민이 되었습니다. 중국에 있던 조선인들은 어떻게 되었죠? 정확하게 이야기하면 중국 정부는 국적 선택권을 주었습니다. 옌볜 조선족 자치주에 있는 조선족 동포들은 중국 공산당하고 힘을 합쳐서 항일 투쟁을 같이 했습니다. 해방되고 나서는 국민당하고 내전이 벌어질 때 공산당 쪽에서 같이 일을 했죠. 그래서 중국 정부는 그 반대급부로 조선인들에게 중화인민공화국 국적을 부여하면서 자치권을 인정한다고 해서 재중 조선인들은 거의 대부분 중국 국적을 가지게 되었습니다. 그리고 중국 국적을 취득하면서 다민족 국가인 중화인민공화국의 족적族籍으로는, 민족적인 적으로는, 조선족으로 인정받았습니다. 조선 민족이면서 중화인민공화국 국민으로 법적인 처지를 인정받았습니다. 그러나 모두가 그렇게 된 것은 아닙니다. 소수이지만 중국 국적을 얻지 않고 그냥 북조선, 조선민주주의인민공화국 국적을 그대로 가지고 있는 사람도 있어요. 이 사람들을 '조선 교민'이라는 뜻으로 '조교朝僑'라고 합니다. 조교는 중국에서 살고 있지만 국적, 법적으로는 외국인이죠. 외국인이지만 중국 국적의 동포들하고는 사촌이나 형제로서 왔다 갔다 하면서 살고 있습니다.

소련 옌하이저우沿海州 연해주는 문제가 많았죠. 조선인들은 일본 정부가 소련하고 오랜 대립 관계에 있었기 때문에 소련에 많이 시달렸습니다. 무척 고통스러웠죠. 스탈린Iosif Vissarionovich Stalin 정권은 일본 정부의 입장이 '소련에 있는 조선인들은 모두 일본 국적이다.'라는 것이었기 때문에 조선인들이 일본 쪽에 서서 소련 정부에 반항할지 모르겠다 해서 중앙아시아로 이송했습니다. 이송 자체를 정당화할 수는 없지만 역사적인 배경을 보면 일본과 소련의 대립 관계, 소련 혁명에 대한 일본의 반혁명적인 전쟁과 "여기(옌하이저우)에 있는 사람들도 천황의 신민이다."라는 주장과 깊은 관계가 있습니다.

우리는 재일 조선인 문제를 '일본에서 불쌍하게 차별받으면서 살고 있다.'는 것뿐만 아니라, '우리 민족 전체가 19세기 말부터 20세기에 걸쳐 일본의 식민지 지배를 받으면서, 살고 있는 틀이 조선 땅에서 중국 둥베이 지방東北地方 동북지방, 소련 옌하이저우, 일본에 이르기까지 넓어졌다.'는 점에서 보아야 합니다. 조선에서 살고 있던 사람들이 여기로 저기로 나가게 되었는데 이 사람들이 제2차 세계대전이 끝나고 나서, 일본이 패전하고 나서, '어떤 국민으로 만들어졌는지' 하는 점에서 재일 조선인의 국적 문제를 바라보아야 합니다.

우선 재일 조선인 문제는 역사적으로는 식민지 지배 때문에 생긴 것이어서 중요합니다. 그래서 재일 조선인 문제는 식민지 지배라는 과거 청산을 어떻게 하는 것이 한 사람, 한 사람의 처지에서 볼 때 바람직한 것이냐 하는 점에서 바라보아야 합니다.

두 번째, 해방 직후 이 나라에는 냉전 체제 때문에 분단선이 생겼죠. 이런 분단선 때문에 여기 재일 조선인 사회에도 눈에 잘 보이지 않는 분단선이 생겼습니다. 전쟁 직후 우리 민족은 식민지 지배에서 해방되면서 독립된 나라가 되지 못하고 분단이 됐습니다. 이것이 한반도에서만 문제가 되는 것이 아니라 해외에 있는 우리 교포들에게도 아주 큰 영향을 미치고 있다는 겁니다.

세 번째 문제가 한일 관계, 조일 관계입니다. 일본이라는 나라는 이런 역사를 제대로 청산하지 않고 반성도 안 하고 있기 때문에 재일 조선인들이 시달리고 있는 여러 문제들이 있습니다. 재일 조선인 문제는 일본 처지에서는 외국인, 소수자 문제지만, 우리 처지에서는 식민지 지배, 분단, 그리고 한일 관계, 이 세 가지 문제와 깊이 연결되어 있다는 겁니다.

식민지 지배와 조선인의 국적

조금 더 자세히 살펴보겠습니다. 일본은 1910년 대만과 조선을 외지로 규정해서 조선반도는 일본 헌법이 적용되지 않는 이법 지역異法地域으로 규정했습니다. 이것이 아주 중요한데 모르는 분이 많습니다. 1922년에는 조선호적령이 실시됩니다. 조선인과 혈통적인 일본인을 구별하려고 일본 본토에서 전적轉籍을 금지했어요.

조선이 일본의 식민지가 되면서 많은 조선인들이 일본으로 건너가게 됩니다. 예를 들면, 우리 할아버지 같은 경우는 1928년에 충청도에서 일본으로 건너가셨습니다. 그때가 산미증식계획 때니까 우리 나라 농촌에 대한 수탈이 가장 심했을 때죠. 그래서 먹고살기 위해 일본 내지로 건너간 조선 사람들이 늘었습니다. 재일 조선인 인구는 1922년 59,865명에서 1928년 243,328명으로 급증했습니다. 일본 정부는 호적을 옮기게 되면 앞으로 이 사람들이 원래 일본 내지에 살던 일본 사람인지 아니면 건너온 조선 사람인지 구별 못 하게 된다고 생각했어요. 그래서 내선일체라며 조선 사람들을 같은 천황의 신민이라고 하면서도 일본 사람들과 구별하려 했습니다.

조금 추상적인 얘기가 되겠지만 이것이 식민지 지배의 본질입니다. 식민지 지배의 본질은 차별racism입니다. '이 사람이 나와 같은 일을 해도 나의 절반밖에 안 되는 월급을 받는 것이 당연하다.'고 생각하는 윤리관, 가치관과 같은 것이죠. '이 사람들이 좀 후진적이니까 우리가 도와주고 교육도 시키고 해야 한다.'는 그런 사고방식이죠. 이런 차별이 있어야 지배 국가의 기업들이나 사람들이 이익을 볼 수 있어요. 그래서 차별이라는 것은 없앨 수 없어요. 그러나 식민지 지배를 하면서 표면상으로는 "차별은 없다. 모두 천황의 적자다."라고 해야지요. 일본은 표면상 그런 얘기를 하면서 제도적으로는 재일 조선인을 차별했습니다.

1922년 조선호적령이 생겼는데요. 원래 호적이라는 제도는 일본, 한국, 대만 세 나라밖에 없습니다.* 호적이라는 제도는 일본 사람들이 발명한 겁니다. 한용운 시인의 '당신을 보았습니다'라는 시가 있죠. 1907년에 일본이 민적령民籍令 호적의 전신이라는 제도를 들여왔을 때 시인이 그것을 가지고 시를 지었는데, 거기에 "민적 없는 자는 인권이 없다."라는 구절이 나옵니다. 민적에 등록되어 있고 그것을 바탕으로 국적이 있는 사람만 인권이 있다, 민적이 없는 사람은 믿을 수 없는 사람이고 비적非籍이고 비국민이다라는 이야기지요. 호적이 없는 사람들에게 인권은 없어도 된다는 이분법입니다.

---

* 한국 정부는 2008년 호적법을 폐지했다. 지금은 가족 관계 등록부가 호적을 대신하고 있다.

호적은 일본의 식민 통치의 바탕이 되는 제도였습니다. 1922년 조선에서 일본으로 건너가는 사람들이 많아지면서 일본은 전적을 금지하게 됩니다. 일본에 살고 있어도, 이름을 바꿔도, 뭘 해도 호적을 보면 '이 사람은 원래 조선 사람이다.'라는 것을 알 수 있게 해야 한다는 것이죠. 예를 들자면 우리 할아버지는 1928년에 일본으로 건너가셨는데, 우리 형이 태어났을 때 일본의 동사무소에 출생신고를 한 것이 아니고 우편으로 충청도 논산에 신고를 했어요. 호적이라는 것은 주민등록도 마찬가지지만 병역제하고 깊은 관계가 있어요. 어떤 집에서 누가 군대를 제대로 갔는지 안 갔는지, 국가가 한눈에 파악할 수 있게 하는 것입니다.

1922년 실시된 호적령은 아주 중요합니다. 1930년대 후반에 황민화정책을 거쳐서 40년대에, 태평양전쟁이 일어납니다. 많은 조선 사람들이 강제 동원되어 일본으로 건너가게 되었습니다. 44년 통계로는 거의 2백만 명 가까운 조선 사람들이 일본에서 살게 되었습니다. 그러나 당시 조선 사람들은 외국인처럼 외국 국적을 지닌 채 외국 여권을 가지고 외국인 노동자로 일본에 건너간 것이 아닙니다. 지금은 일본 사람들이 "너희들은 외국인이니까, 일본이 그렇게 싫으면 나가라!" 하는데, 조선인이 일본으로 갈 때는 여권 같은 것도 필요 없이 일본 국민으로 갔어요. 일본은 조선인을 같은 국민이라고 하면서도 국가의 틀 안에서 위계 제도와 차별 제도를 유지하기 위해서 호적을 그런 식으로 정했습니다.

1944년에는 조선 사람에게 징병제가 실시되었습니다. 그리고 1945년에 처음으로 조선에서도 선거가 법으로 규정됐습니다. 그때까지는 선거가 단 한 차례도 없었어요. 우리 같은 재일 조선인은 태어나서 60년 가까이 살았지만 단 한 번도 투표권이 없었어요. 일본에서뿐만 아니라 한국에서도 마찬가지입니다. 이런 상태가 이상한 것이 아니라 식민지 시대에는 모든 조선 사람들이 그랬다는 겁니다. 투표 같은 것을 한 적이 없는 사람들이 조선 사람들이었어요. 이것은 일본 내지하고 일본 외지를 법으로 구분했기 때문입니다.

일본 헌법에는 보통선거법이 있고 선거에 대한 여러 가지 규정이 있지만 내지에만 적용하고 외지에는 적용하지 않는다는 속지주의였습니다. 그래서 조선에 있는 모든 조선 사람들은 일본이라는 국가의 국민이면서도 일본의 정책에 대해서 투표로 의사를 표시할 권리조차 없었습니다. 그러다 일본은 제2차 세계대전 제일 마지막 단계에 들어가서, 45년 1월 선거법 개정을 통해 조선반도에 거주하는 조선인에게도 참정권을 부여할 것을 결정했습니다. 조선반도 선출 의원 수는 스물세 명이었습니다. 아주 적은 숫자지요? 식민지 지배를 한 지 35년이 지나서야 처음으로 참정권을 부여한 것인데 이것은 실제로는 실시되지 않았습니다. 법으로는 정했지만 지금은 전쟁 중이니까 당분간 유보한다고 되어 있었어요. 이후 일본이 패전했기 때문에 해방되기 전에는 조선에 사는 사람들은 단 한 번도 투표를 한 적이 없습니다. 당시까지 조선 사람들은 근대적인 주권자가 아니었습니다.

그럼 해방 전 일본으로 건너간 재일 조선인에게는 투표권이 있었는지, 없었는지 살펴볼까요? 당시 일본에 건너가 있던 조선 사람들에게는 투표권이 있었어요. 그러나 일본 사람하고 똑같은 수준으로 있었던 게 아닙니다. 장벽이 높았습니다. 우선 남자가 투표를 할 수 있었습니다. 이것은 일본 사람도 마찬가지였습니다. 그리고 고소득자여야 했고, 6개월 이상 같은 장소에서 계속 살고 있는 사람이어야 투표권을 가질 수 있었습니다. 여러 가지 조건은 따랐지만 투표권은 있었어요. 그래서 재일 조선인 의원도 있었습니다. 물론 나쁜 사람이에요. 친일파지요. 일본 군국주의에 협조하는 사람만이 의원이 될 수 있었습니다.

아소 다로麻生太郎라는 일본 정치인의 할아버지가 아소 탄광을 운영했는데, 북규슈北九州 탄광 지방에서 탄광왕이라 불리면서 우리 조선 민족을 많이 착취한 나쁜 놈이었어요. 이런 사람들이 의원 선거에 나갈 때 조선 사람들의 표를 얻으려고 거기서 선거 운동을 했지요. 물론 운동이라기보다는 명령이죠. "이 회사 사장에게 투표하라!" 하는 식이었지요. 그래도 재일 조선인에게 투표권은 있었습니다.

  1945년에 일본이 패전했습니다. 일본이 패전하면서 재일 조선인의 투표권은 어떻게 됐을까요? 일본 정부는 일단 재일 조선인의 일본 국적은 계속 유효하다는 입장을 표시했습니다. 이것은 아주 미묘한 것인데요. 일본이 패전국이니까 일본 국민이면 여러 가지 권리가 억압될 수 있죠. 그런데 해방 국민이라면 연합군과 같은 더 넓은, 더 높은 수준의 권리를 얻을 수 있죠. 그러니까 일본이 패전 후 "조선 사람도 다 같은 일본 국민이다." 하면서 새삼스럽게 얘기한 것은, 같은 국민으로 인정한다기보다 해방 국민으로 인정 안 한다는 겁니다. 일본 국가의 여러 가지 법을 지키라는 겁니다. 그렇게 해서 "너희들은 계속 일본 국민이다."라고 했지만 투표권을 박탈했습니다.

  그런 다음에, 12월 중의원의원선거법衆議院議員選擧法 개정 부칙에 "호적법의 적용을 받지 않는 자의 선거권 및 피선거권은 당분간 정지한다."라는 부칙을 붙였어요. 거의 대다수가 이것만 보면 무슨 뜻인지 알 수가 없지요. 자, 보세요. 1922년 호적법은 일본 사람들은 호적법 적용 대상자고 조선 사람들은 호적령 적용 대상자라고 규정했습니다. 전적을 했으면 호적법 대상자가 될 수 있었어요. 그런데 이것을 법으로 미리 막았으니까 재일 조선인은 일본 호적법이 아니라 호적령 대상자예요. 그래서 선거법 개정 부칙에서 이야기한 호적법의 적용을 받지 않는 자는 조선 사람과 대만 사람이라는 뜻이에요. 이런 것을 1945년 12월 일본 정부가 결정했습니다. 아주 일찍 그렇게 했지요. 너무 머리 좋은 사람들이에요. 1922년부터 제도적인 준비를 해

났고 패전했을 때 재빨리 재일 조선인의 정치적 권리를 빼앗았습니다. 재일 조선인은 일본 국적을 계속 지니고 있으면서도 일본 국민으로서 권리가 없어졌다는 겁니다. 박탈당했다는 거죠.

왜 그렇게 했는지에 대해서는 지난 10여 년 동안 많은 연구가 이루어졌습니다. 특히 일본 교토 대학교京都大学校에 있는 미즈노 나오키水野直樹 교수 같은 사람이 연구를 많이 했는데, 지금부터 한 10년 전에 〈아사히 신문朝日新聞〉에 그 연구 결과와 증거 문헌을 다룬 기사가 나왔습니다. '조선·대만인 참정권 상실 배경에 천황제 유지'라는 기사를 보면 그 당시 선거제도조사 특별위원회 내부에서 재일 조선인과 재일 대만인의 참정권 박탈에 관한 의논이 있었다는 것을 알 수 있습니다. 〈내지에 거주하고 있는 대만인 및 조선인의 선거권, 피선거권〉이란 문서에서는 "이 사람들의 선거권을 인정하면 그 숫자, 인구, 인원수가 한 2백만 명 가까이 되는데 적어도 열 명 정도는 당선될 우려가 있다. 그렇게 되면 다음 선거에서 천황제 철폐를 공공연하게 외치는 사람들이 나올 수 있다. 그러므로 내지에 살고 있는 조선 사람에게 참정권을 부여하면 안 된다." 하는 그런 의논들이 있었다고 합니다. 천황제, 일본 사람들이 얘기하는 고쿠타이國體 국체를 지키기 위해서 아주 일찍 의도적으로 재일 조선인의 참정권을 빼앗았다는 것을 알 수가 있습니다.

중국 둥베이 지방에서는 아까 말씀 드렸듯이 공산당하고 국민당하고 내전이 벌어지면서 재중 조선인들이 같이 투쟁했기 때문에 해방 이후 조선 동포들이 중화인민공화국 국민이 될지 조국의 국민이 될지를 선택하고 있을 때, 일본에 있는 조선인들은 일반적으로 '너희들은 계속 일본 국적이다. 하지만 일본 국민이 누릴 수 있는 권리는 줄 수 없다.'는 압력 속에 있었다는 거죠. 일본에서는 이런 상황이 1945년 해방부터 1952년 샌프란시스코 강화조약 때까지 7년 동안 계속됐습니다. 재일 조선인의 국적 문제가요.

재일 조선인들은 일본 패전 후 일본과 조선(한반도)을 왔다 갔다 하고 싶어 했지요. 왜냐면 여기에 고향이 있으니까요. 우리 할아버지는 당장 귀국하셨고 숙부도 귀국했습니다. 그때는 여권이나 그런 것은 필요 없었죠. 여기 조선에는 국가가 없는 상태니까 그냥 조선으로 간 거죠. 그 전까지 비슷하게 왔다 갔다 했지요. 한반도에 분단선이 뚜렷하게 그어지지 않았으니까요. 이렇게 왔다 갔다 하는데, 일본은 일단 일본에서 출국하고 나면 그 사람이 다시 들어오는 것을 막으려고 했습니다. 일본 국적을 가지고 있는 사람이 일본으로 다시 들어오는 것을 막을 법이 어디 있습니까? 그런데 막았어요. 연합군 GHQ^{General Headquarters 총사령부}하고 같이 했는데, 그때 일본 정부나 경찰들은 연합군 GHQ에게 "재일 조선인 대다수가 공산주의자나 범죄 집단이다."라는 그런 보고를 되풀이했습니다. 그래서 연합군도 재일 조선인의 입국을 막으려고 했어요.

가장 큰 이유가 두 가지였는데요. 재일 조선인은 전쟁 말기에, 식민지 말기에 저소득 노동자로 건너왔기 때문에 가난한 사람들이 대부분이었는데, 일본이 패전하고 나라가 피폐했을 때 '이런 사람들이 부담스럽다. 일찌감치 추방해야 한다.' 하는 그런 의도가 있었습니다. 두 번째는 냉전 때문이죠. 조선이 분단되었으니까 이 사람들이 자유롭게 왔다 갔다 하면 치안상 문제가 있다는 것이죠. 공산주의자일지도 모른다는 거지요. 그래서 이것을 막으려고 출입국관리령, 외국인등록령이라는 법을 1947년에 만들었습니다. 그래서 '너는 일본 사람이다. 일본 국민이다. 그래도 너를 외국인으로 간주하겠다.'라는 이중 기준이 여기서부터 시작되었습니다.

그래서 우리 아버지 같은 경우는 "너는 내일부터 외국인으로 간주할 테니까 관청에 가서 신고해라. 신고 안 하면 위법 체류, 불법 체류가 되니까 강제 추방하겠다!" 하니까 어쩔 수 없이 신고를 했습니다. 그때가 1947년이니까 어떻게 신고하죠? "너는 어디 사람이냐? 국적이 어디냐?"고 물으면 어떻게 대답해야 하죠? 이제까지는 "일본 국민입니다. 일본 국적 있습니다." 했는데 "너는 외국인이다. 신고하라!"고 하면, 그때는 아직 대한민국도 없고, 조선민주주의인민공화국도 없었어요. 47년이니까 한반도에 국가가 생기기 전이죠. 그래서 대다수 재일 조선인들은 '조선'으로 신고했습니다. '조선이라는 국가, 근대국가가 있어서 거기서 일본으로 왔습니다.'라는 뜻이 전혀 아니고요. '조선 출신이다. 민족으로서는 조선인이다.'라는 뜻이지요. 이것이 재일 조선인의 기원입니다.

재일 조선인의 처지를 이렇게 생각하셔야 합니다. 그때 대다수 재일 조선인의 국적은 '조선'이었어요. 엄밀하게는 국적이 아니라 그냥 기호로, 일본 정부 입장에서도 기호로, 이제는 없는 나라의 기호로 그냥 조선이라고 쓴 거예요. 그래서 47년에 조선인으로 외국인 등록을 했다는 겁니다. '지금 일본에 있는 재일 조선인 중 조선이라는 적을, 조선 적을 그냥 지키고 있는 사람들은 북조선 사람이다. 조선민주주의인민공화국 사람이다.' 하는 것이 얼마나 잘못된 이해인지 알 수 있죠.

나중에 재일 조선인 중 한국으로 국적을 바꾼 사람들이 많아졌습니다. 우리 아버지도 그렇지만 분단 체제가 고정되면서 '북한은 오갈 수 없고, 또 남한에 고향이 있고, 한국 국적이 없으면 일본에서 무국적자 비슷한 권리 상태로 살아가야 하고······.' 하는 여러 가지 이유로 재일 조선인들이 조금씩 한국으로 국적을 바꾸면서 살아왔습니다.

결정적으로는 1965년에 한일협정이 맺어지면서부터입니다. 일본에 있는 조선 사람의 거주권이 일본이 식민지 지배를 반성하면서 주어진 것이 아니라 '한국과 일본이라는 두 국가가 국가 간 협정을 맺어 재일 조선인의 일본 거주권을 인정해 준다.'는 식으로 한일협정에서 국교가 맺어졌기 때문에

'한국 국민이 아니면 일본의 영주권을 얻을 수 없다.'고 결정되었어요. 그래서 조금 더 안정된 영주권을 얻으려면 우선 한국 국민이 되어야 했습니다. 그래서 별 수 없이 많은 재일 조선인들이 한국 국적을 취득했습니다. 지금은 아마 80%~90%가 한국 국적으로 바꾸었을 겁니다. 그래도 조선 적으로 남아 있는 사람들도 있습니다.

재일 조선인 중 많은 사람들이 해방 직후부터 1948년까지는 특정한 국적이 없이 그냥 조선인으로 있었습니다. 해방 이후 분단이 되고 한국전쟁(조선전쟁)이 일어나면서 남북한은 한반도에 있는 사람들을 서로 자기 국민으로 만들기 위해서 너무 많은 피를 흘렸고 폭력적인 사태가 일어나기도 했죠. 국가보안법이 바로 그런 법이죠. '북한은 불법 단체가 점령하고 있는 그런 영역이다. 여기서 내려오고, 왔다 갔다 해서는 절대로 안 된다.'는 식으로 강제로 한국 국민으로 만들었습니다. 북한도 마찬가지입니다. 그러니까 두 가지 국민이 원래부터 존재한 것이 아니고, 한 민족이 있었는데 두 국민으로 억지로 만들어지는 그런 과정이 있었습니다. 1965년에는 일본 국가하고 대한민국이라는 국가가 공범 관계를 맺으면서 재일 조선인에게 그런 동일한 압력을 가했다고 할 수 있죠.

아주 대략적으로 재일 조선인에 대해 말씀을 드렸습니다. 우선 민족과 국가, 국민, 이것이 원래 개념상 다른 개념인데 항상 혼동되어 있습니다. 다시 한번 우리가 제대로 잘 구별해서 인식해야 합니다.

다수자의 등식, 조국=고국=모국

재일 조선인에 대한 인식이 제대로 안 되어 있다 보니 이런 일도 있었습니다. 이 나라에 아주 드문 진보적인 신문사에서 편집을 맡고 있는 고위 직원이 저에게 전화를 걸어 와서는 "서 선생님, 내일까지 칼럼을 하나 써야 하는데 선생님의 투표권은 어떻게 되었습니까?" 해요. "투표권이 없어요." 하면 "왜 일본 국적인데 투표권이 없어요?" 하지요. "일본 국적이 아닙니다." 하니까 "아, 몰랐습니다." 해요. 왜 그런 일이 있을까 해서 "지금부터 제가 차근차근 설명해 드릴까요?" 하면 "아니, 괜찮습니다. 바쁘니까요." 합니다. (청중 웃음) 똑같은 질문을 때때로 받아요. 그냥 보통 시민이 아니라 대학교수나 기자 같은 그런 사람들한테요.

우선 말씀 드리고 싶은 것은 민족과 국민에 대한 이해인데요. 민족으로 '조선 민족'이라는 것하고, 그냥 '국민'이라는 것하고, 또 저 같은 경우는 '국민으로서는 대한민국 국민이지만 해외 국민이니까 여기에서도 투표권이 없다는 것' 이렇게 세 가지 차원이 있지요. 그 세 가지 차원이 제대로 구별되지 못하고 있어요. 이때까지 그런 경우가 많았어요. '우리는 같은 조선 민족으로 서로 인정해야 한다.' 할 때는 "예, 그렇습니다! 우리는 같은 국민입니다."라고 하는데요, 다른 문제입니다. 처음에 말씀 드렸듯이 "같은 국민인데 고문까지 했다." 그런 얘기가 말도 안 되는 오류라는 것을 인식해야 합니다.

두 번째는 '재일 조선인', '재일 한국인', '재일 코리안' 뭐 이런 여러 가지 호칭들이 있어요. 호칭이 많이 혼동된 상태입니다. 지금 말씀 드린 것으로 보자면 '재일 조선인'이라는 호칭이 민족에 대한 호칭으로서는 제일 합당하다는 겁니다. '국적이 일본이든 조선이든 한국이든 간에 민족으로서는 조선 사람입니다.'라는 것이죠. 제가 "저는 재일 조선인입니다." 할 때는 그거에요. 그런데 '재일 한국인'이라고 하면 한국 국민이라는 뜻이 되니까 범위가 다르죠. '재일 조선인'이라는 범위 가운데 '재일 한국인'이라는 범위는 하위 개념으로 있다는 거죠. 그런데도 이렇게 호칭에 대한 개념이 혼란한 상태가 계속되고 있다는 겁니다.

세 번째는 조국祖國, 고국故國, 모국母國이라는 말인데요. 제가 항상 되풀이 얘기하고 있는 것이고 여러 책에도 썼으니까 그렇게 자세히 얘기할 필요는 없겠지만, 조국, 고국, 모국이라는 말도 여기 한국에서는 많이 헷갈리고 있어요.

일본에서도 혼동되고 있지만 다나카 가쓰히코田中克彦라는 언어학자가 언어학상으로 이 세 가지 개념을 정리했어요. 제가 그것을 참고했는데요. '조국'이라는 것은 조상의 땅이죠. 조상의 땅, 조상의 출신지입니다. '고국'이라는 것은 고향의 '고故'니까, 'native place', 태어난 고향입니다. 이거 두 가지는 국가가 아니어도 돼요. 'native place'가 반드시 국가가 되어야 할 필요는 없지요. "당신의 고국은 어디냐?" 하면 "교토입니다."라고 할 때 교토라는 국가는 없어요. 교토라는 지방, 도시가 있을 뿐이지요. 그 다음으로는 '모국'이 있어요. 이 '모국'이라는 언어가 좀 어색하고 문제가 있는데, 일단 이것은 'nation', 'state'의 차원으로 볼 수 있습니다. 그리고 '국민으로 소속한, 귀속하고 있는 나라' 이렇게 말할 수 있습니다.

일단 이렇게 정리하면 다수자는 이 세 가지가 모두 등식입니다. 조상도 자신도 이 땅에서 태어났고, 자기는 이 땅에 있는 국가의 국민으로 소속되어 있습니다. 그런데 통상적으로 세계 여러 곳에 사는 사람들이 모두 이런 등식에 걸맞는 처지인지 살펴보면 안 그렇습니다. 가령, 저 같은 경우는 조국을 대한민국이라고 하면 안 되지요. 대한민국이라는 국가가 생기기 전에 우리 조상이 여기(한반도)서 출생하셨으니까 조선이라고 해야죠. 모국은, 제가 대한민국 국민으로 여권을 받고 있으니까 제 모국은 한국입니다. 고국은 아까 말씀 드렸듯이 일본인데, 일본이라는 국가가 아니라 일본이라는 토지, 땅입니다. 그것도 교토라는 어떤 부분입니다. 이것을 항상 이렇게 구별해야 하는 겁니다. 그런데 일본 사람들은 거의 대다수가 조국, 고국, 모국이 일치하기 때문에, 이런 구별에 익숙하지 못합니다. 그런데 제가 좀 당혹스러운 것은 여기(한국)에 와서도 여러분들이 이렇게 구별해서 이해하는 것에 익숙하지 못한 것 같다는 겁니다.

　1910년부터 1948년까지, 이 땅에 살고 있는 사람들의 모국이 어디였습니까? 45년까지는 일본이었지요. 그렇죠? 그것이 반가운 일이 아니지만 '조선 땅에서 조상부터 출생했고 자신도 거기서 태어났는데 일본 국민이다.' 해서 많은 억압을 받아 왔지 않습니까? 그래서 '조국, 고국, 모국이 등식이 아니다.'라는 것을 역사적으로 경험했던 사람들인데도 왜 아주 자명한 등식으로 생각하는지 궁금합니다. 그리고 1945년부터 1948년까지 3년 동안은 모국이 없었고요. 없다기보다는 아주 혼란한 상태에 있었는데요. 그래서 한국 사람은 일본 사람과 달리 '모국이라는 것은, 다시 말해 국가라는 것은 아주 인위적으로 인공적으로 그것도 역사적인 과정에서 만들어진 것이다.'라는 것을 역사적으로 아주 생생하게 느낄 거라고 생각했습니다.

　일본 사람은, 오키나와沖繩* 같은 경험이 있기는 하지만 모든 사람들이 타국의 국민이 되었다든가, 국민 대부분이 외지에 나가서 디아스포라가 되어 가지고 살고 있는 예가 많지 않습니다. 물론, 브라질 이민이라든가 이런 경우가 있기는 하지만요. 일본의 다수자인 일본 국민들은 우리 같은 재일 조선인을 보고 잘 이해 못 하는 이유가 어느 정도 있습니다. 그러나 이 나라(한국)는 어떨까요? 이 나라는 이것이 과연 당연한 것인지, 아니면 왜 그렇게 생각 못 하는가 하는 생각이 듭니다.

　방금 말씀 드린 점이 재일 조선인 얘기만은 아니라는 것을 말씀 드리려

---

* 오키나와는 본디 류큐 왕국으로, 독립된 나라였다. 1870년대 '오키나와'라는 이름으로 일본에 병합되었고, 태평양전쟁 당시 격전지가 되면서 많은 주민들이 총알받이로 희생당했다. 제2차 세계대전이 끝난 뒤 미군정 치하로 복속되었고, 1972년에 이르러서야 일본으로 반환되었다.

고 이거 하나 가지고 왔습니다. 이것은 왕은미 씨라는 한국 화교가 2006년에 일본 히토츠바시 대학교一橋大学校에서 박사과정을 마치면서 쓴 논문입니다. 〈동아시아 현대사 속에서의 한국 화교東アジア現代史のなかの韓国華僑－冷戦体制と「祖国」意識〉라는 아주 훌륭한 논문이에요. 제가 여기에 와서 화교가 대학교수나 지식인이 된 사람이 있으면 꼭 만나고 싶다는 얘기를 했는데 거의 없다고 해요. 대한민국 사회가 어떤 억압을 행한 결과지요? 그런 방향으로 못 나가게 되어 있었기 때문이지요. 그런데 이 사람이 드물게 화교의 역사를 썼어요. 이 논문에 '국적법으로 국민에서 배제「国籍法」による国民からの排除'라는 부분이 있습니다. 여기서 태어난 화교가 대한민국이라는 국가가 생길 때 어떤 식으로 어떤 논의로 어떤 절차로 국민에서 배척당했는지에 대한 연구예요. 연구의 일부분이지만 제가 큰 도움을 받았습니다.

읽어 보면, 한국에서 1948년 5월 11일에 〈국적에 관한 임시 조례〉라는 것이 제정되었답니다. 그런데 거기서 혈통주의, 그러니까 '해방 전부터 계속 한국 국민이었던 사람들의 자녀가 한국 국민이다.'라는 식으로 국적을 정했다는 겁니다. 그런데 그것도 부모 양계가 아니라 부계죠. 아버지가 한국 사람인 사람에게 국적을 부여한다, 이것은 조선인을 부친으로 하여 출생한 자는 조선 국적을 가진다는 일본 국적법하고 똑같습니다. 화교는 19세기 말부터 여기(한반도)에서 살아왔는데 이런 국적법 때문에 배척당했어요. 일본에 있는 재일 조선인보다 더 심한 차별을 받아 왔죠. 1948년에 이 나라 국회의원들이 그런 사고방식으로 부계 혈통주의로 국적이란 것을 정했기 때문에 배척됐죠. 그게 아니라 출생주의 원칙, 이 땅에서 태어난 사람들에게는 무조건 국적을 부여한다고 하면, 일본이나 여기 이 나라에서 자연스럽게 화교는 대한민국 국민이 되었을 테고, 저는 일본 국민이 되었을 겁니다. 화교는 원래부터 외국인이었던 게 아닙니다. 48년이라는 시점에 이 나라 주류가, 이

나라 권력이 그렇게 정했기 때문에 외국인이 됐다는 거죠. 이거 중요해요.

지난 번 서울 대학교 사회학 학회라는 엄청 큰 학회에 나갔는데 연구자들도 이런 인식을 제대로 못 하는 것 같습니다. 거기서 '외국인인 화교를 어떻게 우리 나라 국민으로 동화를 추진하는가. 아니면 다문화를 어떻게 보장하는가.' 하는 그런 논의를 하고 있었습니다. 그런데 문제는 원래 그 사고방식의 바탕에 있는 '국적' 문제, '누가 국민인가?' 하는 원론, 누가 언제 어떤 생각으로 정했는지에 대해서 따지고 생각해야 한다는 겁니다.

여기 있는 여러분들 대다수는 한국 국민이지만, 여러분이 한국 국민인 것은 당연한 일이 아닙니다. 1948년에 대한민국이라는 국가가, 또 거기에서 국회의원들이 이런 식으로 정했기 때문이라는 겁니다. 쉽게 말하면 19세기 말부터 식민지 시대를 거치면서 동아시아에, 중국 둥베이 지방이나 산둥 성, 일본이나 대만에 흩어져 살고 있던 조선 사람은 원래 같은 민족이었어요. 그런데 이 사람들을 어떤 국민으로 만들어 내고, 배척하는 일이 1947년과 48년 그 시점에 생겼다는 겁니다.

47년에 일본이 외국인등록령을 발표한 것도 같은 일입니다. 재일 조선인 문제를 제대로 이해하고 거기서 생긴 여러 가지 문제를 극복한다는 것은 일본 정부나 일본의 다수자를 비판하면서 재일 조선인에 대한 차별을 그만하라고 요구한다고 되는 것이 아닙니다. '해방 직후에 여기 이 나라(한국)는 어떤 식으로 국민이라는 개념과 제도를 만들어 내었는가? 거기에 과연 문제는 없었는가?'부터 생각해 보아야 합니다. 그래서 앞으로 이 나라라는 국가는 어떤 국가가 되어야 하고 국민이라는 개념을 어떤 식으로 변혁해야 하는지 하는 구상 속에서, 올바른 미래에 대한 상상력과 서로 연결시켜서 생각하지 않는 한, 재일 조선인 문제를 제대로 바라볼 수 없습니다.

타자를 배제하는 틀, 국민

1945년 12월 일본은 패전 후 선거법을 개정했는데 거기서 재일 조선인이나 재일 대만인의 선거권을 박탈했습니다. 그리고 그 다음 해 1946년 총선거로 국회의원을 선출한 뒤에 지금의 일본 헌법을 정했습니다. 그러니까 전쟁이 끝나고 나서 새로운 일본이라는 국가의 틀, 이념 이런 것을 정하는 과정에서 식민지 출신자를 전적으로 배척했습니다. 일본 국민들은 46년 선거를 '일본 역사상 처음으로 여성도 투표했다. 남녀평등이 이루어졌다.'고 해서 새로운 민주국가의 시발점이라고 그렇게 기억하고 있는데, 우리 재일 조선인에게는 식민지 시대 신민의 권리조차 빼앗긴 그런 시발점이라고 할 수 있습니다.

그렇게 해서 일본 헌법이 정해졌는데 아까 말씀 드렸듯이 영문이었습니다. 영문으로는 '국민'이라는 말이 'people'이라고 되어 있고요. 일본 말로 된 헌법, 그것을 영문으로 번역한 것이 아니고 원래 영문으로 있던 것을 일본 말로 일본 정부가 번역했지요.

일본 헌법 제3장에 '국민의 권리 및 의무'라는 대목이 있어요. 거기 제10조에 영어로는 "The conditions necessary for being a Japanese national shall be determined by law." 이렇게 되어 있어요. 일본 말로는 "일본 국민이 되는 요건은 법률로 정한다."로 되어 있습니다. 여기서 'a Japanese national'이라는 말을 '국민'이라고 번역했습니다. 그러나 'national'이라는 말은 원래가 '국적 보유자'라는 뜻이니까 '일본 국적 보유자가 되는 것은 법률로 정한다.'라는 것을 말하고 있을 뿐인데 이것을 '국민'으로 번역했어요.

그 다음 11조는 "국민은 모두 기본적 인권을 누리는 것을 방해받지 않는다."인데요. 영어로는 "The people shall not be prevented from enjoying any of the fundamental human rights." 이렇게 되어 있습니다. 그러니까

'people'이 기본적 인권을 'enjoy' 할 수 있다고 되어 있는데 이것을 '국민'이라는 말로 번역했어요. 이것은 '국민이 아니면 기본적 인권이 없다.'는 해석으로 볼 수 있는데요. 계속 국민이라는 틀 바깥으로 추방당한 재일 조선인이나 대만인의 인권을 부정하기 위한 요건으로 해석해 왔습니다.

10조와 11조에서 일본어로 번역된 '국민'이라는 영어의 원래 뜻이 다르다는 것이 중요합니다. 10조는 국적을 얻는 방법에 대해서 이야기하고 있을 뿐이고 11조는 'people', 곧 일본 땅에 사는 사람, 주민에게 인권이 있다는 것입니다.

여기 또 같은 일본 헌법에 있는 지방자치에 대한 예(93조)를 들어 보면 지방자치단체의 장튡은 주민 투표로 선출한다고 나옵니다. 'people'이라는 말이 여기서는 '주민'으로 되어 있는데요. 영어로는 "The chief executive officers of all local public entities, the members of their assemblies, and such other local officials as may be determined by law shall be elected by direct popular vote. (within their several communities.)"로 되어 있어요. 'popular'가 'people'의 형용사죠. 여기서는 국민투표가 아니고 주민 투표라고 번역되어 있어요. 일본 헌법에는 '국민'이라는 말과 '주민'이라는 말 두 가지가 있습니다. 국민은 권리가 있는데 주민에게는 권리가 없다든가, 주민은 이런 식인데 국민은 이렇다라고 하는데, 원래는 '국민'과 '주민'의 영문이 같은 'people'이라는 말입니다. 그렇죠? 그런데 일본 국가는 국민주권에 대해 이야기하면서 '일본 국적이 있는 사람은 주권이나 여러 가지 권리가 있는데 국민이 아닌 사람에게는 그 권리를 줄 수 없다.'는 그런 자세를 아주 완고하게 이때까지 지켜 온 것입니다.

그런데 지방자치라는 정치적 영역에서는 주민들의 자주적인 운동이 중요하니까 지방의 주민 투표는 국적하고 상관없이 일정한 조건을 갖춘 주민에게는 개방하자는 그런 움직임이 있었습니다. 지방자치단체에 따라서는 시가 현滋賀縣이나 오사카 부처럼 지방의 주민 투표에 재일 조선인이나 재일 대만인 또 이들처럼 일본에 정착해서 살고 있는 다른 외국인에게도 개방하기 시작하는 흐름이 있어요. 물론 도쿄는 지사, 도의회 의원, 국회의원 이런 것에 대한 투표권은 없는 상태입니다.

'국민' 바깥에서 살아가기

'재일 조선인'이라는 개념을 어떻게 보아야 하나, 하는 문제에 대해 조금 우회적으로 말씀 드리겠습니다.

제가 일본의 대학교에서 가르칠 때 가능하면 '재일 조선인 문제'라는 말을 안 쓰려고 합니다. 하나는 재일 조선인이라는 개념에 대해서 혼동이 있기 때문인데요. 제가 말하고 싶은 것하고 학생들이 생각하는 재일 조선인에 대한 개념이 다를 수 있기 때문에 아주 조심스럽게 사용하고 있습니다. 그리고 '무슨 무슨 문제'라는 표현 자체에 대해서 제가 거부감을 갖고 있기 때문입니다. 이때 저는 자연스럽게 '유대인 문제'라는 말을 떠올립니다. 유대인 문제라는 말은, 말하자면 유대인 대학살을 불러온 나치의 행정 용어였죠. 유대인 문제를 해결하기 위해서 여러 가지를 한다면서 결국 학살을 저질렀어요. '무슨 무슨 문제'라고 할 때는 문제가 그 앞에 오는 말에 있다는 식으로 해석되기 때문입니다. 사실 문제는 일본 사회에 있으니까요. 크게 보면 물론 한국 국가도 문제가 있고 다른 문제들도 여럿 있지만, '재일 조선인 문제'라고 할 때 저는 "재일 조선인의 문제가 아니라 일본 사회의 문제다."라고 해석을 붙이면서 학생들에게 말하고 있습니다.

그리고 '재일 조선인이라는 개념에 일본 국적을 얻은 사람, 귀화한 사람들도 포함하나?' 하는 것에 대해서는 저는 포함시켜야 된다고 생각합니다. 민족적으로 조선 민족 출신이, 출생지와 국적에 상관없이 그 민족적 출신 그리고 식민지 지배라는 역사 때문에 여러 가지로 고민을 품고 있고 어려움을 겪고 있기 때문에, 그 사람들의 문제를 전부 다 재일 조선인 문제라고 말하고 싶습니다.

예를 들면 야마무라 마사아키山村政明 1945~1970 상, 한국 이름으로는 양정명이란 분이 있는데요. 제 학생 시절 선배인데 이 사람은 1970년에 와세다 대학早稲田大学校 앞에서 분신자살을 했습니다. 이 사람의 고민은 자신이 어렸을 때 온 가족이 귀화해 버리고 '야마무라'라는 일본 이름을 쓰고 살아왔는데, 그것이 자기 자신이 바란 것이 아니었다는 것입니다. 물론이죠. 1952년까지는 법적으로 일본 국적이니까 귀화한 사람은 한 사람도 없어요. 귀화하고 싶어도 못 했어요. 원래 일본 국적이니까요. 그런데 일본 정부가 나중에 너희들은 외국인이니 귀화하라고 하니까 문제가 생겼습니다. 이 사람은 귀화할 때, 그때가 아홉 살 때니까 자기 자신의 판단이 아니고 가족들의 판단으로 일본 국적이 되었습니다. 그래서 일본 국민으로 자라났는데 그래도 조선 사람이니까 여러 가지 느끼는 바가 많이 있었어요. 시간이 아쉬워서 일일이 여기서 얘기 못 하지만 일본 국적을 취득했다고 해서 차별 안 당하는 것이 아닙니다. 오히려 차별을 많이 당하지요.

한 가지만 예를 더 들면, 저는 일본의 쿠니타치 시國立市라는 도시에 살고 있어요. 쿠니타치는 도쿄 서구의 교외에 있는데 역사적으로 보면 아주 진보적인 지역이었습니다. 때문에 거기는 일본 보수파 우익들이 교육 문제를 가지고 집중적으로 공격하는 대상이 됐지요. 일장기 게양이라든가, 기미가요君が代 합창이라든가, 이런 것들을 쿠니타치에 있는 학교에 강요를 많이 했어요. 90년대 후반에 교사나 학부모, 학생들이 많이 저항했는데, 우익들이 졸업식 같은 때 차량을 수십 대나 동원해 가지고 학교를 포위하고 깃발을 흔

들면서 외칩니다. 그 깃발에는 "기미가요, 일장기에 반대하는 놈들은 모두 조선계 일본 사람이다."라고 쓰여 있어요.

제가 볼 때 이 모든 것은 재일 조선인 문제가 아니라 일본 문제입니다. 일본 문제인데도 재일 조선인 문제라고 하는 것이지요. 일본 사람인데도 일본이라는 국가에 대해서 저항하고 있는 사람에게 "너희는 따지고 보면 원래 조선 사람이 아닌가?"라면서 차별도 하고 억압을 하고 있는데, 이런 심성이나 문화를 전부 다 포함해서 재일 조선인 문제라고 불러야 한다고 생각합니다. 그러나 이렇게 넓은 범위로만 생각하면 여러 사람들의 처지와 상황, 서로의 차이라든가 그런 것이 안 보이게 될 경우도 많이 있습니다.

재일 조선인을 가장 좁은 범위로 보면 조선 적을 그대로 가지고 있고, 조선 학교에 다니고 있는 그런 사람들이라고 쉽게 상상하지요. 조선 학교에 다니고 있는 사람들도 한국 국적도 있고 일본 국적도 있어요. 지금은 더 많아졌습니다만 예전부터 일본 국적을 가지고 조선 학교에 다니는 사람이 그렇게 드물지 않습니다. 더러 있어요. 또 부모 중에 한 사람이 일본 사람인 학생도 많이 있고요. 그래서 좁은 범위로만 한정해서 보면 이 문제 전체가 제대로 안 보입니다. 그래도 그런 사람들이기 때문에 겪고 있는 여러 가지 문제들이 있어요. 그래서 그 차원을 제대로, 아주 신중히 구별해야 한다고 봅니다. '재일 조선인 문제'라고 쉽게 말했을 때 상대방이 그 말을 가지고 어떤 것을 생각하고 있는지에 대해서 이쪽(재일 조선인의 처지)에서 따지고 확인하고, 지금 말씀 드렸듯이 '지금 여기서 말하고 싶은 것은 이런 일이다.'라는 것을 분명히 밝혀 주어야 합니다. 그런 것이 비록 복잡하고 고약하기는 하지만, 그렇게 해야 한다고 봅니다.

우리 재일 조선인들한테는 일본 사람답게 살아야 하는 것 자체가 차별입니다. 지금 가장 중요한 것은 그것입니다. 자신은 조선 사람, 그러니까 원래 조국이, 조상의 출신지가 조선인데요. 그런데 식민지 지배 아래서 여러 가지 억압을 겪어 온 역사가 있습니다. 특히 아버지나 할아버지 세대에는 그 역사를 숨기고 일본 사람처럼 살아야 했던 것이 바로 차별이지요. 하지만 요사이 차별이라는 것은 눈에 쉽게 보이는, 돌을 던지거나 그런 것이 아닙니다. 그런 것도 분명히 있지만 그런 것보다는 "저는 조선 사람입니다."라는 것을 이렇게 당당하고 자연스럽게 말하기가 어려운 사회 전체의 문화나 분위기라 볼 수 있습니다.

마침 재일 조선인 참석자가 계신데요. 림혜영 씨가 일본에서 대학교 다닐 때 '림##'이라는 본명으로 다녔지요. 그런데 아르바이트로 학원인가요? 교사로 아르바이트를 하러 갔는데 학원 직원이 "'림'이라는 이름 말고 일본 이름으로 일을 해 주세요." 그렇게 요구했대요. 하기 싫다고 하면 "아니, 내가 원한다는 게 아니라 부모들이 그렇게 요구합니다. 학원도 기업이니까 이해하세요." 이런 식으로 나왔다고 합니다. 그렇죠?

일본 사람들 사이에서 일본 사람처럼 살면서 겉으로는 차별을 못 느낄 수도 있지만 그렇다고 차별이 없다는 것은 아닙니다. 그렇지요? 또 심지어는 자기 자신이 차별하는 편으로 가야지 차별을 피할 수 있다고까지 할 수 있는 겁니다.

그리고 이런 것도 있어요. 제가 〈한겨레 신문〉에도 썼는데요. '부모 두 분 중에 한 분이 조선 사람이다. 한국에서 오셨다.'는 경우가 많습니다. 그런데 그럴 때 아버지나 어머니가 어느 한 쪽이 재일 조선인인 경우는, 대개가 "바깥에서 그 얘기를 하지 말아라."라고 하신다고 하지요. "그 재일 조선인 너무 민족적인 주체성이 없다. 자각이 없다."라고 말할 수도 있겠지만, 그런 식으로 생각할 수밖에 없는, 그렇게 해야지만 살아남을 수 있는 사회가 일본 사회라고 생각해야죠. 호적으로는 원래 조선 출신인지 일본 사람인지 알 수 없다고 하더라도 "너 혹시 조선 사람이 아니냐?"는 얘기가 나올 때 "아닙니다."라고 안 하면 그 사회에서 안심하고, 마음 놓고 살 수 없는 그런 분위기가 50년대에는 분명히 있었습니다.

제가 어렸을 때 박실朴實이라는 분이 교토에 계셨습니다. 1952년부터 귀화가 시작되었는데 가족 모두가 귀화해 버렸죠. 이 분도 어쩔 수 없이 그렇게 했어요. 이 분의 형님도 중소기업을 하셨는데 귀화하지 않으면 은행도 관청도 도와주지 않으니까 어쩔 수 없이 귀화를 했어요. 그런데 박실이라는 분이 취직해서 일을 하는데 일터에서 "너는 바보냐? 조선 사람이냐?"는 이런 얘기를 일본 사람들끼리 아주 쉽게 일상적으로 하고 있었대요. 이 박실 씨는 일본 이름으로 '아라이新井'라는 이름을 쓰고 일본 사람처럼 사니까 그 자리에 있는 사람들도 이 사람이 조선 사람이라는 것을 모르고 그런 얘기를 자유롭게 하고 있었던 거지요. 후진적이고 비뚤어지고 폭력적이고 모든 부정적인 것을 이르는 사인sign으로, 표상으로 조선, 조센이라는 말이 쓰여 왔습니다.

요즘은 그런 것이 없다고 하는데 과연 그럴까요? 저는 의심스러워요. 제가 릿교 대학교立教大学校 라는 부유층이 다니는 사립 대학교에서 가르칠 때 이런 얘기를 하면, 학생 대다수가 "아니 선생님, 너무 심하게 얘기하십니다. 너무 피해자 의식이 강하지 않습니까?" 또 "시대가 많이 바뀌었습니다. 지금은 국제화 시대잖아요."라고 하지요. 그러면 "집에 가서 이런 얘기 한번 해 봐. 아버지, 어머니한테 '애인이 생겼다. (청중 웃음) 남자 친구, 여자 친구가 생겼다. 이런 사람이다.'라고 하면 좋아해 주실 텐데, 그 다음에 '그런데 이 사람이 조선인이다. 재일 조선인이다.' 이렇게 말해 봐!"라고 하죠. 그때 그 자리의 분위기가 어떻게 바뀌는지를 한번 알아보라고 하면 거기서부터 다시 생각하기 시작해요.

요즘 일본인들이 받아들이는 한국인은 조금 다릅니다. 한류^{韓流} 때문입니다. 특히 일본 여자들은 왠지 모를 이유로 한국 남자를 좋아하는 경우가 많다고 해요. 사실인지 아닌지 저는 잘 모릅니다. (청중 웃음) 그러니까 이른바 국제결혼이 늘어나고 있다고 들었는데 차별이라는 것은 그것과는 달리 방금 제가 말씀 드린 그런 겁니다.

일본에서 재일 조선인 중에, 저나 여기 재일 조선인 출신 참석자이신 림 선생처럼 조선 이름을 그냥 쓰고 있는 사람은 5%도 안 되지요. 그런 상황이니까 그것이 바로 차별이에요. 일본 이름을 쓰는 사람들이 차별을 겪은 적이 없다는 것은 당연한 일이지요. 일본 사람처럼 행세하고 있는 것이니까요.

국가의 이익에 편성되는 다문화주의

그렇다면 일본에서는 주류나 보수파나 그런 사람들이 혈통주의적인 차별을 한다 하더라도 시민들 사이에는 그렇지 않은 움직임과 활동이 있지 않느냐 하는 질문이 있을 수 있겠죠. 이 문제와 관련해 두 가지 입장이 있습니다. 하나는 '일본의 조선 식민지 지배의 소산이다. 일본의 과거 식민지 지배를 진짜 반성하려면 재일 조선인에 대한 차별이 없어져야 한다.'는 생각과 또 '일본이라는 나라가 국제화 시대에 들어섰으니까 외국인들에 대한 장벽을 없애 줘야 이 나라가 제대로 운영될 수 있다.'는 측면입니다.

먼저 첫 번째 역사적인 반성으로 재일 조선인 문제를 생각하는 사람들은 1960년대~1970년대를 정점으로 해서 계속 줄어들고 있습니다. 그 세력들의 중심이 되었던 것은 지식인도 물론 그렇지만 노동조합, 특히 교사 조합이었어요. 그때는 힘이 있었어요. 일교조^{日敎組 일본교직원조합} 같은 경우는 조직률이 70%~80%였습니다. 교사면 거의 모두가 교조였습니다. 조직적으로 그런 일본의 식민 지배를 비판하는 방침을 가지고 있었던 교조는 아쉽게도 지금은 껍데기만 남고 내실이 없어졌습니다. 무너졌다고 할 수밖에 없습니다. 물론 지금도 버티면서 곳곳에서 열심히 활동하고 계시는 분들이 있습니다. 그것을 너무 가볍게 과소평가하면 안 되지만, 그런 집단적인, 사회적인 힘은 지금은 존재하지 않는 단계로 들어갔다고 말할 수 있습니다. 큰 이유는 아무래도 90년대 세계적으로 냉전 체제, 마르크스주의Marxism·사회주의 체제가 무너지면서 일본에서도 그런 이념적인 바탕이 많이 흔들렸다는 거죠. 이때까지의 대립 구도가 많이 바뀌었어요. 일본은 90년대 들어서면서 교조의 조직률이 20%도 안 되는 그런 상태까지 왔는데 그것이 반드시 국가권력이 폭력적으로 탄압했기 때문만은 아닙니다. 예전에 고민하던 '식민 지배 반성'이라든가 '재일 조선인하고 좋은 관계를 맺자.' 이런 것도 어느 정도 확고한 것이었는지 일본 교조와 같은 세력 스스로가 지금 아주 심각하게 반성해야 될 때에 와 있다고 저는 생각하고 있습니다. 간단하게 이 정도로 하고요.

두 번째는 국제화 시대니까 외국인에 대한 장벽을 없애자는 것과 관련해서인데요. 1980년대 후반부터 일본에서는 이런 국제화라는 말이 아주 널리 쓰였습니다. 한국에 와서 보니 지금 분위기하고 조금 비슷해요. 일본에서는 외국인 노동자들이 많이 들어오고, 농촌이나 그런 곳에 국제결혼으로 아시아 여성들이 오기 시작한 것이 80년대예요. 그것이 나카소네中曾根康弘 정권*의 국가 전략이었습니다. 그때 일본의 기업이나 자본들은 국제화 시대

---

* 1982년부터 1987년까지 일본 총리를 지낸 나카소네 야스히로의 재임 기간을 말한다. 나카소네는 일본 총리로는 최초로 야스쿠니 신사를 참배했다.

를 살아 내기 위해서 국내의 노동문제, 노동 인구 문제를 해결해야 했고, 일본 기업들이 아시아를 비롯해 세계 여러 나라에 진출하면서, 그 곳에서 생기는 갈등을 줄여야 했습니다. 특히 중국하고 동남아시아에서요. 거기에 가서 기업들이 효율적으로 일을 하고 이익을 보기 위해서는 사고방식을 국제화로 바꿔야 한다는 것이었죠. 그러니까 이것은 원래 보수주의입니다. 진보적인 사상이 아닙니다. 국익, 그러니까 기업의 이익하고 국가의 이익을 더 효율적으로 높이기 위해서 국제화해야 한다는 것입니다. 그래서 그때 이란이나 방글라데시, 필리핀 이런 여러 나라에서 외국인 노동자들이 일본으로 많이 왔는데요. 그때부터 일본 교육 현장도 그렇지만 여러 시민운동 영역에서 "다문화 시대가 왔다. 국제 교류가 필요하다. 이때까지 가지고 있던 단일민족적인 사고방식을 우리가 극복해야 한다."는 그런 것을 많이 외쳤습니다. 그러나 불황으로 경기가 나빠지는 바람에 저임금 노동자들이 필요가 없어지면서 이들을 쉽게 국외로 추방하고는 다시 들어오지 못하게 했습니다.

또 이란이나 외국에서 온 이런 사람들이 줄어든 대신 일본계 브라질인들이 많아졌습니다. 지금 일본에 있는 외국인 중에 가장 많은 사람들은 물론 조선인인데 두 번째가 중국, 세 번째가 일본계 브라질인입니다. 일본계 브라질인들은 '3세의 할아버지 세대가 일본 사람인 것을 호적상 증명할 수 있으면 일본 입국 허가를 쉽게 얻을 수 있다.' 이렇게 되어 있어요. 이 사람들은 도요타豊田 Toyota나 이런 대기업 하청 공장에서 일을 많이 해요. 군마 현群馬縣이나 아이치 현愛知縣처럼 일본계 브라질인이 많이 사는 도시들이 있습니다. 이것이 바로 혈통주의에요. 그렇지요? 왜 필리핀인은 안 되고 일본계 브라질인은 됩니까? 일본계 브라질인들은 일본 사람이라는 피를 나누고 있으니까 되는 거지요.

독일도 마찬가지입니다. 동서독이 통일된 뒤에 동유럽이나 구소련에 있던 사람들이 독일로 이민을 오려 하는데 '원래 독일 사람이었던 것을 증명할 수 있으면 입국하게 한다.' 그렇게 됐어요. 그러니까 "다문화 다문화" 하는데 그것이 어디까지나 국가나 기업의 이익이 먼저인 채 그 아래에 종속되어 있는 다문화라고 볼 수 있습니다.

다문화라고 하면 국가하고 엇갈리는 것이 아닙니다. 국가는 다문화도 국가의 이익 쪽으로 편성할 수 있다는 것을 얼마든지 알고 있고, 그렇게 해왔다는 겁니다. 옛날 만주국도 그렇지 않습니까? 오족협화五族協和, '일본, 조선, 몽고, 만주, 중국 이렇게 모든 민족들이 같이 즐겁게 살고 있다.' 하면서 내부에는 위계가 확고히 서 있는 것과 마찬가지입니다. 그러니까 '여기 한국에 외국인들이 많이 들어왔다. 이 사람들에게 한국 말을 가르쳐서 살기 쉽게 해야 한다.'는 것이 반드시 진보적 일인지 따지고 보면 문제가 많이 있을 거예요.

일본의 역사적인 경험을 교훈으로 해야 합니다. 다문화라는 이름을 가지고 소수자를 얼마든지 억압할 수 있다는 것입니다. 나카소네 정권 시절 에피소드 한 가지를 말씀 드리죠. 나카소네 정권이 외치던 국제화 시대에 이런 일이 있었지요. 야간 중학교, 그러니까 중학교 제대로 못 다닌 분들을 대상으로 해서 저녁 때 가르치는 곳입니다. 거기서 일본인이 외국인 노동자들에게 일본 말을 가르치는 것을 아주 고귀하고 인도적인 좋은 일처럼 많이들 얘기했어요. 자원봉사로 거기서 일하는 밝은, 미래 지향적인 청년들의 모습이 언론에 많이 나왔습니다. 과연 그럴까요?

그때 그런 야간 중학교에는 재일 조선인 1세 할머니들이 많이 다녔습니다. 이 할머니들은 일제 때 일본으로 건너갔고요. 제대로 학교도 못 다녀서 글씨도 못 씁니다. 그 때문에 많은 고생을 해 왔습니다. 제 어머니도 그렇지만 이분들은 병원에 가서 진료 신청서도 쓸 수 없고요. 전철 탈 때도 역 이름도 못 읽고 얼마나 고통스러웠겠습니까? 이런 사람들에게 자원봉사자들이 일본 말을 가르치기 시작하고 그 할머니가 일본 말을 배우고 이때까지 못 읽던 것을 읽게 됐으니까 좋아하고 있다, 하는 내용을 NHK가 방송했어요. 이제 국제화 시대다, 과연 그럴까요? 그러면 이 할머니가 왜 일본에 건너갔는지, 이 할머니가 모어母語인 조선 말로 살 수 없었던 이유가 뭔지 따져야 한다는 것이죠. 이 할머니가 그대로 조선 말을 쓰면서 살면 왜 안 될까? 이 사람에게 일본 말을 가르치는 것이 그렇게 자랑스러운 일입니까?

아주 소수자까지 그렇게 하자면 제도적으로 어렵겠지만 스웨덴은 합니다. 스웨덴은 외국에서 온 사람이 있으면 스웨덴 말도 가르치면서 이 사람들의 모어도 가르쳐요. 이 사람들의 원래 말 배울 기회도 확보해 줘요. 그것을 당연한 일로 생각하고 있어요. 외국인들에게 일본 말을 가르치고 일본 말을 안 배우면 살기 어려운 사회를 그렇게 그대로 유지하는 것은 과연 무엇이냐, 이것이 동화라는 얘기지요.

이렇게 얘기하면 "서경식이 하는 말은 너무 심하다. 너무 피해자 의식이 강하다."고 하는데 원칙적으로 그렇게 생각해야 한다는 겁니다. 역사적으로 조선 말이 일본 식민지 시대에 탄압을 당했고, 패전 이후 일본에서도 조선 사람의 민족적인 권리가 억압되어 왔기 때문에 저는 조선 말을 제대로 못 배운 채 이렇게 나이를 많이 먹어 버렸습니다. 그래도 이제는 이런 자리에서 제가 지금까지 한 얘기를 일본 말로 해도 되지 않느냐, 그걸 듣고 싶으면 여러분이야말로 일본 말을 배워야 되는 것 아니냐 하는 이런 것도 한번 문제 제기를 하고 싶습니다.

제가 조선 말을 배우고 조선 말로 얘기하는 것이 과연 당연한가? 또 일본 말로 얘기하면 안 되는가? 물론 제 자신이 그렇게 하고 싶지 않으니까 미흡하지만 우리 말로 하지만요. 저보다 더 젊은 세대 중엔 우리 말을 전혀 못 배운 채 자라난 사람들도 있습니다. 이 사람들에 대해서 관심이 생겨서 이 사람들이 하는 얘기를 듣고 싶으면 오히려 다수자가, 그 얘기를 듣고 싶은 사람들이 고생해서 배워야 한다는 거지요. 코시안 경우도 마찬가지입니다. 이 사람들이 물론 한국 사회에서 살아가는 것이니까 이 사회의 문화나 언어를 배우는 것도 필요하긴 하지만, 일반적으로 그렇게 하는 것이 당연하다고 생각하면 안 된다고 저는 봅니다.

'우리'는 누구인가?

제가 아까 무심코 '우리'라는 표현을 썼지요? 원래 '우리'는 일본 말로 '와가ゎが'입니다. 저는 초등학교 시절 학교에서 사회 교과서나 국어 교과서를 읽을 때, '와가 쿠니ゎが国 우리 나라'라는 단어가 나올 때마다 그것이 너무 어색해서 그 언어를 그대로 읽을 수가 없었던 기억이 납니다. 일본에서는 그러니까 '와가 쿠니의, 우리 나라의 5대 공업 지대가 어디 어디다.'라든가 '와가 쿠니에서 가장 높은 산이 후지 산이다.'라든가 이런 식으로 교과서에 나오죠. 일본어 선생님이 저더러 그 부분을 읽어 보라고 말씀하시면 그 '와가 쿠니'라는 말을 하기가 너무 거북스러워서 그 부분을 안 읽었어요. 아니면 아주 조그마한, 낮은 목소리로 (청중 웃음) "……은 후지 산이다.(크게)" 이런 식으로 읽어 왔어요.

이 나라(일본) 사람들이 '와가'라고 표현하는 '우리'하고 저 자신의 '우리'가 다르다는 것을 피부로 느껴 왔다는 겁니다. 그럴 때 일본 사람들이 흔히 이야기하는 '우리'하고 다른 '우리'는 뭐냐, 어디냐, 그런 것을 어렸을 때부터 계속 고민해 왔다는 거죠. 그런데 그 '우리'와 제도적인 근대국가를 등식으로 결부하는 것이 통상적인 사고방식입니다. 그러면 나에게 '우리'가 일본이 아니면 대한민국인가? 대한민국 국민으로서의 '우리'라고 하는 것에 대해서는 한 번도 가본 적이 없었고요. 그때 이승만 시대였는데, 또 박정희 시대가 되고……. 거기를 내가 '우리'라고 할 수 있는지? 또 조총련계 친구들은 "그거 아니다. 평양에만 '우리'가 있다. 그 분이 우리 아버지다." 해서 "김일성 장군님!" 하는데 과연 그 사람이 우리 아버지일까? 그런데 '우리 아버지 누구누구……' 하는 노래를 부르면 진짜 아버지가 저를 때리고요. (청중 웃음) "너희 아버지가 나다!" 이렇게 얘기하셔서……. 그 '우리'가 누구냐, '우리'가 뭐냐 하는 것을 항상 고민해 왔습니다. 다시 말해서 자라난 고향 그리고 친구, 가족 이런 것하고 제가 속하고 있는 국가 이 두 가지를 나누지 않고 그냥 결부시키고, 국가를 그냥 우리라는 개념으로 대입시키는 그런 사고방식이 저에게는 익숙하지 않았다는 거죠.

저는 대학교에 입학해 한 선배를 만나게 되면서 '우리 나라', '우리 말', '우리 민족'이라는 말을 많이 자주 쓰게 되었습니다. 그 '우리'는 지금 기왕 있는 어떤 국가 얘기가 아닙니다. 그거 말고 '이런 역사를 함께 겪어 온 사람들'로서의 '우리', 그러니까 그 '우리'는 일본에 있는 우리 재일 조선인들도, 중국 조선족도, 또 평양도, 제주도도 모두 포함시키는 그런 '우리'라는 틀에 대해서 한번 고민해 보자, 그런 사람들이 다 자기 자신을 해방시키고 서로 사귀고 그런 공간, 그런 나라가 없는지……. 그런 나라를 실현하려는 우리는, 저 자신은 무슨 일을 해야 하는지 그런 고민이죠.

저는 불가피하게 국가라는 틀 바깥에서, 국가라는 틀을 전제로 하지 않고 '우리'라는 개념을 따져야 하는 처지에 있었다는 거죠. 우리가, 우리 재일 조선인이, 남북통일이 되고 또 해외에 흩어진 사람들도 속할 수 있는 나라, 공동체, 그런 것이 어떤 것일까? 어떻게 그런 것을 이뤄야 하는지 지금도 계속 고민하고 있습니다. 그러니까 제가 일본에서 우리 말(조선 말)로 '우리'라고 할 때는 그런 '우리'입니다.

여기 오면 "우리 우리" 하시는데 그 '우리'는 다른 '우리'입니다. 그 '우리'는 '대한민국이라는 국가'를 뜻하는 우리입니다. 뉴스에서 "우리 국회의원"이라든가 "우리 선수단이 이렇게 우수한 성적을 거두었습니다." 하는 이런 '우리'라고 해야죠. 그런 '우리'하고 저의 '우리'가 차이가 나니까 너무 어색해요.

또 심지어는 이런 일도 있었어요. 이라크전쟁에 한국이 파병을 하고 있습니다. 지금 이 자리에 계신 여러분들이 반대하고 계시는지 어떤지는 잘 모릅니다. 반대해야 한다고 저는 생각하는데, 이라크전쟁에 아주 적극적으로 협조하고 있는 나라가 지금은 한국하고 일본이죠. 다른 나라들은 지금 하나둘 철수하기 시작했습니다. 한국 군인들이 특히 이라크 북부 지방에서 많이 일하고 있지요. 얼마 전 KBS 뉴스를 들어 보니까 "북부 지방에 치안이 조금 안정되고 있다. 이제는 우리가 이익을 볼 때가 왔다. 우리 기업들도 진출하기 시작했다."는 방송을 하고 있었습니다. 아주 자연스럽게요. "우리 기업이 이익을 볼 때가 왔다."는데, 거기 그 '우리'를 여러분들이 자신이 속한 '우리'로 인정하고 계시는지? 그런데 그런 '우리'가 아주 자연스럽게 쓰이니까요. 그럼 여기서 하는 '우리'라는 말이 대한민국이라는 국가하고 그 국가하고 결부되어 있는 기업, 지배층을 얘기할 때 뜻하는 '우리'가 아닌가, 그렇게 생각하니까 저는 오히려 '우리 나라', '우리 말'이라는 말을 하기가 어색해지기 시작했어요. 그래서 '이 나라'라고 쓰기 시작했지요. 그런데 아까는 일본에 대해서 얘기할 때 '우리'라는 말이 저도 모르게 나와 버렸기 때문에……. 일본은 절대로 '우리'가 아닌데 왜 이렇게 됐을까, (청중 웃음) '우리'라는 말에 대한 혼동 상태가 너무 심해졌다, (청중 웃음) 그런 느낌이 듭니다.

여기서 중요한 것은 '우리'라는 것은 가족, 친구처럼 아주 가까운 인간관계에서부터 시작해서 국가, 기업까지 포함하는 개념으로 쉽게 날조되고 변조될 수 있는 개념이라는 겁니다. 그래서 저는 '우리'의 시발점인 '나'라는 것이 뭐냐에 대해서 되풀이해서 따지지 않으면 정서적인 용어로 자기도 모르게 이용당하고 해석당할 수 있다고 생각하고 있습니다.

2 _ 국민주의를 비판한다

지난 2주 동안 어떻게 지내셨는지 모르겠습니다. 저는 강연 청탁을 받아 잠시 일본에 다녀왔습니다.

일본에는 이탈리아 문화회관イタリア文化会館이라는 곳이 있어요. 이탈리아 대사관 외곽 단체인데요. 거기서 프리모 레비Primo Levi 1919~1987 사후 20주년을 맞아 '프리모 레비의 길La Strada di Levi'이라는 다큐멘터리를 상영하는데 강연을 해 달라는 것이었습니다.

이탈리아 문화회관은 일본 도쿄 구단九段에 있습니다. 야스쿠니 신사靖國神社 근처입니다. 저는 도쿄에 오래 살았지만 야스쿠니 신사에는 한 번도 안 가 봤어요. 가기가 싫기도 했습니다. 이탈리아 사람들 덕분에 이번 기회에 야스쿠니 신사에 가게 되었습니다. 거기에는 유슈칸遊就館이라는 전시관이 있는데, 거기도 구경하다 왔습니다.

그곳에 다녀와서 여러 가지로 많이 느꼈는데요, 그 얘기는 나중에 해 드리도록 하겠습니다.

부활하는 일장기와 기미가요

일본에서 일장기 게양을 법적으로 강제한 것은 1990년대 말입니다. 99년에 그렇게 됐지요. 오랫동안 저항을 했지만 결국은 졌습니다. 일장기 게양에 대한 이야기가 나올 초기에 일본 국회에서는 "개인의 양심이나 사상의 자유라는 것이 헌법에 규정되어 있으니까 절대로 강제가 아니다."라고 했지만 결국 강제가 되었습니다. 국민 다수가 합의하고 방치했기 때문에 그렇게 됐지요. 일본의 기미가요는 국가國歌가 아닌데, 일단 그것을 국가라고 법으로 규정했습니다.

졸업식에서 기미가요를 반주해야 하는 음악 교사가 반주를 거절한 적이 있습니다. 이 사람은 기독교인인데 기독교인으로서 자기 자신의 양심의 자유에 비추어서 도저히 반주를 할 수 없다고 했습니다. 그것이 대법원까지 올라갔는데 결국은 패소했어요. 문제는 법원의 판결 내용인데요, "헌법상 양심의 자유는 있다. 사상의 자유는 있다. 그런데 그것은 어디까지나 자기 자신의 마음속에서 지켜야 하는 것이다. 학교 현장에서는 교장의 명령이 업무 명령이니까, 양심의 자유보다 업무 명령에 따라야 하는 의무가 있다."는 판결이었어요. 그것이 일본 헌법뿐만 아니라 우리가 알고 있는 일반적인 민주주의 인권 원칙에도 위배되는 내용이지만 일본 사회에서는 제대로 된 항의가 없었습니다.

최근에 〈한겨레 신문〉 사설을 우연히 보았는데요. 국기에 대한 맹세를 강요할 시절이 아니라는 사설을 보고 지금도 한국에서 이것을 강요하고 있다는 것을 알았습니다. 문민 정권이 되면서 상황이 바뀌었고, 시민적인 자유의 주체로서 국민이 자기희생을 통해 자신의 손으로 민주주의를 얻었다고 생각했는데요. 참여 정권도 이것을 법제화하고 있는 것을 보니까 문제가 심각하다고 느꼈습니다.

저는 〈일본 국민주의의 어제와 오늘〉이라는 글을 썼는데요, 이 글을 쓴 문제의식에 대해서 몇 말씀 드리겠습니다. 하나는 여기서 국민주의라는 말을 썼습니다. 지금 국민주의, 국가주의, 민족주의, 그리고 민족주의도 저항적인 민족주의라든가, 적극적인 민족주의라든가 여러 개념들이 섞여서 혼란스럽게 사용되고 있습니다. 일본에서는 일본 사람들이 저 같은 사람을 비판할 때 민족주의라고 해요. "서 선생, 너무나 민족주의다!"라고 합니다. 과연 저는 민족주의자일까요?

제가 있는 일본 대학교의 동료들은 비교적 일본에서 리버럴liberal한, 절대로 우익이 아닌 사람들이에요. 전후 일본 민주주의의 적자라고도 할 수 있는 사람들입니다. 90년대 초에 베네딕트 앤더슨Benedict Anderson의 《상상의 공동체Imagined Community》라는 책이 번역되면서 "선생님, 아십니까? 국가라는 것은 상상의 산물이에요. 선생님도 이제 국민국가 시대가 끝나니까, 더 이상 조선 사람, 조선 이렇게 고집하지 말고 벗어나셔야지요." 하는 얘기를 했습니다. (청중 웃음) 양심적인 동료들이 호의로 그런 얘기를 많이 했어요.

그 후 15년 이상 지나서 일본 사회가 어떻게 되었는지 아세요? 일본이라는 나라가 국가주의를 벗어났는가 하면 절대로 그렇지 않습니다. 정반대 방향으로 왔습니다. 그리고 양심적인 동료나 일본의 지식인들은 이런 흐름에 제대로 저항조차 못 했습니다. 저는 과연 이 상황을 어떻게 봐야 하는가라는 문제의식이 생겼습니다. 그래서 그냥 민족의식이라고 하지 말고 국민주의라는 개념을 다시 세워야 된다고 생각했습니다. 국민주의 비판이라는 것은 의도적인 민족주의, 국수주의, 자기 민족 중심주의라고 할 수 있는 "일본 사람이 세계 최고다!", "대한민국이 IT 강국이 되어야 한다!" 이런 것이 아니더라도, '주관적인 민족의식이 없어도, 민주적인 국가의 국민이다.'라는 최소한의 수준일지라도 배타적일 수 있다는 것을 한 번쯤 따지고 생각해야 한다는 것이 제 문제의식이었습니다.

두 번째는 일본 국민들의 심성에 대한 구체적인 예로 제가 90년대에 릿교대학교나 호세 대학교法政大學校에서 가르쳤던 젊은 학생들의 감상문을 들었어요. 한 사람 한 사람을 보면 얌전하고 그렇게 공격적인 학생들이 아니에요. 특히 저 같은 교수 앞에서는 아주 약한 사람들인데도 따지고 보면 배타적인 국민주의 심성을 갖고 있다고 할 수 있어요. 그런 심성을 지녔는데, 배타적인 경향성을 지니고 있는 것이 어떤 것일까요? 그래서 피상적으로 공격적인 민족주의만 비판하고 있으면 이런 내부의 바탕에 있는 것을 제대로 비판할 수 없다고 생각한 것이 두 번째 이유입니다.

세 번째는 보편주의에 대한 비판이 나와 있는데요. 위안부 할머니들에 대한 책임 문제를 둘러싸고 여러 가지로 생각한 바가 있었어요. 예를 들어서 우에노 치즈코上野千鶴子라는 유명한 페미니스트 학자가 있지요. 이 사람과 함께 심포지엄을 한 적이 있습니다. 우에노 치즈코는 진보적인 페미니스트로, 이른바 극우파처럼 옛날에 일본 군국주의나 일본의 제국주의가 저지른 그런 짓을 정당화하려는 생각이 전혀 없는 사람이에요. 그런데 그 사람도 현대를 살고 있는 일본 국민들의 책임에 대해서는 아주 모호한 태도를 취합니다. 특히 젊은 세대 그리고 여성에게 과거 일본 정부, 남성 중심주의 사회에서 국가가 벌인 일에 대한 책임을 어떻게 따질 수 있는가 하는 질문을 했습니다. 그리고 저에게 "위안부에 대한 그런 의문 자체가 아주 포괄적으로 일본 사람이라는 틀을 만들고, 너는 일본 사람이라는 낙인을 찍고……, 그런 사고방식이니까, 그것이 오히려 국민주의다."라는 비판을 했어요. 그런데 과연 그럴까요?

그러면 지금 일본의 젊은 세대에게 제가 과거 일본 군국주의나 식민지주의의 여러 가지 죄와 책임에 대해서 이야기할 때 어떻게 접근해야 하는지

하는 문제가 나오지요. 그럴 때 저는 많은 고민을 했습니다. 그래서 '사이비 보편주의하고 싸우고, 이것을 넘어야 한다. 극복해야 한다.' 하는 그런 문제의식을 갖게 되었습니다.

근대국가의 국민이 져야 할 책임

저는 일본에 살고 있는 재일 조선인으로서 국가의 행위에 대한 책임에서 가장 가벼운 위치에 있다고 봅니다. 대한민국 국적이 있는데도 대한민국이라는 나라한테 무슨 혜택이라고 할까요? 보호를 받은 적이 한 번도 없어요. 오히려 억압만 받아 왔죠. 그런 저와, 대한민국 국가가 국가정책으로 행한 베트남 파병과 민간인 학살, 그런 일들이 어떤 관계가 있는지, 저는 절대로 관계없고 책임 없는 사람이라고 할 수 있는지 심각히 고민해 보았습니다. 결론은 저에게도 책임이 있다는 겁니다.

그게 뭐냐 하면 저는 일본에서 생활할 때 대한민국 국민이기 때문에 별로 이익은 없지만 최소한 여권이 있습니다. 대한민국 여권이 있기 때문에 여기에 올 수도 있고 해외여행도 다닐 수 있어요. 제가 프랑스에 갔을 때, 어떤 베트남 요릿집을 중국 요릿집으로 잘못 알고 들어간 적이 있습니다. 그 베트남 요릿집 주인은 호치민胡志明을 닮은 사람이었습니다. 그 사람은 저에게 다가와 "일본 사람입니까?"라고 했어요. 싱글싱글 웃으면서 "자뽀네 Japonais?"라고 했어요. 저는 그때까지는 계속 해외여행을 다니면서 "일본 사람이냐?" 하는 그런 질문을 받을 때마다 "절대로 아니다. 나는 일본 사람이 아니다."는 얘기를 해 왔습니다. 그런데 그때만큼은……, (청중 웃음) "일본 사람이 아니고 한국 사람이다."라고 하기가 너무 불편하고 어색했어요.

왜냐하면 베트남 사람들이 한국이라는 국가가 보낸 군대 때문에 얼마나 시달렸을까, 이 사람이 보트피플, 난민일지도 모르고, 난민이면 한국에 대해 어떤 감정이 당연히 있을 거라는 복잡한 기분을 그때 처음 느꼈습니다. 그래서 '아, 나에게도 책임이 있다. 최소한이지만 책임이 있다.'고 생각했어요. 왜냐하면 그때가 전두환 정권 때였어요. 제가 처음 해외에 가게 되었을 때 '학살 행위에 직접 책임이 있는 사람이 대통령으로 있는 국가, 그 국가에서 준 여권을 가지고 다니는 내가 이 국가가 한 행위하고 나는 상관이 없다고 할 수는 없다.'고 생각했습니다. '처벌받아야 할 정도는 아니지만 그래도 그런 정부를 바꿀, 그런 정부를 비판하고 싸워서 그런 정책을 바꿔야 하는 책임이 있다. 제대로 그것을 반대하지 못한 책임이 있다.'고 생각했습니다.

말하자면 국가의 국민은 스스로가 원해서 되는 것이 아닙니다. 그러나 국민이 되면 누구나 책임의 망에 갇히게 됩니다. 국가가 제공하는 여러 가지 권리만 누리면서 나는 관계가 없다, 책임이 없다는 얘기는 말도 안 되는 얘기라는 것이지요. 재일 조선인이면 누구나 느낄 것인데 비디오 대여점에 가서 비디오 하나 빌릴 때조차 일본 국민이 아니어서 여러 가지로 불편함을 느낍니다. 그런데 신용 카드 가입이라든가 골프장 회원 가입이라든가 하는 일에서 여러 가지 불편함을 못 느끼는 일본 사람들이 일본 국가가 저지른 침략이나 식민지 지배에 대해 아무런 책임이 없다고 할 수 있는지요? 책임을 안 느낀다면 자기 자신이 져야 할 일본이라는 근대 민주주의 국가 국민의 책임을 포기하고 있는 것이라는 생각이 들었습니다.

아까 제가 야스쿠니 신사에 있는 유슈칸 전시관에 갔다고 했죠. 거기서 〈우리들은 잊지 않는다私たちは忘れない〉라는 제목의 선전 영화를 되풀이해서 상영하는데요. 전쟁 때 자기 자신을 희생하면서 일본 국가를 지켜 준 병사, 군인들을 잊지 않는다는 내용입니다. 거기서 제가 느낀 것이 세 가지 정도 있습니다. 하나는 같이 싸웠다고 해서 조선 사람도 대만 사람도 그 영화에 나와요. 조선 사람도 대만 사람도 일본 식민지 지배를 좋아했고, 환영했고,

고마운 마음이 있었고 해서 같이 싸웠다고 말이죠. 그리고 대만 원주민 출신 사람들 몇이 영화에 나와서 일제시대 때 배운 일본 말로 인터뷰를 하는 장면도 있습니다.

우리(한국)는 '일본과 함께 싸우지 않았다. 오히려 일본에 저항했다.'는 그런 역사관과 정체성을 가지고 있다고 하는데 과연 그럴까요? 이것은 아주 중요한 문제입니다. 일본 사람들 처지에서 보면 '너희들은 우리(일본)에게 저항했다고 하는데 과연 그럴까? 우리하고 같이 싸웠고 거기서 덕을 보고 좋아했던 사람들이 있지 않느냐? 지금도 있지 않느냐?' 할 수 있어요. 중국도 물론 한간漢奸이라고 해서 친일파도 있었고, 친일파 청산 과정도 있었는데요. 중국은 식민지가 아니었기 때문인지는 모르지만, 우리하고는 사정이 조금 다릅니다. 식민지 신민들이었던 우리(한국)는 '식민지 종주국 편에 서서 같이 싸웠는가, 아니면 식민지에 저항해서 싸웠는가?'라는 것이 정체성 문제에서 가장 핵심이 되는 문제입니다.

여기서(한국) 친일파 청산 문제가 많이 거론되고 있는데, 이 문제와 연결시켜서 다시 생각해 봐야 합니다. 지금 이 시점에도 과거사 청산은 여전히 남아 있는 문제라고 생각합니다. 조선 민족이 조선인들의 역사를 바로 잡기 위해서는 '우리들은 일본 사람하고 같이 싸운 것이 아니라, 일본 사람에게 저항해서 싸운 거다. 우리는 일본 사람에게 저항해서 싸운 사람들의 나라다.'라는 그런 방향으로 의식적으로 가지 않는 한, 일본 사람들의 선전은 어느 정도 설득력이 있습니다. 일본 사람들은 대만 사람 2만 7천 명과 조선 사람 2만 2천 명의 영령을 야스쿠니 신사에 모셔 놓고 지금도 제사를 지내고 있습니다. 그렇기 때문에 우리는 너희들(일본인)에 맞서 싸웠다는 것을 되풀이해서 의식해야 하고, 교육도 해야 한다고 봅니다.

두 번째는 일본 사람들이 유슈칸에서 아주 천진난만하고 순진한 병사들의 모습이 담긴 영화를 상영하면서, 특공대나 이런 사람들을 잘생긴 병사들로만 잘 골랐죠. (청중 웃음) 거기서 "우리는 다른 사람의 땅이나 재산을 약탈하기 위해서 전쟁을 한 적이 없다. 그런 의도는 하나도 없었다. 그냥 순진하게 자기 가족이나 사랑하는 사람이나 고향이나 나라를 지키려고 싸웠을 뿐이다."라는 내레이션이 감동적으로 울려요. 그거 바보 같은 이야기입니다. 왜냐하면 전쟁 자체가 어떤 성격이었는지 하고, 병사들 한 사람 한 사람이 어떤 수준이었는가 하고는 다른 문제지요. 그렇지요?

'그 의도가 천진스럽다. 한 사람 한 사람이 순진한 사람이었다.'는 것이 "너희들의 전쟁이 침략 전쟁이었다." 하는 비판에 대한 올바른 대응이 아닙니다. 완전히 엇갈려요. 그러나 그런 엇갈림을 좋아하고 그런 엇갈린 설명을 납득하고 있는 사람들이 일본이라는 나라에 있다는 거죠. 그러니까 '병사 한 사람, 한 사람이 나쁘지는 않다. 일본의 침략 전쟁을 비판하는 사람들은 일본 사람이 나쁘다고 하는데 우리는 나쁜 사람이 아니다. 우리 할아버지나 아버지는 절대로 나쁜 사람이 아니었다.'고 생각하는 거지요.

우리는 한 사람, 한 사람이 나쁜 사람이었는지를 따지고 있는 것이 아닙니다. 그거 말고 국가의 정책으로 저지른 침략 전쟁에 대한 책임을 묻고 있는 겁니다. 그런데 거기서 엇갈리죠. 그런 엇갈림이 아주 쉽게, 아주 간단하게 받아들여지게 된 이유는 바로 국민주의 때문입니다.

일본 같은 경우는 뭐라고 할까요, '도덕적인 피해자 의식'이라고 할까요? 그런 것이 있어요. '일본은 19세기 말부터 백인 제국주의의 위협으로부터 살아남기 위해서 어쩔 수 없이 자위 전쟁을 일으켰다. 청일전쟁, 러일전쟁도 그렇다. 특히 태평양전쟁 같은 경우는 미국이나 그런 강대국들이 일본을 고립시키려 했기 때문에 어쩔 수 없이 전쟁이 벌어질 수밖에 없었고, 그런 전쟁에 비극적으로 천진하고 순진한 사람들이 많이 희생됐다. 그 희생 위에 우리들의 삶이 있다는 것을 잊지 말자!'라는 식입니다. 일본이라는 나라는 이런 특유의 피해자 의식이 있어요. 일본인들은 일본이 벌인 전쟁이 정당한 전쟁이었다고 큰소리로 주장하기는 어려워요. 큰소리로 주장하면 미국한테 거센 비판을 받겠죠. 그래서 전쟁에 졌다는 것은 사실이니까 전쟁의 목적이나 성질에 대해서는 반격할 수 없고, 윤리적 정당화로 "전쟁에 참가한 한 사람, 한 사람은 좋은 사람이었다."는 식으로 항상 이야기합니다.

세 번째는 일본인들은 '지금 우리는 잘 먹고 잘살고 있다. 이 바탕은 전쟁 때 희생당한 사람들 덕분이다.'라고 생각합니다. 논리적으로 과연 그럴까요? 죽을 필요가 있었는지, 지금 잘 먹고 잘살고 있는 게 정말 전쟁 때문인지, 아니면 일본의 고도성장에 희생된 노동자나 세계 각국 사람들의 피와 땀 때문인지 하는 것을 따지지 않고 그냥 지금 생활을 시발점으로 해서 그것을 긍정하면서 "이만큼 살게 된 것은 그 사람들 덕분이다. 이 사람들은 순진한 사람들이었다."라는 식으로 미화하고 신화화하고 있다는 겁니다.

한국은 일본과 다른가?

자, 이것이 한국하고 어떤 점에서 다르고 어떤 점에서 공통점이 있는지 우리가 생각해 봐야 한다고 봅니다. 한국은 베트남전쟁이 있었는데, "있었는데"라고 가볍게 얘기하면 안 되지만 그래도 역사적으로는 제국주의 국가가 아니었기 때문에 일본하고는 다릅니다. 그래도 '지금 생활이 나아졌다. 지금 잘살고 있다. 이 넉넉한 생활의 바탕은 우리 국가를 위해서 희생한 국가 수난자, 국가 유공자 여러분 덕분이다.'라고 생각하는 사람들이 있는데 과연 그럴까요? 지금 이 시점에서 출발해서 과거를 막연하게 포괄적으로 정당화하는 그런 논의에는 문제가 없을까요? 문제가 있는데도 문제가 없는 것처럼 넘어가는 것은 국민주의적인 심성 때문이 아닐까요?

이런 것을 생각해야 합니다.

　유슈칸에서 선전 영화를 보고 있으면 잘생긴 중학생이 하나 나와요. 영화에서 그 학생이 인터뷰하는 것을 보니까 "유슈칸에 와서, 특공대 유물이나 이런 것을 보고 나도 모르게 눈물을 흘렸다."고 하면서 "아무것도 몰랐다. 학교에서 안 가르쳐 줬다. 우리가 많이 배워야 하고 잊지 말아야 한다."는 이야기를 합니다. 그 학생이 인터뷰에서 말하는 것을 보니까 아주 착해요. 그러나 저는 그것이 불편하고 어색했습니다. 왜 그럴까 생각했는데, 이 학생이 우익이 아니고 너무 평범해 보이는 보통 일본 사람이었기 때문입니다.

　저는 일본 곳곳에서 강연을 해 왔어요. 지금 여러분에게 말씀 드리고 있는 이야기처럼 재일 조선인의 역사라든가, 재일 조선인이 지금 겪고 있는 여러 가지 어려움과 일본과 조선의 역사에 관해서 말이죠. 일본 시민들이 이렇게 모입니다. 강연이 끝나면 똑같은 표정으로 똑같은 얘기를 해요. "우리는 아무것도 몰랐습니다. 학교에서 안 가르쳐 줬습니다. 우리는 잊지 말아야 합니다."라면서 눈물을 흘립니다. 유슈칸 선전 영화에 나온 학생과 똑같아요. 이걸 깨닫고 무척 불편했어요. 제가 너무 지독하게 이런 식으로 느끼는지 모르지만, 제 얘기를 듣고 감동했다던 시민들도 이것과 별 다름이 없었던 것 아니냐 하는 겁니다.

　야스쿠니 신사는 소위 우익들만 걸어 다니고 있는 곳이 아닙니다. 우익들이 검은 옷을 입고 군대식으로 줄 서서 다니는 것도 아니고요. 아주 평화스럽게 보이는 가족들이 많이 와 있어요. 젊은 부부와 아이들이 디지털 카메라로 사진 찍고 서로 웃는 장면을 쉽게 볼 수 있어요. 이 사람들은 야스쿠니 신사가 아니고 히비야 공원日比谷公園에 가서 평화 집회에 참여해도 별로 위화감이 없는, 이질감이 없는 사람들입니다. 일본이라는 나라가 우익화가 되었다는 것은 일본 시민들 한 사람, 한 사람이 국수주의자나 아주 확신에

찬 무슨 극우파가 된 것이 아닙니다.

일본으로 관광이나 유학 온 사람들은 "한국에서는 일본이라는 나라와 일본 사람에 대해서 여러 가지 선입견이 있었는데 와 보니 전부 다 얌전하고 좋은 사람들이다."라고 합니다. 그거 엇갈리는 겁니다. 영화의 선전하고 똑같은 구도예요. 침략 전쟁이라고 하면서 "한 사람, 한 사람은 좋은 사람이었다." 하는 얘기하고 똑같은 얘기입니다. '일본 사람 한 사람, 한 사람은 좋은 사람이었다.' 하는 것하고 '일본이라는 나라가 과거의 침략을 정당화하면서 앞으로 세계에서 아주 위험한 역할을 하려고 하는 나라다.' 하는 것하고는 다른 측면입니다. 또 한 사람, 한 사람은 좋은 사람이지만 좋은 사람 스스로가 위험한 역할을 할 수 있다는 것이 문제라는 겁니다.

나쁜 사람에게 "너 아주 악질적이다!" 하면 문제가 간단해요. 쉽습니다. 그러나 어린이날이 되면 한강 공원에 가족끼리 놀러 가는 여러분과 야스쿠니 신사에 와 있는 일본 시민은 다르지 않습니다. 일본에는 아주 호전적인 군국주의자가 있고 한국에는 평화를 지향하는 자각된 시민이 있다는 그런 구도가 아니란 말이지요. 바꿔 말하면 이 나라(한국)도 그렇게 될 수 있다, 그렇게 되어 가고 있는 것 아니냐 하는 것이 이번에 와서 느낀 것입니다.

비국민에 대한 폭력, 귀화

그럼 국민주의에 대해서 몇 마디 덧붙이겠습니다. 국민이라는 개념이 성립되기 위해서는 국민의 외부가 필요해요. 어떤 부분을 국민이라고 하려면 '국민 외(外)'가 필요하지요. 세상에 있는 사람들이 전부 국민이면 국민주의가 성립되지 못해요. 예를 들어 보겠습니다. 여기 국민이라는 중심부가 있고 세 가지 장벽이 있습니다.

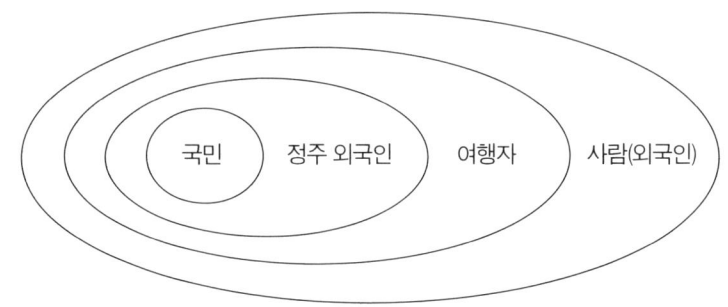

　국민과 정주 외국인 사이에 문門이 있고, 정주 외국인과 여행자, 여행자와 사람 또는 외국인 사이에 각각 문이 있습니다. 가장 바깥 원에 있는 것이 외국인이지요. 외국인이라고 하면 외국 국적이 있는 것이니까 그냥 사람이라고 할까요? 국적이 없어도 일본으로 여행 가고 싶은 경우가 있겠죠? 그런데 비자가 필요해요? 단기 여행일 경우는 필요가 없습니다. 어느 시점까지는 필요했었지요? 일본 사람이 한국에 올 때는 비자가 필요 없고, 미국 사람도 필요 없고……, 중국 사람은 필요하죠? 어떤 사람에게는 비자가 필요하고 어떤 사람은 필요 없다 하는 그런 문이 여행자와 사람 또는 외국인 사이에 있습니다. 그런데 이 문을 열고 닫는 입국 허가는 누가 해요? 누가 문을 여닫는 권한을 가지고 있죠? 국가입니다.

　유학이나 일 때문에 3개월이나 6개월 정도 그 나라에 사는 사람들을 정주 외국인이라고 부르겠습니다. 여기도 거주 자격이 필요합니다. 그리고 특정한 나라의 국민이 되는 것은 '귀화歸化'입니다. 이렇게 세 단계가 있어요. 이 세 단계의 문을 여닫는 그런 권한을 누가 가지고 있는지가 가장 중요합니다. 여기에 국민이 아닌 사람이 주체로서 원한다고 국민이라는 신분까지 마음대로 갈 수 있는 것이 아닙니다. 어디까지나 국가가 권한을 갖고 어떤 사람은 들어오게 하고 어떤 사람은 배척하고 있습니다. 어떤 시스템으로 그렇게 되어 있는지, 왜 그런지를 생각해야 하는 중요한 문제예요. 법적으로 생각하면 귀화가 마지막 문이죠.

일본의 '귀화'에 대해서 지금부터 말씀 드리겠습니다. 일본의 귀화 제도가 얼마나 나쁜 제도인지 얘기하고 싶은 것은 아닙니다. '특정한 국가의 국민이 되기 위한 문'이라는 문제를 생각하는 좋은 사례가 됩니다. 귀화에 대해서는 국적법이라는 법으로 규정되어 있습니다. 물론 전쟁 전부터 국적법이 있었는데요. 지금 일본의 국적법은 1952년에 만들어진 국적법입니다. '귀화'라는 말을 지금 쓰고 있는 나라는 일본하고 대한민국, 그리고 대만이라고 생각합니다. 중국은 아마도 안 쓸 겁니다. 왜냐면 이 말 자체가 차별적이니까요. 이 말 자체가 가지고 있는 차별성을 깨닫고 중화인민공화국에서는 안 쓰게 되었어요. 무자각적으로 쓰고 있는 나라가 일본하고 대한민국, 대만입니다.

'귀화'라는 말의 '화'는 원래는 변화의 '화化'가 아니고 '문명華'이라는 뜻입니다. 옛날부터 '중화中華 문명'이라는 말을 썼는데 '문명華에 귀순歸한다.'는 뜻입니다. '왕화王化의 민民' 그러니까 '왕화의 백성'이라는 말이 있는데 '문명화된 야만인'이라는 뜻이에요. 중국에서는 중국 중심부의 문화가 가장 높은 문명이라고 생각했고, 주변에 만주나 몽고 같은 야만국들이 있다고 보았습니다. 남만南蠻도 그렇지요. 지금은 베트남인데, 이런 사람들이 '높은 중국의 문명을 존경해서 그 아래 전부 복종하면 받아들이고 중국 사람으로 대우해 준다.'는 것이 귀화의 원래 뜻입니다.

'귀화'라는 말을 《일본 국어사전》에서 찾아보면 군왕郡王의 높은 문명에 귀순하는 것으로 그렇게 되어 있어요. 지금 왕이란 것은 일본에서는 천황이에요. 그러니까 귀화라는 말의 뜻은 천황의 높은 문명에 귀순한다는 것인데 그 말을 한국에서 지금 쓰고 있다는 것은 아주 아이러니컬한 상황입니다. 그냥 국적 취득이라고 하면 왜 안 될까요? 국적 취득이라는 것이 영어로는 식물을 이식한다는 의미로 'naturalization'이죠. 거기서는 문명이 높거나 낮다라는 그런 가치관이 없어요. 그런데 귀화라는 말은 그렇지 않습니다. 귀화라는 말을 쓰지 말아야 합니다.

　귀화에 대해서 일본 상황과 연결시키면 일본 국적법에는 "귀화는 법무부 장관의 허가를 얻어야 한다."고 되어 있습니다. 그리고 "법무부 장관은 다음의 조건을 갖춘 외국인이 아니면 귀화를 허가하면 안 된다."고 되어 있어요. 그 조건들은 첫째는 계속해서 5년 이상 일본에 살고 있어야 하고, 둘째는 스무 살 이상으로 본국법에서도 권리를 행사할 수 있는 나이여야 하며, 셋째는 소행所行이 선량善良하고, 넷째는 본인이나 배우자, 기타 인척의 자산으로 생계를 유지할 수 있어야 하고, 다섯째는 일본 국적을 얻게 되면 원래 국적을 버려야 한다는 것입니다. 이중국적은 철저히 허용하지 않는다는 거예요. A라는 나라의 국민이 일본 국적으로 귀화하려고 했을 때 A 국적이 없어지는 것을 확인할 수 없으면 귀화도 허용하지 않는다는 것이죠. 결과적으로 A 나라하고 일본하고 이중국적이 될 경우는 허가하지 않는다는 것이죠. 독점적으로 자기 나라 국민이 되라는 것입니다. 여섯 번째는 여러분께서 이해하기가 조금 어려울 것 같은데 "일본 헌법 시행일 이후에 일본 헌법 혹은 그 아래 성립된 정부를 폭력으로 파괴하려고 시도했거나 이런 주장을 하는 정당 및 단체를 결성하거나 그에 가입한 적이 없는 사람"이라고 되어 있어요. 파괴활동방지법破壞活動防止法*이라는 법에 걸려서는 안 된다는 이야기인데요. 이것은 바로 일본 공산당하고 조총련에 대한 얘기입니다.

　일본에서 귀화를 하기 위해서는 이렇게 여섯 가지 조건이 있습니다. 이 중 여섯 번째는 지난 번 말씀 드린 해방 직후의 일본 상황에 해당되는 것인데요. 일본에서는 조선 사람도 일본 공산당 당원이 될 수 있었습니다. 그때는 일국일당주의가 아니었습니다. 그때 일본 공산당 당원으로 일을 하던 조선 사람들이 많았는데 제일 앞서서 투쟁을 했어요. 바로 이런 사람이면 귀화가 안 된다, 이 단체에 가입한 채 귀화하면 안 된다는 겁니다. 아주 정치적인 목적을 명백히 하고 있지요.

여기서 가장 중요한 사실은 귀화에 대한 허가가 자유재량이라는 것입니다. '이런 조건을 갖추는 외국인이면 귀화 허가를 얻을 수 있다.'고 되어 있는 것이 아니고, '이런 조건을 갖춘 외국인이 아니면 허가하면 안 된다.'고 되어 있는 거지요. 그래서 '여섯 가지 조건을 갖추고 있으니까 당연히 허가 받을 수 있을 것이다.'라는 것이 아니고, 갖추고 있어도 이 사람의 귀화를 허용할지 말지는 어디까지나 일본 정부의 권한에 속해 있다는 겁니다. 시험처럼 점수가 일정 수준 위에 있으면 당연히 어떤 권리를 얻을 수 있다는 것이 아니고, 내부에 있는 '국민들의 정부'가 이 사람을 안으로 들어오게 할지 그냥 배척할지에 대한 자유재량권을 갖고 있다는 겁니다. 일본 정부가 그 이유를 굳이 하나하나 설명할 의무는 없습니다.

예를 들어서 재일 조선인이 귀화 신청을 하면 결과가 나오기까지 적어도 2년 정도가 걸립니다. 2년 뒤에 전화가 걸려 와 법무부에서 "축하합니다. 허가가 되었습니다." 하는 경우도 있고, 또 "안 되었습니다." 할 수도 있는데 그 이유는 설명을 안 해요. 이유를 설명할 필요가 없는 거지요. 비자를 주

---

* 1952년 미군정이 끝난 뒤 치안기구가 약화되는 것을 우려해 일본 정부가 제정한 법. "폭력주의적 파괴 활동을 하는 단체에 대해 시위·행진·집회를 금지할 수 있다.", "파괴 활동 단체에 대해서는 법원이 아닌 공안 심사 위원회가 단체의 해산을 명령할 수 있다."는 내용이 담겨 있다. 정치범죄 규제법적 성질을 가지고 있는데, 한국의 국가보안법과 달리 실제로 이 법이 적용된 경우는 많지 않다. 하지만 일본 정부는 아베安倍晋三 전 총리가 2007년 "조총련은 구성원이 납치를 비롯해 범죄에 가담한 사실이 분명하고, 파괴활동방지법의 조사 대상이기도 하다."는 이야기를 공공연히 할 정도로, 재일 조선인에 대한 탄압과 규제 근거로 여전히 이 법을 사용하고 있다.

는 것도 일본에서는 다 정부의 재량권으로 되어 있습니다. 아마 한국도 마찬가지겠지요. 한국 국적법도 일본 국적법을 모범으로 만들었으니까요.

귀화 규정에 '소행 선량'이라는 아주 애매한 항목이 있기 때문에 얼마든지 자기 멋대로 할 수 있게 되어 있는 것이 일본 국적법입니다. 이미 내부에 있는 사람은 아주 간단한 구도인데도 이렇게 되어 있는 것을 깨닫기 힘듭니다. 일본 사람들은 흔히 우리 재일 조선인들에게 "왜 귀화하지 않느냐?"라고 합니다. 물론 귀화하고 싶지도 않지만 그 질문은 기존 국민과 그 국민의 정부에 결정권이 있다는 것을 전제로 하고 있습니다. "너는 왜 귀화하지 않느냐?"라는 물음을 저에게 던지고 있는 사람이 권한을 가지고 있는 거예요. 이 사람들의 정부가 권한을 가지고 누구는 들어오게 하고 누구는 배척하고 있다는 이것부터 인식해야 합니다.

국민에게는 항상 국민 외부가 있기 때문에 국민이라는 개념이 성립됩니다. 국민이 아닌 사람이 있어야 국민도 있을 수 있다는 거죠. 국민이면 국민의 의무하고 권리가 있지 않습니까? 너무 초보적인 얘기라 죄송하지만 국민의 의무는 납세, 교육, 병역이지요. 일본 메이지 시대明治時代 헌법으로는 이것이 국민의 3대 의무입니다. 세금 내고, 의무교육을 받고, 군에 가야 한다는 거지요. 그런데 교육은 사람들의 권리가 아닌 거죠. 국가가 강제하는 의무입니다. 이것이 중요합니다. 학교교육은 국가가 사람들을 국민으로 만드는 장치입니다. 일제시대에 보통학교는 조선 사람들을 일본 국민으로 만들려는 장치였습니다. 모든 학교교육은 그런 거예요. 일본은 전후에 병역의 의무가 없어졌는데 한국에는 있지요. '의무교육을 안 받고 세금을 안 내고 군에 안 간 사람은 국민이 아니다.'는 것이 합의가 되어 있습니다. 과연 그럴까요? 국민이 아니면 인권도 보장받을 수 없습니다. 여기서부터 우리가 따져야 해요. 과연 그럴까? 왜 그런지요?

국가와 인권이 어떤 관계가 있는지 살펴봅시다. '법 아래 인권', '법 아래 평등'이죠. 프랑스혁명 이후에 '인류의 역사에서 인권이라는 것은 보편적인 것이다.', '법 아래 있는 모든 사람에게는 인권이 있다.'는 그런 개념이 성립되었습니다. 지금 민주주의를 운영하는 바탕이 되고 있지요. 그런데 인권은 원래부터 모든 사람에게 주어진 것이 아니었습니다. 프랑스혁명 같은 경우도 인권을 보장받은 사람은 남자 부르주아bourgeois, 돈이 있는 남자였죠. 그때까지는 왕이나 귀족이나 종교계의 고위층이나 이런 사람들만 인권이 있었지요. 보통 시민에게는 인권이 없었기 때문에 이런 사람들이 반항했고 혁명을 한 거죠. 원래부터 모든 사람에게 주어진 것이 아니었습니다. 저항에서 시작했어요.

미국 독립 전쟁을 우리가 지금 말하고 있는 민주주의 사회의 시발점이라고 합니다. 그러나 미국 독립 전쟁도 미국 남부 지방의 노예 소유주와 영국이 충돌한 것이었습니다. 노예 소유주들이 생각하는 권리에는 노예의 인권은 없었어요. 그리고 미국에 있던 원주민Native American의 인권도 없었어요. 이 사람들이 인권이라고 했을 때는 보편적인 것이 아니었습니다. 자기들에게 국한된 권리를 보편적인 것이다, 하는 논리로 싸웠습니다.

프랑스 같은 경우는 프랑스혁명 직후에도 여성에게는 평등한 권리가 없었습니다. 그것 때문에 처형당한 여성 선각자도 있어요. 또 유대인도 인권이 없었어요. 유대인의 권리는 프랑스혁명 이후 10년, 20년이 지나서야 인정받았습니다. '법 아래 인권'이라는 말이 있다고 인권이 보장되는 것이 아닙니다. "나도 인간이다. 나도 인권을 보장받아야 하는 보편적인 인간이다."라고 주장하는 사람들이 나와서 싸웠기 때문에 범위가 조금씩 확대된 겁니다. 미국의 흑인도 그렇고요, 여성도 물론 그렇습니다.

'법 아래 인권, 평등'이라고 할 때 '법은 누가 만들고 누가 보장하는가?'

라는 문제가 제기되는데, 거기에 원천적인 모순이 존재합니다. 법이라는 것은 의회에서 국회의원들이 만들죠. 국가기구가 만드는 거죠. 법을 지키게 하는 구체적인 힘은 누가 갖고 있죠? 국가가 가지고 있는 겁니다. 그러니까 국가라는 것은 군, 경찰, 법원, 학교 등을 통해 국민을 만들어 내고, 원래는 인권침해가 있으면 인권을 보호하기 위해서 이런 기구들이 있는 건데, 실제로는 특권층이나 지배층의 이익을 지키기 위해서 이런 기구가 작동하고 사용된다는 것이 문제입니다.

국민주의를 어떻게 넘어설 것인가?

국가가 없었던 것은 적어도 역사의 어느 시점까지는 사실이었습니다. 지금도 사실인가요? 앞으로도 영영 계속 그렇게 해야 하는가가 문제지요. 그런데 제가 아까 말씀 드린 보편주의자들은 지금 "국가를 세우려고 하는 모든 행동이 반동적이고 비역사적이고 아주 협소한 민족주의다."라는 얘기를 합니다. 팔레스타인Palestine인들이 지금 자기들끼리 국가를 가지려고 합니다. 그걸 반동적이라고 할 수 있는지요? 팔레스타인인들이 국가를 갖지 말아야 한다고 누가 말할 수 있는 권리가 있는지요? 그런 것을 따지고 보면 '너무 보편주의적으로 이야기하는 것이 오히려 반인권주의적이고 비정치적이다.'라고 할 수 있죠. 그런 보편주의가 특히 식민지 종주국 지식인 중에 많이 퍼져 있습니다.

자, 우리 조선 민족의 경우도 그렇지요? 국가가 없어서 인권조차 보장받을 수 없었던 그런 시기, 그런 시대가 있었어요. 국가가 없기 때문에 식민지 지배를 당했고 일본 국민이 되었습니다. 물론 일본 국민도 그때 인권을 보장받았다고는 할 수 없지만 조선인은 더 나쁜 처지에 있었어요. 사람들이 자기들끼리 국가를 세우고 싶다는 욕구와 요구는 어느 정도 역사적 정당성이 있다고 봐야 합니다.

하지만 아주 어려운 문제인데요. 어느 정도 역사적 정당성이 있는 주장과, 쉽게 국가주의나 배타주의가 될 수 있는 요소가 불분명하게 섞여 있습니다. 우리는 이것을 아주 냉철하게, 분명히 나누어서 이해해야 합니다. 이슬람 원리주의자들의 저항 활동을 저항적 내셔널리즘이라고 할 수 있는데요. 이것을 민족주의라고 비판만 하면 저항을 없애는, 저항을 무력화하는 그런 의미밖에 없게 됩니다. 이것이 과연 정당하냐 하는 것을 추상적으로 이야기하지 말고 왜 사람들이 이런 식으로 국가를 원하고 있는지, 국가를 세우고자 하는 역사적, 정치적 상황이 어떤 것인지를 생각해야 합니다. 그래야 여러 가지 모순들을 해결할 수 있고 내셔널리즘도 넘어갈 수 있습니다. 그렇게 하지 않으면 역효과가 납니다. 상황을 그냥 방치하고 "너희는 내셔널리즘이다."라는 비판만 하면 오히려 역효과가 된다는 겁니다.

국민주의는 프랑스혁명 후에 인권이 확장되고 국가가 확장되는 모순적인 상황과 더불어 커 왔습니다. 국가가 확대되면서 인권도 차츰 보장되어 온, 적어도 20세기 중반까지는 모순적인 상황에 대한 대안으로 마르크스주의, 사회주의가 있었습니다. 마르크스주의는 "프롤레타리아prolétariat에게는 조국이 없다. 프롤레타리아가 잃을 것은 족쇄밖에 없다. 프롤레타리아트라는, 노동자라는 보편성, 공통점을 가지고 국가라는 장벽을 넘어가자!"는 주장을 했습니다. 20세기 중반까지는 혁신적이고 설득력 있는 주장이었습니다.

그런데 지금이야말로 그런 상황에 있다, 그러한 조건이 지금 실현되어 있다고 보는 사람도 있는데요. 결국엔 이것이 그렇게 쉽게 실현되지는 않았습니다. 역사가 우리에게 보여 주고 있는 것은 그런 것이 아주 정당한 주장임에도 사회주의 국가조차 국민주의가 되었다는 겁니다. 우리는 원리적으로 이론적으로 이 문제를 짚어야지만 국민주의를 넘어갈 수 있다고 봅니다. 이것이 너무 거대한 얘기라서 저도 잘 해 낼 자신은 없지만 적어도 그런 문제의식은 가져야 한다는 겁니다.

19세기 말부터 사회주의 인터내셔널The Socialist International이라는 운동이 있었죠. 조국이 없는 노동자로서 국제 연대를 하면서 세계적인 사회주의 혁명을 통해 국가를 없애고, 국민주의와 국가주의를 넘어가자고 하는 거죠. 이것이 제1차 세계대전 때의 제2 인터내셔널입니다. 그러나 사회주의자들 대부분이 국가주의, 국민주의가 되면서 이 시도는 파산했어요. 예를 들어서 독일 같은 경우는 로자 룩셈부르크Rosa Luxemburg나 칼 리프크네히트Karl Liebknecht 같은 소수파를 빼고 나머지 사회민주당원들 대부분이 애국 예산, 전쟁 예산에 찬성투표를 했어요. 제2 인터내셔널에서 각자의 국가에서 전쟁 예산에 반대하자는 것에 다들 합의했었어요. 하지만 나라마다 전쟁 열기가 높아지니까 끝내는 찬성투표를 했습니다. 독일뿐만이 아니라 프랑스도 마찬가지고요. 그렇게 해서 전쟁이 시작되었습니다. 그걸 보고 도저히 개량주의적인 사회민주주의자는 안 된다면서 레닌주의를 중심으로 하는 코민테른Comintern이 제3 인터내셔널로 출발했습니다.

제3 인터내셔널이야말로 노동자 연대를 실현시키는 것처럼 보였지요. 특히 제1차 세계대전이 끝난 직후 러시아혁명이 실현되고 나서 '러시아혁명이 곧 독일이나 유럽에 파급될 거다. 서양에서 사회주의 혁명이 이제야 구체화될 때가 왔다. 그렇게 되면 러시아니 독일이니 프랑스니 하는 국경이 없어지고, 피부색이나 언어나 문화나 국적이나 그런 차별이 없는 노동자의 나라가 태어날 거다.'라는 고통스럽지만 희망적인 전망이 그때는 있었어요. 그것이 1918년~1919년 무렵입니다.

그런데 불과 사오 년이 지난 1923년~1924년, 유럽 혁명에 대한 희망과 전망이 무너졌습니다. 그리고 코민테른이 세계 노동자의 조국인 소련이라는 국가를 지키자는 방향으로 바뀌었어요. 레닌$^{Nikolai\ Lenin\ 1870~1924}$이 살아 있을 때는 소련이라는 한 나라 때문에, 하나의 국가 때문에 혁명을 한 것이 아니었습니다. 국제적인 혁명의 시발점으로 생각했고 또 세계혁명이 이루어지지 않으면 소련도 살아남을 수 없다고 생각했습니다. 그러나 스탈린은 "적어도 소련이라도 지켜야 한다. 왜냐면 소련이 노동자들의 조국이니까."라면서 국가주의로 가는 것을 주도했습니다.

공산당은 일국일당이어서 하나의 국가에 하나의 공산당이 있고 이 공산당은 세계 공산당의 각국 지부였습니다. 중국 공산당과 일본 공산당은 코민테른의 중국 지부, 일본 지부였습니다. 조선은 공산당이 없었어요. 조선 사람은 일본 공산당이나 중국 공산당, 소련 공산당에 가입을 해야 했어요. 중국 혁명을 위해서 많은 조선 사람들이 자기 자신을 희생했습니다. 그 사람들은 '조선이라는 한국가의 사회주의화가 아니라 국민주의, 국가주의, 그 자체를 넘어가는 과도기다.' 고통스럽기는 하지만 그래도 넘어가야 할 다리 같은 것이라고 여겼습니다. 그때는 그렇게 꿈을 꾸고 믿고 있었어요. 1945년 해방 후에 일본 공산당에는 조선 사람들이 많이 있었고, 중국 공산당에도 조선 사람들이 당원으로 많이 있었습니다. 소련에도 있었어요. 그 뒤 조선 사람들은 일본 공산당에서 분리되어 나가게 되었습니다. 또 공산당도 각 국가의 공산당으로 다시 돌아갔어요. 코민테른조차 1943년에 해산되었지요. '사회주의 이론을 바탕으로 해서 국경을 넘어 국가를 없애자.' 하는 움직임이 그렇게 쉬운 것이 아니라는 것이 역사적으로 증명된 셈입니다.

왜 이렇게 되었을까요? 저는 교육이나 그런 문제를 생각해요. 노동자나 사회주의자의 머릿속에 있는 관념 문제인데요. 그 기반에 있는 것은 국민화 과정이라 할 수 있습니다. 프랑스혁명 때까지만 해도 사람은 시민으로 존재한 것이 아니라 그저 농민이나 상인이나 이런 식으로 있었지요. 이것을 하나의 국민으로 만들어 내는 과정하고 노동자로 만들어 내는 과정이 똑같이 동시에 진행되었습니다. 19세기는 자본주의 경제가 발전하면서 노동자계급이 많이 늘어났는데 모든 사람을 국민화시키자는 움직임이 같이 진행되었습니다. 이 두 가지는 서로 연결되어 있습니다.

학교에서 한 소년에게 언어를 가르치고, 직업훈련을 시키고, 자기 노동력을 팔고 살 수 있는 노동자로 만들어 내는 과정과, 이 사람을 국민으로 만들어 내는 과정이 똑같다는 겁니다. 그렇지요. 책을 읽고 문장을 쓰고 하는 것은 프랑스 말이나 독일 말을 국어로 배우는 과정과 똑같습니다. 그게 아니고는 근대적인 노동자가 될 수는 없어요. 산업 노동자가 될 수는 없어요. 그러니까 산업 노동자가 되는 것하고 국민화되는 과정은 다르면서도 같은, 그런 모순되면서도 서로 결부된 과정으로 진행됐다는 것입니다. 두 가지가 따로 있는 것이 아닙니다. 국민주의와 국민화 과정을 극복한다는 것은 사람을 진짜 계급적인 보편성으로 다시 매개하려는 목적을 위해서도 필요합니다. "너는 너무 국민주의적이다."라고 설교만 하면 되는 것이 아닙니다. 왜냐면 국민주의는 문화나 언어나 생활양식으로 아주 깊이 내면화되는 것이니까요.

알퐁스 도데의 《마지막 수업》에 담긴 진실

알퐁스 도데Alphonse Daudet 1840~1897의 《마지막의 수업La dernière classe》이라는 것이 있지요? 여기(한국) 교과서에도 나오지요? 어떻게 가르쳐요? 어떤 교훈입니까? 그거 배우면서 동시에 같이 연상되는 게 일제시대에 우리 말을 빼앗겼던 일과 우리 말에 대한 소중함이죠.

일본에서도 똑같이 《마지막 수업》을 가르쳐요. 그런데 《마지막 수업》의 역사적인 배경에 대해서는 잘 아시겠지만 보불전쟁普佛戰爭, 즉 프로이센하고 프랑스가 벌인 전쟁 때문에 알자스^Alsace 지방, 스트라스부르^Strasbourg 지방이 독일 땅이 되어서 그때까지 가르치던 프랑스 말을 더 이상 가르치지 못하게 되자 마지막 수업을 한다는 것이죠. 그 전에는 그 지방이 어땠지요? 그 전에는 프랑스 말로 가르치고 있었던 것이 아니고 그 사람들의 모어인 알자스 말을 가르쳤습니다. 원래는 독일 말의 사투리라고 할 수 있는 알자스 말을 썼던 겁니다. 알자스 말을 쓰면서 살고 있는 사람들에게 프랑스 말을 국어로 강요했는데 더 이상 강요하지 못하게 되었다는 것이 《마지막 수업》의 진실입니다.

일제 때에 일본 말로 가르치는 마지막 일본어 교사의 이야기로 읽으면 더 정확합니다. '이때까지는 조선을 점령하고 조선 사람에게 일본 말을 가르쳐 왔는데 패전했기 때문에 더 이상 일본 말을 가르칠 수 없게 되었다.' 그런데 그 학생들도 이렇게 울고 말이에요. (청중 웃음) '일본 말도 이제 마지막이다.' 하는 그런 모습이라고 대입하면 더 정확한 겁니다. 《마지막 수업》이라는 것이 말이죠, 그 전의 역사를 부정하면서 프랑스 말을 학교에서 가르치고 있는 장면으로부터 시작하니까 역사를 왜곡합니다. 이것이 바로 프랑스 국민주의의 하나의 기능입니다. 그렇죠? 프랑스 말을 배웠고 프랑스 말로 모든 것을 생각하게 되고 프랑스 말로 얘기하는 '우리'하고 '다른 언어를 사용하는 외국인'이라는 심리적인 장벽은 국민주의의 출생하고 아주 깊은 관계가 있습니다. 이런 식으로 교육받은 사람들이 학교를 나와서, 공장에 가서 일하고, 노동조합에 들어가고, 노동조합 기관지도 프랑스 말로 내고, 연설도 프랑스 말로 하니까, '우리는 노동자다.'라는 인식조차 프랑스 말로 한다는 겁니다. 국민화하고 노동자화한다는 것은 결국 같은 과정이라는 겁니다.

한마디만 더 하겠습니다. 르낭Ernest Renan이라는 사람은 프랑스 국민주의에 있어 중요한 사람입니다. 또 피히테Johann Gottlieb Fichte가 있지요. 르낭은 프랑스 내셔널리즘의 시조고 피히테는 독일 내셔널리즘의 시조라고 합니다. 그런데 르낭 같은 경우는 "국민이라는 것은 혈통이나 뭐 그런 것이 아니다. 주체인 시민이 날마다 하는 국민투표처럼 프랑스라는 나라의 헌법을 비롯한 법체계를 스스로 인정하면서 국민이 된다. 국가는 그런 시민들로 구성되는 것이다."라는 얘기를 했어요. 이것을 긍정적으로 이야기해서 '선진적인, 근대적인 국민 의식'이라고 해요.

피히테의 경우는 프랑스의 나폴레옹이 진보라는 명분을 가지고 독일을 침공해 왔을 때 이에 저항하면서 독일이라는 주체를 세우기 위해 고민하면서 여러 가지 활동을 했습니다. 피히테는 아주 악질적인 보수주의자가 아니었습니다. 독일 연방 국가들의 후진적인 정치 체계를 개혁해야 한다는 고민을 많이 한 사람입니다. 그리고 '폴크스가이스트Volksgeist 민족정신'라는 개념을 만들어 냈어요. '폴크스가이스트'는 언어하고 깊이 연결되어 있습니다. "독일 말로 얘기하는 사람들에게는 똑같은 폴크스가이스트가 있다. 민족정신이 있다."는 겁니다. 그래서 "독일 말을 지키자!"는 것하고 "독일 말을 하는 사람들끼리 독일이라는 새로운 국가를 세우자!"는 것을 주장했습니다. 일제시대 우리 나라와 비슷한 민족적 처지에 있었다고 할 수 있습니다. 말하자면 민족 해방 사상의 시발점이라고 할 수도 있죠.

물론 어떤 언어가 어떤 '가이스트geinst 정신'를 지니고 있다는 것은 너무 관념적이고 말도 안 되는 이야기이죠. 지금 보면 아주 반동적으로 보이지만은, 그런데 '타국의 점령을 받는 사람들이 자기의 문화나 삶의 방식에 주체성을 세우고 인간 해방을 해야 한다. 인간으로서 해방돼야 한다.'는 의도로 나왔기 때문에 피히테 사상이 우리 나라의 독립운동이나 해방운동에 많은 영향을 줬습니다. 일본도 그렇습니다. 일본도 백인 제국주의자들이 19세기 말에 밀려오니까 일본 사람으로서 주체성을 가져야 한다면서 피히테를 많이 읽었습니다. 피히테를 배운 사람이 조선을 침략했는데 그것에 대해서 저항하는 사람들도 피히테를 읽었다는 겁니다. (청중 웃음)

역사라는 것은 그런 것이지요. 피히테한테 죄가 있는 것은 아닙니다. 그런데 이런 '폴크스가이스트'라는 개념을 아주 극한으로 실행한 것이 나치즘Nazism입니다. 예를 들면 '체코슬로바키아에 독일인들이 있다. 소련에 독일인들이 있다. 이 사람들은 같은 독일 말을 하는 독일 민족이고, 같은 '폴크스가이스트'를 공유하는 사람들인데 거기서 소수민족으로 억압당하고 있다. 이 사람들을 해방하고 대大독일을 지향해야 한다.'는 것이었죠. 대독일 민족주의Grossdeutschtum는 히틀러가 갑자기 들고 나온 것이 아니라, 19세기 말부터 독일에서 계속해서 있어 온 사상이었어요.

이렇게 얘기하면 르낭의 생각은 아주 좋은 것으로, 피히테는 부정적으로 보이지요. 그런데 이 르낭이 아까 알퐁스 도데의 《마지막 수업》에 대해서 찬양을 많이 했어요. 이른바 혈통주의를 강조하는 민족주의가 아니라고 해도 국민주의입니다. 르낭은 프랑스의 말, 프랑스의 문화, 프랑스의 법질서, 프랑스의 보편주의를 많이 배우고 지니고 해야지 프랑스 국민으로 인정받을 수 있다고 보았습니다. 프랑스 중심주의적인 국민주의 사상가, 이데올로그idéologues라고 할 수 있어요.

지난번 프랑스 대선에서 사르코지Nicolas Paul Stephane Sarkozy de Nagy-Bocsa가 이겼죠. 대통령 선거 결과에 저는 조금 낙심을 했습니다. '47%나 되는 루아얄Marie-Ségolène Royal*의 지지자가 있었으니까…….' 하는 생각도 들지만 세계가

---

* 2007년 프랑스 대선에서 사회당 후보로 출마해 약 2백만 표 차로 사르코지에게 패했다.

또 한 걸음 나쁜 방향으로 갔다는 생각이 들어요. 사르코지는 원래 헝가리 사람이에요. 아버지 때인가에 프랑스로 이민 간 사람이에요. 이런 사람은 일본이나 독일에서는 대통령이 될 수가 없어요. 원래 독일 사람이 아닌 사람, 원래 일본 사람이 아닌 사람이 대통령까지 될 수는 없어요. 그러면 프랑스는 사르코지가 대통령이 되었으니까 좋다고 할 수 있을까요? 할 수 없습니다. 사르코지는 이민을 배척하자는 주장으로 대통령이 되었습니다. 이때 이민이라고 하는 것은 헝가리나 그런 서양 백인들 얘기가 아닙니다. 아프리카, 아랍 사람을 이민으로 받아들이는 것을 제한하자는 것이죠.

　프랑스의 알제리인들은 일본에 있는 재일 조선인들과 비슷한 처지입니다. 프랑스가 오랫동안 알제리를 식민 지배했기 때문에 조상이 프랑스에 살게 되었고 자기들은 프랑스 본국에서 태어난 2세~3세들이지요. 지금도 이 사람들은 조상의 이름이라든가 종교라든가 문화를 어느 정도 유지한 채 살고 있습니다. 프랑스에서 인종차별이 없다는 것은 거짓말입니다. 취직 시험을 볼 때도 이름만 보면 알제리인지 아닌지 압니다. 우리가 일본에서 겪는 것과 비슷하게 '너는 아랍인이다.'라면서 취직 시험에서 불이익을 당하는 것 하나만 가지고 봐도 그런 것을 알게 돼요.

　세계적으로 19세기 중반, 20세기 중반까지 계속된 식민지 지배에 대한 과거사 청산이, 지배당한 피식민지 시민의 이익이 아니라 종주국 국민들의 이익에 따라서 지금도 여전히 이루어지고 있습니다. 그래서 이런 모순들이 계속해서 나오고 있는 것이죠. 프랑스에서는 7년인가, 햇수는 정확히 모르겠습니다만, 실형 선고를 받을만 한 실정법상 죄를 지었으면 국적을 박탈하고 추방하자는 그런 얘기가 계속해서 나오고 있어요. 영국도 마찬가지입니다. 파키스탄이나 아프가니스탄을 식민지 지배했기 때문에 그곳 출신 시민들이 많이 있죠. 그런데 테러가 많이 있다고 해서 이 사람들의 국적을 박탈하자는 이야기도 나오고 있습니다. 원래 일본 사람이 일본에서 살인했다, 강간했다고 해서 추방할 순 없어요. 추방? 어디로 추방합니까? 그런데 식민지 출신자들은 그 나라 국적이 있더라도 추방하겠다는 것은 어디까지나 '너는 외부인이다. 우리가 은혜로 받아들였을 뿐인데 나쁜 짓을 하면 얼마든지 추방할 수 있다.'는 공갈이죠. 국민이라는 틀은 이렇게 되어 있어요.

국민주의에 갇힌 사회주의

아주 흥미로운 이야기인데 못 한 이야기가 하나 있습니다. 베트남의 호치민은 19세기 말에 태어나 선원 노동자로 프랑스에 건너가서 거기서 혁명운동을 했습니다. 그때 프랑스 사회당에 입당했어요. 그때 사회당 지도자로는 마르크스Karl Heinrich Marx의 사위인 롱게Jean Longuet 같은 사람들이 있었습니다. 이 사람들은 인터내셔널International을 이야기했는데, 식민지나 제3세계, 아프리카, 아시아에 대한 인식이 거의 없었다는 겁니다. 이들은 노동자라는 계급적인 보편성을 가지고 국가를 넘어갈 수 있다고 했는데, 그 국가는 어디까지나 '유럽 국가'입니다. 그 사람들의 시선으로 보면 제3세계에는 나름대로 제대로 국가가 된 나라가 거의 없었기 때문이죠. 이렇게 사회주의 혁명을 한다는 사람들도 '혁명은 유럽에서 자기들이 하고 그 파급효과로 아시아, 아프리카 사람들이 해방될 거다.'라는 그런 의식에 머물러 있었어요. 제2 인터내셔널에서는 아시아, 아프리카의 반식민지 투쟁과 민족 해방 투쟁에 대한 평가가 별로 없었습니다.

호치민이 프랑스 파리Paris에서 사회당 활동을 하면서 같은 당 동료들한테서 느낀 가장 큰 이질감, 위화감이 그것이었습니다. 나중에 프랑스 사회당이 분열되면서 일부가 코민테른에 가입해 공산당이 됐는데, 호치민도 공산당으로 갔습니다. 그 까닭을 두고 호치민은 "이쪽(공산당)은 민족 해방에 관심이 있기 때문이다. 베트남 민족을 해방시키려면 이쪽으로 올 수밖에 없었다. 그쪽(사회당)은 관심이 별로 없었기 때문이다."는 이야기를 해요.

호치민은 프랑스에서 1917년 〈프랑스 식민지주의에 대한 비판〉이라는 논문을 썼습니다. 이 논문은 프랑스의 피식민지 신민의 처지에서 프랑스 제국주의의 반도덕성을 철저히 비판한 문서인데요. 여기에는 귀화한 자에게 프랑스 국민의 권리가 주어지는 과정 따위가 씌어 있습니다. 그 논문에서 호치민은 프랑스가 식민지에서 모든 수단을 동원해 군인을 모집했는데, 명예롭게 전사한 병사의 유족은 그 보상으로 아편 판매권을 허가받을 수 있었다고 말합니다. 그래서 이것을 '이중의 범죄'라고 비판하고 있습니다. 그리고 프랑스 당국은 베트남인에게 술을 마시는 나쁜 습관을 퍼트리면서 쌀을 원료로 하는 술을 독점적으로 제조할 수 있는 권리를 프랑스인에게 주었다고 합니다. 이 사람들의 전통적인 수법이죠. 술을 마시는 것을 가르치면서 술은 자기들이 독점적으로 만드는 거죠. 뭐, 이런 내용들이 많습니다.

또 호치민은 대지大志를 품은 토착인, 큰 꿈을 꾸는 토착인, 즉, 프랑스인이 되고자 하는 네이티브native 베트남인들에게 "너희들은 흡혈충이다. 피를 빨아먹는 곤충 무리에 들어가고 싶으면 그렇게 하라."고 합니다. 프랑스에 귀화하여 프랑스 국민이 된다는 것은 남의 피를 빨아먹는 곤충들이 되는 것과 마찬가지라는 거죠. 그렇게 하고 싶으면 어떻게 하면 되냐면, 레종 도뇌르 훈장Legion d'Honneur medal을 받거나, 대학을 졸업하거나, 식민지 행정에 공헌하거나, 프랑스 군에 들어가 승진하거나, 프랑스 여성하고 결혼해 거주자로서 자리 잡거나 하는 그런 자격 조건들을 갖추어야 해요. 이건 호치민 얘기가 아니고 프랑스 정부가 규정하는 겁니다.

프랑스 국적을 얻으려고 할 때 면접시험에서 "아내와 아이들은 프랑스 말을 할 수 있느냐? 식구들은 유럽식으로 옷을 입느냐? 집에는 가구가 있느냐? 식사는 식탁에서 하는지 아니면 그냥 바닥에서 하는지? 프랑스 법이 베트남인들에게 아주 유리하게 되어 있는데, 왜 프랑스에 그렇게 귀화하고 싶으냐?" 하는 질문들을 받았다고 합니다. 그래서 호치민은 "그렇게 해서 얻은 국민의 권리는 피식민지인들이 이런 굴욕을 감수한 뒤에야 겨우 주어지는 것이다. 이것은 바로 인간의 존엄성을 포기하라고 하는 것과 비슷하다."는 얘기를 합니다.

이 논문에 대해서 나중에 호치민은 "프랑스 사회당 지도자들도 그때는 동의를 안 했다. 지나치게 비판만 하고 있다고 해서 그냥 지나갔다."는 얘기를 합니다. 국민화, 국민주의라는 감수성은 사회주의자도 마찬가지로 갖고 있었던 것이 아니냐는 생각을 하게 됩니다.

일본 공산당도 몇 년 전에 '국민의 당'으로 스스로 강령문을 바꾸었어요. '계급의 당이 아니라 일본 국민의 당으로 열심히 애쓰고 일하겠습니다.' 하는 대회를 가졌습니다. 세계 여러 나라에서 사회주의 체제가 무너지면서 그때까지 마르크스주의를 신봉했던 사회주의 정당들 거의 모두가 민족주의 정당으로 바뀌었는데, 별로 신기한 일이 아니라고 저는 생각합니다. 왜냐면 공산주의와 국민주의가 아주 무자각적으로 밀착되어 있었기 때문입니다. 일본 공산당도 예외가 아니다, 그렇게 생각합니다.

베트남전쟁에 대한 우리의 책임

베트남전쟁에 대해서 관심을 갖고 지금 베트남까지 가서 평화 운동을 하는 사람은 이 나라에서도 소수파겠지만, 어떤 생각으로 어떤 느낌으로 그렇게 하고 계시는지 궁금했습니다. 특히 젊은 세대가 자기 자신의 책임하고 과거의 사건하고 관계를 어떻게 설정하고 느끼고 있는지……

1990년대 일본에서도 열심히 평화 운동을 하면서 가해자와 피해자의 화해를 이야기하는 친구들이 이런 이야기를 했어요. "일본 사람이어서가 아니다. 일본 국민이어서가 아니라 인간 보편의 느낌으로 서로 연대하고 싶다. 난징南京 대학살이나 조선인 위안부나 이런 이야기를 접했을 때 인간이니까 아픔을 느끼지, 일본 사람으로서는 아픔을 안 느낀다. 느끼면 안 된다. 왜냐하면 그것이 일본 사람이라는 국민주의적인 틀을 만드는 결과가 되니까……."라고요.

베트남전쟁처럼 국가가 가해자인 그런 사건에 대해서 지금 이 시점에 살고 있는 한국 국민들이 어떤 책임을 져야 하는지 꼭 묻고 싶었습니다. 이런 식으로 질문을 던지겠습니다. 조선을 식민지로 삼고 아시아 침략 전쟁을 벌인 최고 책임자가 누구입니까? 법적으로 가장 책임이 있는 사람이 누구예요? 천황이죠. 일본 사람들은 지금도 천황을 그냥 방치하고 천황한테 책임을 묻지 않고, 천황도 책임을 안 졌는데 왜 나한테 그런 것을 묻느냐고 해요. 천황 같은 경우는 법적으로 이야기하면 '군주에게는 국가의 정책에 대해서 책임을 묻지 않는다.'는 그런 옛날 비민주주의적인 시대 유산 때문에 지금도 법원에서는 '군주의 책임을 물을 수 없다.'는 판례도 있습니다. 이런 식으로 그 사람의 책임을 그냥 방치하고 있는 것이 국민의 무책임 상태를 보장하고 있는 것이 아닌가 하는 생각이 듭니다. 그래서 저는 '무책임 장치로서의 천황제'라는 이야기를 했어요.

그러면 여러분들이 베트남에 갔을 때 베트남 사람이 "전두환 어떻게 됐습니까? 그때 전두환, 노태우 이런 사람들이 이 나라에 와서 우리 백성들 많이 죽였는데 지금 어떻게 지내고 있어요?" 하면 어떻게 답을 하시지요? (청중 난감한 웃음) 물론 베트남전쟁에 대한 전두환의 책임을 묻는 것하고 천황제에서 천황의 책임에 대해서 묻는 것은 다르지 않느냐 할 수 있어요. 분명 다르지만 어느 정도 다르고 어느 정도 공통점이 있는지 따져야 한다는 말입니다.

물론 일본하고 대한민국이 똑같다고 할 순 없어요. 일본은 천황제를 역사상 단 한 번도 따진 적이 없어요. 특히 제가 어렸을 때, 1960년대는 그래도 일본 국민 대다수가 "천황이 잘못했다."는 이야기를 많이 했어요. 보통 시민들이요. 그러나 시간이 가면 갈수록 그런 목소리도 없어졌고, 아까 제가 말씀 드렸듯이 "천황은 좋은 사람이다. 평화주의자다. 뭐 천황까지 그렇게 집요하게 규탄할 필요가 있느냐?" 하는 식으로 되어 왔지요. 결과적으로는 자기 자신의 부담감을 없애려고 하는 그런 심리가 작동하고 있다고 봅니다. 그런데 여기는, 물론 베트남 파병 때문은 아니지만 전두환도 노태우도 한 번 법정에 서게 한 그런 드문 나라입니다. 그런 것까지 해 낼 수 있는 나라가 별로 없어요. 저는 그런 면에서 일본보다 한국이 그래도 희망이 있다고 봐요. 그런데 여기서 따져야 하는 것은 더 철저하게 해야 한다는 겁니다.

예를 들면 독일 같은 경우는 60년대, 68년 학생운동 때 자기 집안에서 아버지나 이런 사람들이 나치 때 뭘 했을까, 아버지가 집에서 그런 얘기를 안 하는데 한번 따지고 물어봐야 한다는 움직임이 있었습니다. '그런 어색함과 부담감을 피할 수는 없다. 그런 부담감을 평생 지니고 살아야 한다.'는 것이 그래도 양심적인 독일 사람들의 합의였지요.

그렇다고 하면 '전두환 때, 박정희 때 아무도 저항할 수 없는 군사정권이었다. 그 때문에 권력기관에서 몇 명 내려오면 아무도 저항할 수 없었다.'는 것은 과연 사실인가, 어떤 저항을 하려고 했는가, 그런 것을 따져야 해요. 그렇지 않으면 그건 그때는 시대가 그런 시대였기 때문에 어쩔 수 없었다 해서 전부 면죄해 버리는 레토릭rhetoric 수사이 됩니다. 그때 베트남에서 민간인을 학살했다는 것이 부정할 수 없는 일이라면, 군인들이 거기서 뭘 했는지, 군인뿐만 아니라 기업도 뭘 했는지, 집에 가서 아버지나 할아버지에게 "그때 아버지 거기서 뭘 했지요?" 하는 그런 질문을 던질 수 있는지, 그런 질문을 해야 하고, 하지 않으면 안 되는 것 아니냐 하는 이야기입니다. '베트남 사람들은 성질이 얌전하고 온순해서 우리한테 그런 질문을 안 하니까…….' 하는 것은 완전히 잘못 생각하는 겁니다. 스스로가 물어야 하는 거예요.

새삼스럽게 이 사람들을 다시 처벌하자는 것이 아닙니다. 한 번 그런 일이 생겼으면 편하게 살면 안 된다는 거죠. 그렇게 할 수 있는 사회와 시민하고, 그런 것을 못 하는 일본은 다릅니다. 이런 식으로 우리가 철저히 따지고 반성하지 않으면, "옛날에 여러 일이 있었지만 그런 시대니까 뭐……, 그건 그렇고 미안했습니다." 하다 보면 오히려 국가의 공범자가 돼요.

왜 이렇게 강조하냐 하면 이런 일이 있었어요. 미국이 아프가니스탄을 침공한 뒤에 일본의 NGO들이 아프가니스탄에 가서 일을 많이 했죠. 그런데 이 사람들이 "아프가니스탄에서는 일장기가 무척 환영 받고 있다. 일장기를 아프가니스탄 일반 시민들이 좋게 봐 준다."고 해요. 하지만 이것은 매우 피상적인 이해입니다. 왜 그럴까요? 사실 영국의 아프간 지배 역사를 살펴보면 그 배경에 일본 제국주의도 연관돼 있기 때문이지요. 러일전쟁 때 영일조약으로 인도는 영국의 영역이고 동아시아는 일본의 영역이라고 해서 영국 제국주의와 일본 제국주의가 이렇게 분할 지배를 했어요. 그런데 인도나 아프가니스탄 사람들은 일본이 직접 침공해 온 역사가 없기 때문에 일본에 쉽게 호감을 갖게 되지요.

여기 한국도 마찬가지입니다. 여기도 일장기는 안 되지만 영국 사람들이 유니온 잭Union Jack 영국 국기을 가지고 오면 오히려 호감 가질 사람들이 많이 있죠. 하지만 그때 배후에는 제국주의자들끼리 거래가 있었다는 겁니다. 아프가니스탄 사람들이 그런 것을 모르고 일본 사람들이 열심히 인도적인 활동을 하니까 일본이라는 나라에 대한 호감도가 높아졌다고 하는데, '저 사람들이 나라의 이미지를 좋게 했기 때문에 좋은 일을 했다고 하면 과연 그게 좋은 일일까? 국가의 범죄에 대한 공범이 아닐까?' 하는 그런 이야기도 할 수 있지요.

베트남전쟁도 그렇습니다. 김대중 대통령이 거기 가서 국교 정상화할 때도 사실 사과를 했다고 하는데 '어떤 일에 대해서', '왜', '누구한테' 사과했는지, 그 전쟁 자체가 잘못이었다고 하는지, 아니면 거기서 우연히 어떤 일반인 학살이 생겼기 때문에 사과했는지가 문제죠. 거기서 보상으로 베트남에 얼마쯤 큰 액수를 원조로 내자 하면 반드시 이 나라(한국)에서 반대가 나올 거예요. 이렇게 하면 장사도 잘되고 우리 기업들도 진출하게 되고 결국은 나라 전체에 이익이 된다고 하면 찬성하겠지만요.

그런데 우리가 일본에 요구하고 있는 것이 바로 그거예요. 그러니까 우리가 일본에 요구하는 것하고 베트남전쟁하고 이중 기준이 있으면 안 된다는 거예요. 세상 모든 사람이 죄가 있다고 하면 이건 잘못된 보편화인데, 그것을 가지고 죄 있는 사람에게 죄를 묻지 않는 것은 설사 좋은 의도더라도 나쁜 결과가 될 가능성이 크다고 생각합니다. 이러한 제 주장에 대해 "너무 실현성 없는, 공상적인 지나친 요구다." 해서 비판하는 사람이 있어요. 물론 현실적으로는 어렵죠. 그런데 이론적으로는 그렇다는 거죠. 그렇게 해야 하는데 못 하는 것하고, 어차피 못 할 일이니까 하지 말아야 한다는 것하고는 비슷하지만 전혀 다릅니다. 그렇죠? '원래는 해야 하는 것이다. 원래는 해야 하는 걸 우리가 힘이 약해서 못 하고 있을 뿐이다.'라는 것을 우리가 알아야 된다고 생각합니다.

3_누가 그 기억을 이야기하는가?

　　유대인이나 팔레스타인인의 역사에 대해서 생각해 보는 것은, 유대인이나 팔레스타인인을 남으로, 상관없는 어떤 대상으로 지적인 호기심만 가지고 생각해 보자는 것이 아닙니다. 우리와 별로 관계없는 듯 보이지만 이 사회에서 벌어지는 문제가 팔레스타인이나 이런 문제와 깊이 관련돼 있는데도 그것을 보지 않는, 보지 못하는 그런 사고방식이 있어요. 우리가 이때까지 무의식적으로 받아들여 온 국가나 국민이라는 개념을 다시 생각하는 의미로 여겨 주시면 어떨까 싶습니다. 유대인 문제에 대해서 여러분이 어느 정도 알고 계실 텐데, 너무 초보적인 이야기일지 모르지만 그래도 제가 조금 이야기를 하겠습니다.

유대인은 누구인가?

　　　　　　　　　우리는 유대인에 대해서 일단 알아야 합니다. 여러분이 너무 몰라요. 실례가 될지 모르지만 이런 것을 알면 알수록 팔레스타인 지역 분쟁사에 대한 이해를 넘어 국가와 국민이라는 문제를 이해하게 돼요.

유대인 문제를 생각하는 것은 팔레스타인 문제를 생각하는 것입니다. 일본의 유명한 아랍어 역사학자가, "1940년 시점의 유대인은 우리가 흔히 이야기하는 유대인인데, 지금 이 시점의 유대인은 누구냐?"라는 질문을 던져요. 그는 이 시점의 유대인은 팔레스타인인이라고 봐요. 이스라엘 국가가 말하듯이 같은 혈통이나 피부색을 지닌 사람들이 아니라, 구조적으로 차별당한 사람들, 추방당한 사람들을 유대인이라고 볼 수 있다는 겁니다.

유대인은 누구입니까? 유대인은 어떤 사람입니까? 유대인은 '유대교를 믿는 사람들'을 말합니다. 지금은 유대교를 믿지 않는 사람들도 유대인이라고 하는데 원래는 유대교를 믿는 사람들을 이르는 말입니다. 그러니까 이것이 인종이나 민족이 아니라 종교 집단이죠. '무슨 무슨 인'이라 하는 것은 부족을 이를 때도 있는데, 때로는 종교 집단을 이야기하죠. '사마리아인' 그러면 '사마리아교를 믿는 사람'을 이야기하죠. 어느 시점까지는 유대인들 하면 유대 교도라는 것과 비슷한 뜻이었어요. 역사적으로 유럽에서 유대인들이 차별을 많이 당해 왔는데 그것은 무엇 때문이었을까? 유대 교도였기 때문이죠. '유대 교도와 유대인은 과연 같은 것일까?'라는 문제도 깊이 생각해 볼 필요가 있어요. 유대 교도가 왜 역사적으로 차별을 받았을까요?

유럽의 그리스도교 사회에서 유대인은 간단히 이야기하면 다음과 같습니다. 이것은 어디까지나 역사적인 전설이지 사실이라고 말하기는 어렵지만, 여기서 '로마제국$^{Roman\ Empire}$ 때문에 이산되었다.'라는 신화나 전설을 가지고 있는 사람이며, '로마제국 때문에 나라가 무너지고 이산당한 고난을 겪은 사람들이다.'라고 믿고 있는 사람들이 유대인들입니다. 그때부터 이 사람들이 로마제국 곳곳에 살게 되었지요. 도나우 강$^{Donau\ R.}$과 라인 강$^{Rhein\ R.}$ 주변, 그러니까 로마하고 게르만 민족들의 땅 경계선 부분에 많이 흩어졌다고 합니다. 지금도 라인 강 둘레에 옛날 유대인들의 유족들이 많이 살아요.

로마제국은 다신교였죠. 유대인들은 로마에 정복당해서 소수자로 살았습니다. 그리스도교는 로마 다신교 아래에 있는 소수자의 종교였죠. 그리스도교는 원래 유대교였습니다. 그것은 알고 계시지요? 그런데 〈복음서〉에 예수가 유대인에게 배신당했고 유대인 때문에 처형당했다, 예수가 십자가에서 수난당한 것이 유대인 때문이다, 하는 그런 얘기가 나오지 않습니까? '예수 그리스도라는 수상한 사람이 왔다. 유대인들이 이 무리들을 처형해 달라고 해서 그렇게 했다. 그런데 이 사람들의 피에 대해서는 영원히 너희들 책임이다.'라는 이야기가 《성경》에 나와요. 그리스도 교도들은 그 이야기를 그대로 믿고 있었던 거예요. 실화처럼 믿어 왔습니다.

이렇게 전설을 가지고 살아온 사람들이 그리스도 교도입니다. '유대인들은 로마한테 이렇게 이산당한 사람들이다. 유대인 때문에 죽고 만 사람들이 우리들이다.' 이렇게 믿고 있는 사람들의 집단이 그리스도 교도들입니다. 이런 집단이 4세기에 들어서면서 로마제국의 국교가 되어 버렸어요. 그러니까 유대교가 그 전까지만 해도 두 소수 종교 가운데 하나였는데 그때부터 억압당하기 시작했어요. 그래도 12세기까지는 아주 심각한 일은 없었다고 합니다. 특히나 12세기에는 유대인이 지중해 주변에서, 이 사회하고 저 사회 사이에 다리를 놓는 통역이라든가, 무역, 상업 이런 것을 잘했어요.

그런데 14세기 들어가면서는 사회가 흔들리기 시작합니다. 하나는 페스트 때문이고, 하나는 인구가 늘어나면서 주변에서 확장하려고 하는 욕망이 생겼기 때문이지요. "유대인 때문에 많은 그리스도 교도가 희생당했다."는 유언비어가 퍼지고 많은 학살이 벌어졌습니다. 특히 12세기~14세기 유대인 차별의 큰 상투 문구가 '이 사람들은 돈만 좋아하는 고리대금업자다.'라는 것인데요. 왜 그런 편견이 생겼을까요? 왜 그런 상투구가 생겼을까요?

그리스도교는 그때 특히 종교적인 계율로 이자를 목적으로 돈을 빌려 주는 것을 금기시했어요. 금기시했는데 사회적으로 필요해요. 그 이야기를 한 것이 바로 셰익스피어$^{William Shakespeare}$의 《베니스의 상인$^{The Merchant of Venice}$》입니다. 그리스도 교도들은 "너는 유대인이냐? 너는 돈만 좋아하는 사람이다." 하면서 유대인을 차별했지요. 그런데 금융업자가 없으면 어떻게 상업이 발전을 합니까? 그것이 차별의 본질적인 구도예요. 그걸 알아야 돼요. 유대인은 그리스도교 사회가 키운 거예요. 그리스도교 사회의 문제예요. 내부적인 거예요. '원래 너희들은 예수를 이렇게 죽게 만든 놈들이다.'라는 차별이 그리스도 교도들한테 필요로 했어요. 필요하기 때문에 이런 차별을 만들었습니다.

일본에도 부락^{部落} 차별이 있어요. 유럽도 그렇지만 일본도 '동물을 죽이지 마라.'는 금기가 있는데 인간이 살아가려면 누군가가 그 일을 해야 해요. 그렇지요? 하지만 그런 일을 하는 사람들을 차별을 해요. 그러나 그런 신분이라는 것은 사회적으로 필요한 이유가 여러 가지 있어요. 그런데 우리 교양 있는, 상식 있는 사람들이 보통, 그런 일을 하는 사람들을 차별하는 거지요. 이런 직업은 누구나 할 수 있는 것이 아니라 가문이 계승해요. 이런 가문은 돈은 많은데 사회적으로 차별을 받아 왔지요, 특히 근대로 들어가기 전에는. 그리스도교 내부에도 이와 같은 일이 있었다는 것입니다.

물론 유대인들이 다 금융업자는 아니죠. 유대인이 백만 명 있다면 그 백만 명이 다 금융업자인 것은 아니에요. 거의 대다수 유대인은 가난하게 살았습니다. 그런데 왜 유대인은 돈에만 관심 있는 사람이 되었을까요? 거기에는 이유가 있어요. 하나는 그리스도 교도가 하지 않는 일을 하는 사람이 필요했어요. 두 번째는 특히 러시아나 동유럽에서 유대인의 토지 소유가 금지되어 있었어요. 그러니까 이 사람들은 농사를 지을 수가 없었습니다. 상업 자본주의가 발전하기 전에는 농사짓는 사람들의 지위가 높죠. 물론 왕이 있고 귀족이 있고 성직자들이 있고 한데, 유대인들은 그 밑바닥에서 장돌뱅이처럼 살아온 사람이 대다수예요. 그런 사람들 중에 어떤 사람들이 금융업자로 성공했지요. 그래서 그 사람들에 대한 질투심을 가지게 되죠. 그리스도교 사회가 유대인을 돈밖에 관심이 없는 사람으로 만들고 차별을 하게 된 것이지요. 원인과 결과를 볼 때 그리스도교가 원인이라고 볼 수 있습니다.

유대인은 금융업자밖에 할 수가 없기 때문에 돈에 관심을 가지게 되었죠. 예를 들어서요. 이런 발언이 문제가 될 수도 있지만 일본에서는 "조선인은 폭력적이고, 깡패나 야쿠자ヤクザ가 많다." 이런 이야기를 해요. 그리고 "예능인, 스포츠 선수가 많다. 용기가 있다. 노래를 잘 부른다."고 합니다. 그러나 재일 조선인은 스포츠 선수, 예능인이 되는 것, 그런 길밖에 없었어요. 미국의 흑인들도 그렇죠. 흑인들 중에 운동선수들이 많죠, 그 사람들은 운동만 시키지요. 전형적인 인종차별이에요. 원인과 결과를 역전시키지 말아야 합니다.

프리모 레비도 아우슈비츠Auschwitz 수용소 생활에 대해 얘기하면서 아주 적절한 묘사를 하고 있어요. 몇 개월 후에는 죽어 가야 하는 사람들을 보고 나치는 "유대인은 지저분하다. 본능만 보이는 동물적인 사람들이다." 하고, 화물열차에다 몇 십 명씩 집어넣고는 "원래 이 사람들은 이렇게 지저분하고 더러운 사람들이다." 이런 식으로 차별을 했어요. 게르만 민족은 깨끗하고 정결하고 이 사람들은 이렇게 지저분하고 더러운 사람들이라고, 원인하고 결과를 역전시킨 것이죠. 수백 년 동안 이런 일들을 겪어 온 사람들이 유대인이다, 이렇게 이야기할 수 있어요.

더 근본적인 문제가 있는데요. 유럽에서는 신분적인, 종교적인 차별이 있었습니다. 나치가 유대인을 차별할 때 유대인은 공무원이 될 수 없다든가, 유대인하고 아리아인은 결혼하면 안 된다든가, 유대인의 아이를 낳은 아리아인은 처벌해야 한다든가 했는데요. 그럼 과연 '누가 유대인인가?' 하는 것은 규명해야죠.

여기에 A라는 사람이 있다면 누구든지 부모의 부모가 있으니까, 보통 조부모가 네 사람 있죠. 그 네 사람, 할머니, 할아버지, 외할머니, 외할아버지 중에 세 사람이 유대인이면 그 사람을 유대인으로 인정한다는 것이 나치 시대의 뉘렌베르크 법Nuremberg Laws 1935년 제정이라는 법이에요. 유대인이라는 것이 어떻게 결정되는가 하면, 혈통도 유전자도 아니고 그때 유대인 교회Synagogue 시나고그의 회원으로 할아버지, 할머니가 등록되어 있었는지 하는 거였습니다. 이 사람이 실제로 내면적으로 기독교인이어도 무신론자여도 상관없어요. 할아버지 할머니 세대가 네 사람 중 세 사람이 유대인 교회 회원이었으면 유대인이다, 무조건 학살 대상이다, 이렇게 됐어요. 네 사람 중에 두 사람이면 반半유대인이라든가 비非아리아인, 이렇게 중간 개념으로 규정했지요. 여기까지는 종교적인 차별이죠. 그 다음부터는 피로 유전된다, 계승된다는 거예요. 가짜 과학주의, 이것이 나치의 인종주의죠.

그러면 여기서가 중요해요. 왜 3세대를 거슬러 올라가는지. 독일은 1870년대 들어서서야 근대국가가 됩니다. 그때까지만 해도 독일은 근대국가가 아니었어요. 프로이센, 작센Sachsen 같은 연방 국가가 있었고, 국민이라는 건 없었어요. 왕이 있고 신민이 있는 거예요. 근대국가라는 것은 프랑스혁명 때 생긴 개념입니다. 독일은 프랑스보다 70년 늦게 근대국가가 되었다고 할 수 있습니다. 여러분이 아시다시피 '법 아래 평등'이라는 이념 있죠. 그러니까 신분 차별이나 종교 차별을 부정한 그런 사상입니다. 정치하고 종교를 분리하고자 하는 가톨릭 종교 분리가 그때부터 시작되었어요. 그리고 신분 차별을 부정하자 하는 거죠. 시에예스$^{Emmanuel-Joseph\,Sieyes}$가 쓴 《제3신분이란 무엇인가? $^{Qu'est-ce\,que\,le\,tiers-état?}$》라는 유명한 책이 있는데 그때까지만 해도 부르주아들이 중심이 돼서 모든 인간이 평등하다고 보았어요. 18세기에는 부유한 부르주아한테 권리가 있지, 노동자는 권리가 없었어요. 여성도 권리가 없고, 물론 유대인도 권리가 없었어요. 그런데 "법 아래에서 평등하다는 사상이 일단 생겼는데 나도 인간이다. 왜 차별하냐?" 그러면서 여성이나 유대인도 뒤늦게 조금씩 계몽되었습니다.

하여튼 19세기 초기에, 유대인 신분 해방이 70년 늦게 독일에서도 이루어졌습니다. 1930년대 유대인들의 조부모 세대가 그때 사람이죠. 조부모 세대는 증명서가 없어요. 그런데 이제 와서 자신이 '유대인이 아닙니다. 아리아인입니다.'라는 것을 증명해야 하는 거예요. 그러니까 예를 들어서 유대인은 공무원이 될 수 없다, 하면 지금 공무원인 사람은 자기가 유대인이 아니라는 것을 증명해야 해요. 조부모 세대가 그리스도교 교회에 다녔다는 증명서를 내면, 나치가 주는 아리아인 증명서를 받을 수 있었어요. 어디 어디 교회에 조부모가 다녔습니다, 나는 어느 교회에서 세례를 받았습니다, 하는 걸 스스로 증명해야 해요.

인간이 주인이고 인간은 평등하다는 휴머니즘 사상이 있었기 때문에 프랑스혁명이 이루어졌습니다. 그러나 '인간이 주인'이라는 정신은 나중에 인종차별로 바뀝니다.

유럽 다른 나라들보다 이탈리아가 비교적 불평등이 덜했던 까닭은 나폴레옹이 전쟁 때 이탈리아를 점령했기 때문입니다. 나폴레옹이 프랑스혁명 사상을 주변 국가에 파급시키기 위해서 전쟁을 했지요. 그래서 나폴레옹이 점령한 각 지역에서 유대인 해방이 이루어졌어요. 혹시 베네치아^{Venezia}에 가 보신 분 계세요? 거기에 게토$^{ghetto\,유대인\,강제\,격리\,구역}$가 있었어요. 제한된 구역이죠. 게토 대부분을 나폴레옹이 열어 주었습니다. 당시 유대인은 게토 바깥에도 못 나가고 그 안에 갇힌 채 살아왔어요. 그런데 나폴레옹이 점령하는 바람에 이탈리아에서는 일찍 유대인이 해방되었어요. 그래서 프리모 레비는 젊어서는 그렇게 심한 차별을 안 받고 살았는데 무솔리니Benito Mussolini와 나치가 동맹을 맺은 뒤에 상황이 바뀌지요.

유대인들은 19세기 말 근대 국민국가가 생기고 전근대적인 차별이 없어지면서 같은 국민으로서 법 아래 평등을 즐길 수 있는 주체로 인정받기 시작했어요. 그런데 불과 수십 년 후에 나치즘이 생겨서는 이 사람들을 학살했지요. 불과 수십 년이에요, 그렇게 같은 국민으로 인권을 향유한 것이. 1930년이면 독일에서 유대인의 신분 해방 이후 60년밖에 안 지난 시점이죠. 해방된 지 불과 60년 만에, 그 전에 있어 온 차별이 나치즘이라는 가장 나쁜 형태로 재생한 경험이 홀로코스트The Holocaust 유대인 대학살입니다.

유대인, 시오니스트 그리고 이스라엘

자, 그러면 '이스라엘은 가해자다. 피해자였는데 가해자가 되었다.'는 얘기에 대해 생각해 보지요. 여기서 중요한 문제는 논리적으로 개념을 구별하면서 생각해야 한다는 겁니다. 피해자라고 한다면 누가 피해자였을까, 지금 이스라엘에 살고 있는 사람들 중 피해자였던 사람들이 과연 얼마나 있을까, 하는 식으로 생각을 해야 합니다. '일본이 전쟁 가해자이지만 동시에 원폭 피해자라는 식의 논리는 어떻게 바라볼 것인가?' 하는 문제도 마찬가지지요. 여기서 일본이 주어죠. 일본이라는 것은 국가나 정부죠. 그러나 일본 사회에서 히로시마廣島 사람하고 도쿄 사람하고는 많이 다릅니다. 피해자와 가해자라고 할 때 거기서 '자者'가 과연 누구냐, 하는 생각을 해야 합니다. 국가냐, 정부냐, 인간 집단이냐, 그것을

3_누가 그 기억을 이야기하는가? 95

따지면서 생각해야 한다는 겁니다.

여기서 중요한 세 가지 개념이 있습니다. 유대인, 시오니스트^{Zionist}, 그리고 이스라엘 이렇게 세 가지가 있는데 이것이 모두 등식입니까? 유대인이라는 집단이 있고, 그 안에 시오니스트라는 집단이 있습니다. 시오니스트 중에도 여러 가지가 있어요. 전통 시오니스트는 이스라엘에 반대해요. 왜냐하면 엄밀하게 유대교를 해석하면 '지금은 고난을 겪고 있는데 여기서 구원, 마지막 해결을 인간 의지로 인위적으로 하면 안 된다. 하나님의 의지로 언젠가는 구원이 올 것이다. 그러니까 고난을 벗어나기 위해서 국가를 만드는 것은 주의 의지에 맞지 않는 행위이다.'라고 해서 시오니스트 가운데는 이스라엘을 반대하는 사람들도 있어요.

이스라엘 국가 안에는 시오니스트도 있고 시오니스트가 아닌 유대인도 있습니다. 그렇죠? 또 이스라엘 국가 내부에도 다양한 계층이 있고 여러 가지 방향성이 있어요. 지금은 많이 약해져서 아쉬운데 이스라엘 유대인들의 평화 운동도 있었어요. 또 이스라엘 국가 내부에는 아랍인이 소수자로 살고 있습니다. 형편이 이런데 다 등식인 것처럼, 옛날 유대인이 독일의 피해자였다, 지금 가해자가 된 것은 이스라엘 정부다라면서 이스라엘 국가의 정책 때문에 가해자가 되었다 하는데, 그렇다고 피해자가 가해자가 되었다는 등식이 아니잖아요. 오히려 이스라엘 국가가 피해의 경험을 이데올로기적으로 이용하고 있을 뿐이지요. 그렇지요?

이 문제를 알기 쉽게 이야기하면 '민족주의자, 친일 한 사람들 할 것 없이 조선 민족은 모두 일본한테 식민 지배를 당했다. 그때 저항하던 사람들이 많이 희생당했다.' 그렇게 이야기할 수 있지 않습니까? 우리는 일본 제국주의의 피해자였지만 박정희 정권이 베트남에 가서 침략 전쟁을 했지요. 베트남 사람들이 박정희가 침략 전쟁을 했다고 해서, 일제 때 우리 김구 선생이나 한용운이나 이런 사람을 전부 다 싸잡아서 한국 사람이 피해자였는데 가해자가 되었다고 이야기하면 어떨까요? 똑같은 일입니다.

이스라엘이라는 국가는 1948년에 생겼습니다. 유대인들의 고난은 그때까지 계속된 거예요, 홀로코스트뿐만 아니라. 그렇지요? 우리에게는 피해자가 가해자가 된 변증법을 어떻게 넘어야 하는가 하는 어떤 정형화된, 도식화된 사고가 있어요. 누가 피해자였고 누가 가해자인가라는 것을 따지면 분석적으로 생각할 수 있는 문제인데도 그렇게 하기가 어려워요, 한국 사람들은. 그것도 국가, 민족, 개인을 무조건 등식으로 생각하는 사고방식 때문이죠.

시오니즘과 디아스포라 — 유대인 역사의 두 가지 전통

그런데 시오니스트가 아닌 유대인은 어떤 사람들입니까? 뭐, 여러 가지 있지요. 하나의 집단이라고 할 수 없습니다. 이 사람들이 디아스포라 유대인이라고 할 수 있어요. 디아스포라 유대인이라는 것은 프리모 레비도 인터뷰에서 이야기했어요. "유대인의 역사적 전통에는 두 개의 중심이 있다. 하나는 시오니즘^{Zionism}, 하나는 디아스포라다."라구요. 시온^{Zion}이라는 것은 팔레스타인에 있는 산이에요. 이 나라의 한라산이나 백두산처럼 상징적인 산이에요. 여기서 흩어진, 역사적으로 사실이라고 하기 어려운데, 흩어졌다고 생각하는 그런 신화를 믿고 있는 사람들이 '우리는 언젠가는 시온 산에 돌아가자.' 하는 것이 시오니즘이라고 할 수 있어요. 우리로 말하면 백두산주의, 한라산주의라고 할 수도 있죠.

이 시오니즘이 원래 낭만적인 소설, 꿈 같은 것이었는데 19세기에 들어와서 우리도 남들처럼 하나의 국가를 갖자는 생각을 하게 되었어요. 일반적으로 나쁘다고만 할 수는 없죠. 말하자면 '우리도 민족적인 결집을 할 수 있는 하나의 장소, 국가를 갖자.'는 것이 시오니즘이죠, 시오니즘 중에서도 지금 이스라엘이 있는 그 팔레스타인으로 돌아가자는 사람도 있었고, 아프리카 우간다나 남미에 있는 볼리비아에 가서 나라를 세우자 하는 사람도 있었어요. 시오니스트들도 다양해요. 옛날에 살았다는 신화가 있는 땅에 다시 국가를 세우자고 한 사람들은 시오니스트 중 일부입니다.

디아스포라는 다릅니다. '우리는 국가 없이 살아왔다. 국가 없이 살아왔기 때문에 많은 고난을 겪었고 때로는 학살도 당했다. 그래도 이 디아스포라로서의 삶이야말로 우리의 가장 좋은 긍정적인 전통이다.'라는 사고방식을 가지고, 국가 없이 살자는 사람들이지요. 예를 들어서 우리가 알고 있는 유대계의 훌륭한 사상가들, 한나 아렌트^{Hannah Arendt}, 발터 벤야민^{Walter Benjamin}, 아도르노^{Theodor Wiesengrund Adorno} 이런 사람들은 말할 것도 없이, 제1차 대전에서 제2차 대전 사이에, 나치가 대두한 그 시대에 여러 가지 사상적으로 고민도 하고 정치적으로 실천하던 사상가들 중에 디아스포라 사상가들이 많아요.

유대인의 역사적 전통에 이런 두 가지 중심이 있습니다. 프리모 레비는 이스라엘이 레바논을 침공할 때 "시오니즘이 아니라 디아스포라적 전통으로 자세를 잡아야 한다. 이 전통을 좋은 유산으로 계승해야 한다."는 이야기를 했어요. 우리는 유대인이라고 할 때 전부 한데 묶어서 '피해자 유대인이 가해자 유대인이 되었다.'라면서 거기서 사고를 중단해 버립니다. 그건 아무것도 생각 안 하는 거나 마찬가지지요. 그렇지요?

우리 조선인은 피해자 경험을 했는데, 나중에 대한민국 군사 정부가 베트남을 침공했습니다. 물론 베트남 사람에게 우리가 책임을 져야 해요. 그런데, 조선 사람들이 피해자였는데 가해자가 되었다고 간단하게 말할 수는 없어요. 그것은 조선 민족에게 있어 온 긍정적인 전통까지 모두 포함해서 박정희에게 넘기는 것하고 비슷하죠.

에얄 시반Eyal Sivan을 아시나요? 에얄 시반이라는 사람은 아버지가 우루과이에서 태어난 유대인인데, 아버지가 이스라엘에 이주해서 이스라엘에서 태어났어요. 이 사람은 1982년에 군대 갈 나이가 되었는데 레바논을 침공하고 있는 이스라엘 군에 들어가고 싶지 않고, 아랍 사람들을 죽이고 싶지 않다 해서 병역을 거부했습니다. 지금은 프랑스로 이주해서 영화감독이 되어 지금까지 이스라엘 국가를 계속 비판하고 있는 사람이에요. 이 사람도 유대인입니다. 이스라엘 내부에도 이스라엘을 비판하는 사람들도 있고 싸우는 사람들도 있어요. 이 문제가 아주 중요해요.

피해자는 누구이고 가해자는 누구인가?

그러니까 '유대인 그놈들이 이스라엘이라는 국가를 만들어서 아랍인에게 나쁜 짓을 한다.'고 하는 사고방식이 얼마나 지성이 없다고 할까요? 진보적인 사람들도, 지금 이스라엘 사람들이 하는 짓을 비판하기 위해서는 유대인에 대해서 관심을 가지면 안 된다는 식으로 아주 단순하게 이분법적으로 생각을 하고 있습니다. 그런데 유대인들 중 이스라엘 국가에 대해 반대하거나 이질감을 갖고 있는 사람들이 많아요. 그래서 이것을 잘 구별해야 합니다.

그리고 지금 이스라엘에 있는 사람들은 어떤 사람들인가 하면 신화에 기대 유럽을 떠나온 유대인들입니다. 그런데 오스만 투르크 시대에도 여기에 유대인들이 살았어요. 한국이나 일본에서는 상상하기가 쉽지 않지만 중요한 것은 원래 여기가 다문화 사회예요. 여기는 원래 그리스도교도 있고, 유대교도 있고, 또 이슬람교도 있었어요. 물론 이슬람 교도는 남의 종교를 강제적으로 개종하라 하는 식으로 하지 않고, 그리스도 교도는 그리스도 교도대로 유대 교도들은 유대 교도들대로 살 수 있게 했어요. 이슬람교는 오스만 투르크 시대에도 종교마다 자치를 허용했습니다.

여기에 유대교, 그리스도교가 있다고 합시다. 이 사람들은 아랍인 유대교도, 아랍인 그리스도 교도가 있는 것입니다. 아랍인과 유대 교도가 대립하고 있다는 것은 맞지 않아요. 이런 생각은 아주 단원주의적인 사고방식입니다. 아랍인으로, 의식도 아랍인이고, 언어도 아랍어고 그런데 종교는 유대교나 그리스도교인 사람들이 많아요. 원래 여기가 다원주의입니다. 여기에 새로운 유럽 유대인이 이주하기 시작했어요.

왜냐하면 제1차 세계대전 때 오스만 투르크는 독일, 오스트리아 편에 섰다가 패전국이 되었습니다. 그러니까 영국, 프랑스 같은 나라들이 이익을 보기 위해서 침투하기 시작하죠. 영국한테는 수에즈 운하가 가장 중요했어요. 인도에서 물류가 여기를 통해서 들어오니까. 여기에 이집트도 있고 이집트 해안에 팔레스타인이 있죠. 1차 대전이 끝나자 이곳은 영국의 일국 통치령이 되었어요. 여기 원래 살던 사람들 대다수가 아랍인인데, 영국은 이 땅이 중요하니까 이 사람들한테서 여기를 지키려고 유대인이 팔레스타인에 자기들 나라를 세우려는 시오니즘 운동을 지지한다는 발표를 하죠. 그러니까 영국도 가해자예요, 독일도 그렇지만. 그렇게 해서 세계 곳곳에 흩어져 살던 유대인들이 이곳으로 많이 오게 되었어요.

지금 이스라엘에 살고 있는 대다수는 유럽에서 홀로코스트 때문에 이주해 온 사람이 아니에요. 다수가 러시아에서 온 사람입니다. 그리고 에얄 시반 아버지처럼 중남미나 모로코 아니면 예멘이나 튀니지에서 이주해 온 사람입니다. 여기가 유대인의 고향이라며 전 세계 유대인은 귀국하라는 법이 생겼어요. 직접적인 홀로코스트의 피해자가 아니어도 "나는 유대인이다!" 하면 귀화해서 지원 받고 집도 살 수 있고 하니까, 이 사람들이 이주해 오면서 여기가 유대인 나라가 되었어요. 원래 종교도 문화도 다원주의였던 지역이 이스라엘 때문에 단원주의가 되었습니다.

그러니까 피해자가 가해자가 되었다는 것은 사실이 아니에요. 이 사람들은 피해자가 아니에요. 길게 보면 피해자이지만 독일 홀로코스트의 직접적인 피해자가 아닙니다. 직접적인 피해자가 아닌데도 같은 유대인이라 해서 이스라엘이라는 국가가 그것을 이용하는 것이지요.

왜 지금 그렇게 하고 있을까? 여기는 원래 국경이 없었죠. 그런데 가자 지구Gaza Strip하고 서안West Bank 지구에 국경을 세우려고 하니까 팔레스타인 사람들이 여기가 원래 하나의 지방이다 이렇게 주장합니다. 그러니까 저는 조선하고 비슷하다고 생각해요. 원래 같은 땅이었는데 거기에 선을 그어서 아랍인들은 저쪽에 유대인들은 이쪽에 살라고 하는 거죠. 그런데 이 지역은 아랍인들이 많이 삽니다. 또 출산율이 유대인들보다 높아요. 이 국경이 없어지면 이 지역에 아랍어 이슬람 교도들 인구가 많아지겠지요. 그래서 에드워드 사이드Edward Said가 그런 주장을 합니다. 1인 1표.

남아프리카공화국의 아파르트헤이트apartheid 인종 격리 정책가 왜 나쁘지요? 백인하고 흑인이 함께 사는 나라인데, 백인만 투표권이 있어요.

팔레스타인 분쟁지역 지도

그러니까 백인이 지배하게 되었습니다. "흑인이 많으니까 1인 1표 하자!"는 것이 반反아파르트헤이트 세력의 주장이었어요. 백인도 흑인도 공평한 권리를 얻을 수 있는 나라, 똑같은 투표권을 지닌 나라로 하자 하면 당연히 흑인이 많으니까 흑인이 정권을 차지하게 되겠죠.

'아랍인들이 많으니까 당연히 그런 정권이 된다. 아랍인들은 원래 다원주의라 유대 교도라고 해서 종교적인 차별을 안 하겠다. 종교적인 국가가 아닌 세속적인 국가를 세우자.'는 것이 PLO^{Palestine Liberation Organization 팔레스타인해방기구}의 정치 목표예요. 그런 세속적인 국가를 세우자는 것이니까 PLO에는 그리스도 교도도 있고 유대 교도도 있어요. 유대 교도와 이슬람 교도가 싸우고 있는 것 아닙니다. 그런 식으로 생각하면 안 돼요. 유대교 외피를 두른 식민주의하고 '1인 1표'라는 아주 알기 쉬운 민주주의를 주장하고 있는 피억압 민중이 싸우고 있어요.

PLO를 이슬람교 단체로 보고 팔레스타인 문제를 종교 대립이라는 식으로 이야기하는 건 너무 모르는 이야기라고 할 수 있지요. 물론 하마스^{HAMAS 이슬람 무장 저항 운동 단체}는 이슬람의 원리주의 종교주의자들이에요. 종교주의인데 별로 힘이 없었어요. 제가 1996년에 처음 프리모 레비의 무덤을 찾아서 토리노에 간 그 해에 이스라엘도 처음 갔었는데요. 그때까지만 해도 하마스는 소수파였어요. 그 해에 역사상 처음으로 자살 테러가 일어났습니다. 왜냐하면 이스라엘이 국내의 합리적인 세력들을 너무 폭력적으로 억압했기 때문에, 팔레스타인 사람들이 의지할 데가 없어지니까 절망적인 자살 공격에 집착하게 됐지요.

그렇게 생각하면 지금 누구하고 누가 어떤 구도로 대립하고 있는지에 대한 초보적인 지식만 있어도 "아, 피해자가 가해자가 되었다." 그런 이야기를 섣불리 할 수는 없겠지요. 일반적인 이야기로 쉽게 넘어갈 수가 없습니다.

더 깊이 생각할 수 있게 됩니다.

'유일한 피폭국 일본'이라는 신화

그런데 아쉬운 것은 일본도 이스라엘과 마찬가지라는 겁니다. 일본은 이상한 나라예요. 이 나라(한국)가 자민족이나 자기 집안 일에만 관심이 있고 외부에 관심이 없다고 합니다. 그러나 일본은 관심이 많아요. 국제 문제에도 관심이 많아요. 방송도 많이 하고요, 책도 많이 나와 있습니다. 그런데 일본 사람들은 그걸 자기네 국가 문제와 연결시키지 않아요. 그러니까 일본이라는 나라가 이스라엘과 비슷한 짓을 하고 있다는 거죠. 외부에 관심이 있는데 정작 자기네 사회에 대한 비판 의식이 없다는 것이 하나의 특징이라고 할 수 있습니다.

일본은 유일한 피폭 국가라는 신화를 계속 만들고 있지요? 그것은 물론 신화인데, 그런 신화를 학교에서 계속 가르치고 영화나 소설에서도 자주 다뤄 왔어요. 그러나 원폭 피해에 대해 누가 책임을 져야 하는지, 일본이 피해국이라 하면 가해국의 책임은 어떻게 되는지에 대해서는 그다지 명백한 언급이 없어요. 왜냐면 일본이 샌프란시스코 강화조약에서 국가 보상을 포기했기 때문입니다. 그때 일본이 침략국으로 벌인 전쟁 때문에 이런 결과가 났다는 것을 일본 국가가 인정했기 때문에, 미국에게 책임을 따지지 않지요. 그래서 "일본은 두 번 다시는 잘못을 안 합니다." 하는 식으로 책임에 대한 아주 애매한 문구만 되풀이하고 있습니다. 이게 가장 큰 문제입니다.

나카가와 쇼이치中川昭一라는 극우파 정치가가 있는데요. 지금은 자민당의 유력한 정치가죠. 아베 신조하고 친하고, 위안부 문제나 이런 문제를 두고 앞장서서 시끄러운 행동을 해 온 극우파입니다. 이 사람이 2006년 가을인가에 "미국의 원폭 투하는 인간에 대한 심대한 전쟁범죄 행위다."라는 얘기를 했어요. 그 전에는 일본 정치가가, 특히 보수당 정치가가 그런 얘기를 한 적이 없어요. 그런데 극우파가 그런 이야기를 한다는 것은 일본의 왜곡된 상황을 잘 보여 주는 것입니다. 물론 이 사람은 미국의 책임을 따지자는 것이 아니고, 중국도 한국도 일본의 전쟁 책임을 따지지 말아야 한다는 식으로 얘기해요.

그래서 여기서 우리가 알아야 하는 것은, 이런 기억, 전쟁 피해를 기억하는 작업 자체가 국민화된 결과로서, 우리 보통 사람들의 의식이 얼마나 왜곡됐는지 하는 겁니다. 물론 일본도 한국도 다 마찬가지다 하는 얘기에는 제가 반대하지만, 그런 차원에서 보면 비슷한 구조가 있지 않을까 생각합니다.

5·18 기념행사에 간 적이 있습니다. 거기에 가 보면 "5·18 정신을 계승하자."라고 써 있어요. 5·18 정신이라는 것이 군사정권의 억압에 시민들이 항거한 민주적인 항쟁의 정신이니까 그 정신을 계승하는 것은 좋은데, 대통령이나 정치가들이 누가 성실하게 5·18을 계승하고 있는 사람인지만 가지고 서로 경쟁하지요? 그런데 이 정신을 제대로 계승하는 것은 무엇입니까?

저는 지금 5·18 정신을 계승하는 것은 이라크에서 한국군이 철군하는 것이라고 생각합니다. '그때 광주는 지금 팔레스타인이다. 이라크다.'라고 볼 수 있지요. 지금 이라크에서 고통받으며 울고 외치는 사람들이 바로, 당시 봉쇄된 광주 시민이 아닌가 생각합니다. 그런데 광주 시민의 5·18 정신을 계승한다고 하면서 5·18을 국민주의적인 서사로 해석해 버리면 위태롭다고 생각해요. 물론 5·18이 한국에서 벌어진 일이고, 한국적인 맥락이 없으면 그런 형태로는 이루어지지 않았겠지만, 그래도 거기에 남아 있는 보편성에 주목해야 한다고 봅니다.

히로시마에서 우리 조선 사람이 원폭 투하로 3만 명이나 죽었어요. 그런데 일본은 스스로를 유일한 피해자 나라라고 생각하기 때문에 이 3만 명에 대해서는 굳이 언급을 안 합니다. 그런데 이 나라(한국) 역사는 어떻습니까? 이 3만 명에 대해서 원폭이라는 사건을 국민주의적 시각으로 보고 있습니다. 국가는 피해의 경험을 얼마든지 국민주의의 서사로 이용할 수 있습니다. 그리고 국가는 항상 그렇게 하려고 합니다.

히로시마에 우연히 원폭이 떨어졌는데요. 그때 조선반도가 일본 영토였으니까, 진해, 원산 그런 곳에 원폭이 떨어졌대도 별로 신기한 일이 아니지요? 그렇죠? 진해는 당시 일본군의 군항인데, 만일 진해에 원폭이 투하되어 조선 사람 수만 명이 죽었으면 한국 역사에 한국 국민의 얘기로 서술되었겠지만, 히로시마에 원폭이 투하되어 히로시마에서 죽은 조선인 3만 명은 전부 이 나라(한국)에서 망각되고 있습니다. 이것은 잘못된 일입니다. 이런 잘못이 어떻게 생기냐면 기억하는 주체, '누가' 기억하는가, '누가' 그 기억을 얘기하는가에 따라 기억은 달라질 텐데, 그 주체 자신이 국민주의적인 사고방식에서 벗어나기 어렵기 때문입니다.

히로시마에서 조선민주주의인민공화국으로 귀국해서 거기서 지금 살고 있는 피폭자가 한 2천6백 명인가 있다고 합니다. 히로시마에 리실근이라는 분이 계시는데요. 이 분은 히로시마의 재일조선인피폭자연락협의회在日朝鮮人被爆者連絡協議会라는 단체에서 헌신적으로 운동을 해 오면서 북조선도 왕래하고 계십니다. 이 분은 일본과 교섭하기 위해 북조선에 살고 있는 피폭 조선인 명단을 만드셨습니다. 그러나 이 사람들에 대한 보상은 1원도 이뤄지지 않고 있어요.

그런데 이것을 두고 "보편적으로 인간이라는 것은 그렇게 야만적인 것이다. 인간 모두가 피해자다." 이렇게 얘기하면 될까요? 말하자면 3만 명 가까운 히로시마의 조선인 피해자들을 망각해 왔던 그 책임이 누구에게 있습니까? 물론 그 책임은 국가에게도 있지만 피해자를 포함해 다수자에게 있다고 할 수밖에 없습니다. 리실근 선생이 그 얘기를 되풀이하십니다.

리실근 선생이 일본 사람들이 모인 피해자 단체하고 같이 UN에 호소하러 간 적이 있는데, 일본 사람한테는 기자들이 많이 몰려오고, 또 크게 주목도 받았대요. 그런데 조선인 피폭자에 대한 얘기는 아무도 주목하지 않고, 또 일본인 피폭자 단체조차 일본이 당한 피해의 일부분으로 이야기하는 걸 보면서 같은 피해자라고 하는 것이 너무 어색했다고 합니다. 여태 일본인 피폭자 단체를 포함해 아무도 우리 재일 조선인 피해자에 대한 지원을 안 해 주었습니다. 그러니까 피해자 가해자 할 것 없이, 보통 시민이 국가하고 어떤 거리를 둘 수 있느냐가 중요한 문제죠.

그런데 일본에서 '피폭자원호법被爆者援護法'이 시행되지요. 물론 이런 비슷한 법이 불충분하게나마 있어 왔는데, 1995년에 이 법으로 정리가 되었습니다. 조선인뿐만 아니라 중국인 등 위안부에 대한 민간 기금이 만들어 진 것과 같은 시점이에요. 그때 제일 큰 타협이 무엇이었는가 하면 국가 배상이라는 조항을 없앤 것입니다. 일본 원폭 피해자 단체는 계속 국가 배상을 요구해 왔는데, 피해자가 1원이라도 많은 돈을 하루라도 빨리 받는 것이 필요하니까 국가 배상에 대해서 더 이상 집착하지 말자고 타협을 했어요. 이것이 뭐가 문제냐면 국가 배상을 하면 국가가 가해자, 내가 피해자 이런 관계가 정해지는 겁니다. 그런데 국가 배상이 아니면 그걸 정할 수 없어요. 막연해요.

일본은 일본군 위안부도 일본 국가의 피해자라는 것을 끝까지 인정하지 않았습니다. "도의적으로나 윤리적으로야 책임이 있지만 국가 책임이라는 것은 인정 못 한다." 했어요. 결국 양심적인 사람들이 '위안부 할머니들이 지금 하나둘 세상을 떠나시니까 하루라도 빨리 배상해야 한다.'면서 민간

기금을 통한 배상에 동의했지요. 그거 큰 문제예요. 피해자를 이용했다고 하면 좀 지독하게 들릴지 모르지만 그 관계를 모호하게 만든 것은 문제라고 봅니다. 이런 여러 가지 역사적 정치 폭력에서 누가 가해자고 누가 피해자냐 할 때, 국가가 가해자고 어떤 시민이 피해자라면 철저하게 그 시민 처지에서 서술해야 한다는 거지요.

국가에서 인정받는 것하고, 국가 배상하고는 근본적으로 달라요. 전두환 정권이 1980년 광주에서 시민들에게 군사적인 공격을 했다는 것은 국가의 죄예요. 국가가 그 책임을 진다는 것은 어디까지나 국가가 나서서 그 책임을 명백히 하고 사과하고 보상도 해야 한다는 겁니다. 베트남도 마찬가지지요? 베트남에 김대중 대통령이 가서 사과를 했다고 하는데, 어떤 점에 대해서 누구한테 사과했는지가 분명하지 않습니다. 베트남전쟁에 대해서 사과하려면 대한민국이라는 국가가 행한 그 전쟁 행위가 잘못이었다, 국가에 책임이 있다는 것을 제대로 인정해야 한다는 거지요. 그리고 관련된 모든 기억을 그런 방향으로, 그런 처지에서 서술해야 한다는 것입니다.

그리고 중국은 일본하고 항일 전쟁에서 이겨 지금의 중화인민공화국을 세웠다 하는 국가의 서술이 있기 때문에, 중국에 있는 전쟁기념관 같은 것은 전부 다 이겨 낸 사람의 서사로 돼 있어요. 그것이 잘못이라고 할 수는 없지만, 거기서 억울하게 희생당한 사람보다 똑똑하게 싸우고 이긴 사람이 주가 되지요? 일본도 그렇고 미국도 마찬가지입니다. 하지만 일본과 중국이 똑같이 국가의 서술로 역사를 기술한다고 해서 모두가 쓸데없다고 할 수는 없어요. 일본은 가해자이고, 중국은 국가로서는 피해 국가니까. 그러나 이 두 개가 모두 국가의 서술입니다. 이런 보편적인 수준에 들어가기 전에 따질 건 따져야죠. 우리가 그것을 뛰어넘어서 그냥 보편성으로 갈 수 있으면 쉬운 일인데, 그게 어려워요. 그렇게 하면 지금 눈앞에 있는 책임을 외면하는 결과가 됩니다.

"우리 모두가 지구인이다. 뭐, 피해자도 가해자도 없다."는 얘기는 문제가 있지요? 왜 히로시마에 3만 명이나 되는 조선인이 있었는지, 또 다른 데도 아니고 왜 히로시마인지 하고 생각해 보면 식민지 지배 때문이지요? 식민지 지배가 없었으면 거기 조선인들이 가 있을 리가 없었고요. 또 히로시마가 군사도시이고 거기서 저소득 노동자로서 일이 없었으면, 조선 사람이 그렇게 많이 살 수도 없었어요. 그러니까 바탕에는 식민지 지배가 있다는 거, 조선인이 식민지 지배의 피해자인데도, 일본의 보통 시민들 내부에 있는 어떤 차별로 인해 일본 국민들도 국민주의를 내면화해서, 같은 원폭 피해자인데도 조선인 피해자에 대해서는 별로 관심이 없는 것에 대해 저는 책임을 물어야 한다고 생각해요.

물론 일본 사람으로서 국민주의적인 책임을 지라는 얘기가 아니고요. 이런 피해를 보편적인 피해로 우리가 나눌 수 있도록 하기 위해서는 이 책임을 알아야 한다고 생각하는 겁니다. 그런데 무서운 사실은 원폭 투하가 된 지 불과 몇 개월 뒤에 쇼와昭和 천황이 히로시마로 갔지요? 그 히로시마에서 거의 모든 시민들이, 피해자 시민들이 "천황 만세!"를 외치고 대환영을 했대요. 그것이 피해의 서사가 전후에 이른바 '평화 국가 일본'이라는, '천황을 중심으로 모인 평화 국가'라는 어떤 신화를 만들어 가는 그런 시발점이 됐지요. 그래서 그런 내면화된 식민주의, 그리고 식민지 지배에서 국민들 내부에 존재한 계층 질서에 대해서도 우리가 따져야 한다는 것이 제 생각입니다.

하라 타미키原民喜라는 사람에 대해서 제가 무척 관심이 많습니다. 그는 피해자이지만 아주 철저한 피해자라, 타자에 대한 상상력이 있기 때문입니다. 그가 피해자로서만 이 사건을 인식하고 있다고 해서 반드시 나쁜 일이 아닙니다. 자기 자신의 피해에 대해서 철저히 생각하고, 철저히 느낄 수 있는 감성이 있으면, 타자에 대한 상상력이 거기서 생깁니다. 하라 타미키 경우가 바로 그렇습니다. 하라 타미키는 원래 좌파도 아니고요. 그다지 혁신적인 사람이 아닙니다. 아내가 죽어서 아내를 잃은 슬픔, 상실의 슬픔에 빠져 살고 있었는데, 원폭 피해를 입게 되었습니다.

"홍콩에 입성하는 일본군 이야기를 전하는 라디오 방송을 듣다가, 환청을 들었다. 중국 부인의 비명이 들리는 것 같은 느낌이 들었다."는 글이 담긴 하라 타미키의 에세이가 있어요. 그가 국민주의를 내면화해 버린 사람이었으면 그런 일은 안 생겼겠지요? 하라 타미키는 전쟁이 끝나고 나서 도쿄에서 살았는데 도쿄 사람들에게 이질감을 많이 느껴요. '히로시마에서 원폭 투하라는 그런 엄청난 일이 벌어졌는데도 왜 도쿄 사람들은 그렇게 무관심한 거지?'라고 생각합니다. 하라 타미키는 자신을 철저히 원폭 피해자로 여기면서 실제 원폭 피해자가 아닌 사람이, 같은 일본 사람이라는 그런 시야에서 평화 국가를 얘기하는 것이 너무 어색하고 너무 웃기는 일이라고 그렇게 느꼈습니다.

그 뒤 한국전쟁이 일어난 후 트루먼Harry S. Truman이 원폭을 다시 사용할 수도 있다는 선언을 했지요. 북조선이나 남만주지요? 그 지역에 원폭을 투하하면 정국을 미국이나 UN군에게 유리하게 바꿀 수 있다는 방송을 듣고 나서 하라 타미키가 자살을 했습니다. 하라 타미키에게는 그것이 남의 일이 아니었습니다. 하라 타미키가 원래 중국 사람이나 조선 사람을 동정하던 사람이 아닌데도, 히로시마에서 벌어진 일이 또다시 남의 머리 위에 두 번 세 번 이루어질지도 모른다는 상상을 도저히 못 견뎌서 죽고 말았습니다.

그래서 저는 피해자가 피해자로서만 기억하고 있다, 피해자로서만 서사하고 있다 하는 것에 대해서 누군가 비판할 때 그 피해자로서의 기억, 피해자로서의 서사가 진짜 참된 것인가, 진지한 것인가 하는 것을 먼저 따져 보아야 한다고 생각합니다.

2부;
당연한 것을 다시 묻는다

희망이라는 말을 우리도 우리가 주인공으로, 자신들의 해석을 가지고 이야기하는 것이 중요하다는 겁니다. 안 그러면 다수자가 그러듯이 "그래도 희망이 있는데……." 하는 식으로 해석을 당해 버리는 것이 서발턴이죠. "안 그렇다. 희망은 우리에게는 없다. 희망은 우리에게는 허망이다." 하고 저항하고 충돌해야 합니다. 그래야 다수자의 이데올로기에 대해서 문제 제기할 수 있고, 어떤 새로운 개념으로 다가갈 수 있는 것 아닙니까?

4 _ 디아스포라에게 고향은 어디인가?

디아스포라로 살아온 윤동주

윤동주의 처지에 제 처지를 투영하고 있는지에 대해서는 지금 뭐라고 말씀 드릴 수는 없지만 윤동주의 시는 디아스포라적이라고 생각합니다. 윤동주 시는 일본에 있을 때부터 일본 말 번역으로 보았습니다. 그때는 이 나라가 민주화 운동 과정이었고 저의 형 둘이 감옥에 있었기 때문에 이 나라의 민주화를 바라는 마음이 저에게는 절박했습니다.

윤동주의 시를 김학현 선생님이라는 분이 소개해 주셨는데, 조선 민족의 저항시(저항의 정신)로만 보기에는, 또 그렇게만 이해하기에는 너무 단순하다고 생각했습니다. 윤동주의 시를 이해하려면 그때 윤동주가 살았던 그 시대성과 장소성이 아주 중요해요. 조선은 1910년부터 일본에 병합되면서 일본의 식민지가 되었지요. 그래도 그때 윤동주가 살던 간도는 식민지에 완전히 편입이 안 된 상태여서 상대적으로는 독립성이 있었습니다. 1932년 만주

사변 후에 일본의 직접 지배에 들어갔어요. 그로부터 10년 뒤 윤동주가 서울에 와서 연희전문학교를 다니면서 시를 썼지요.

윤동주의 "모든 죽어 가는 것을 사랑해야지."라는 말은 윤동주가 조선 민족 전체가 지금 죽어 가고 있다고 느낀 것이 아닌가 그렇게 생각합니다. 그때 일본은 일본식 천황주의적인 보편성으로 세계를 정복하고 더욱더 발전해 나간다는 것을 일본 정신으로 삼고 있었기 때문에, 죽어 가는 것이야말로 민족주의적인 편견이었어요. 그래서 윤동주는 너무 민족주의적인 편견에 사로잡힌 사람이다 해서 치안유지법治安維持法으로 구속을 당했지요.

그때 왜 윤동주는 조선 말로 시를 썼을까요? 1910년부터 조선에서 고등 교육을 받은 문학자들은 일본 말로 글을 쓸 수 있었어요. 일본 말로 써야지만 발표도 할 수 있고 문학자로 인정을 받을 수가 있었습니다. 그런데 윤동주가 조선 말로 시를 쓰면서 저항한 이유는 일본 말을 잘 못 했기 때문입니다. 조선반도가 아니라 간도에서, 말하자면 민족주의적인 편견 속에서 살아온 디아스포라였기 때문입니다. 윤동주는 조선 말을 사용하고 조선어로 글을 쓰고 서로를 사랑하고 싸우는 것이 자연스러웠기 때문에 이질 분자異質分子가 되었지요.

저는 윤동주의 시 가운데 '별 헤는 밤'을 아주 좋아하는데요. 대학교에서 일본 학생들에게 강의할 때 항상 인용합니다. 거기에 패, 경, 옥 이런 이국 소녀들의 이름들이 나오지요. 초등학교에서 같이 공부하던 이국 소녀들의 이름이 생각난다는 것이죠. 그것을 보면 만주인이나 중국 사람들과 같이 살고 있는 조선 사람들의 삶을 상상하게 돼요. 그리고 라이너 마리아 릴케Rainer Maria Rilke 같은 외국 시인들의 이름을 별에 하나하나 붙인다는 그런 이야기가 나오죠. 거기 간도에 있으면서 서양의 라이너 마리아 릴케 같은 시인들과 서양에 대한 동경을 가지고 시를 썼어요. 당시 일본인들은 서양

4_디아스포라에게 고향은 어디인가? 113

에 대한 강한 콤플렉스를 가지고 있으면서도 서양 백인 중심주의를 자신들의 천황주의를 가지고 이겨 낸다는 주장을 하고 있을 때였습니다. 그 시대에 서양에 대한 동경을 가지고 있었다는 것은 오히려 마음이 열려 있었다고 할 수 있다는 것이죠. 이렇게 민족주의적인 편견이 있었기 때문에 조선 말을 지킬 수 있었고 세계로도 마음이 열려 있었다고 볼 수 있습니다. 그러니까 조선 정신이라는 것을 아시아의 아주 좁은, 폐쇄된, 국수주의적인 것으로 지킨 것이 아니지요. 19세기 말부터 해외로 흩어져 나간 우리 조선 민족의 근대사가 이 시인의 시에 담겨 있다고 느꼈어요.

이것이 우리 민족의 저항 정신이라고 할 수 있는데 그건 국수주의적인 것이 아니라고 저는 생각해요. 윤동주는 디아스포라가 맞습니다. 디아스포라라는 것은 조선 사람이 아니라는 것이 아니라, 디아스포라이기 때문에 그 시에 오히려 근대사를 살아온 우리 민족의 역사가 투영되어 있다고 볼 수 있어요.

'조선'이라는 기호로 사는 사람들

제가 항상 하는 이야기인데요. 이 나라에 사는 여러분 조상도 1910년부터 1945년까지는 전부 다 일본 국적이었어요. 그러면 일본 사람이 되는가? 아니죠. 국적이 일본으로 강제로 바뀐 거지요. 그런데 지금은 왜 한국인이라고 할까요? 그 전에는 한국이라는 나라가 없었습니다. 물론 대한제국大韓帝國이 있었죠. 조선조의 제일 마지막 국호죠. 그러니까 저는 '조선인'이라고 해야 된다고 봐요. '이 나라가 강제로 식민 지배를 받기 전에 우리들은 어느 나라 사람이었을까?'라고 할 때 한국인이라고 하면 안 됩니다. 대한민국이라는 국호가 1948년에 생겼는데, 그 전부터 계속 이 땅에서 살아온 사람들을 왜 한국인이라고 해야 하는가, 그런 것이 근본적인 문제입니다. 그러니까 '한국의 역사'라고 할 때 과연 그럴까? '대한민국의 반만년 역사', 이런 말은 완전히 엉터리지요.

그리고 이거 아주 재미있는데요. 《사라지지 않는 사람들》에 안중근에 대한 이야기가 나오지요. 안중근이 하얼빈哈爾濱 합이빈에서 이토 히로부미伊藤博文를 죽이고 나서 "코레아 우라! 코레아 우라!"라고 만세를 불렀다고 하죠. 러시아어로 '코레아 우라Корея Ура'라는 말을 한 겁니다. 그런데 이것이 '대한민국 만세'라고 번역되어 있어요. 그때는 대한민국이라는 국가가 없었어요. 그러면 적어도 대한제국이라고 해야지요. 대한제국이라 해도 문제가 있겠다 싶습니다. '대한 만세'나 '조선 만세'도 그렇지요? 그런데 번역할 때는 자연스럽게 대한민국이라고 옮겨 버리지요. 우리는 무의식적으로 그런 사고방식을 갖고 있다는 것이죠. 이럴 때 시대성과 장소성이 중요합니다.

제가 1966년에 한국에 처음 왔는데 그때만 해도 일본에서 출판된 《조선어 사전》이라든가 '조선'이라는 말이 있는 책을 못 가져왔어요. 세관이나 공항에서 모조리 압수당하고 감시당했어요. '조선'이라는 말에 대한, 언어에 대한 억압이 있었습니다. '국민화'라는 말을 했는데, 그런 과정을 거치면서 여러분 속에는 "당신은 어디 사람이냐?" 하면 "예, 한국 사람입니다." 하는 사고방식이 자리 잡게 된 것입니다.

일본 땅에서 우리 할아버지나 할머니 그리고 우리 부모 같은 경우는 항상 조선 사람이었습니다. 조선 사람으로 일본으로 건너갔고, 일본이 패전했고, 해방되었으니 조선 사람이죠. 하지만 조선은 없는 나라예요. 일본의 식민지가 되었으니까, 국적으로 치자면 일본 국적이죠. 그런데 일본 사람들은 그런 사람들에게 "너는 어느 나라 사람이냐? 국적을 신고하라!" 하면서 1947년에 외국인등록령으로 명령했어요. 재일 조선인은 어떻게 합니까? 어제까지는 "너는 일본 국민이다. 일본법에 복종하라." 했는데 오늘부터 "너

4_디아스포라에게 고향은 어디인가? 115

는 외국인으로 우리와 다르니까 신고하라." 그래서 대다수 조선 사람들은 국적란에 조선이라고 썼어요. 재일 조선인이라 할 때 '조선'이라는 말은 조선이라는 국가의 국민이라는 뜻이 아니라, 국가나 국호가 바뀌었지만 그래도 우리는 계속해서 조선인이었다는 뜻이에요. 우리는 이북의 조선민주주의인민공화국이 성립되기 전부터 조선 사람이었고, 이 나라가 둘로 분단된 후에도 조선 사람입니다. 당시 '조선'은 실제로 있는 국가를 뜻하는 것이 아니니까 그냥 기호로 다루었어요.

조선반도가 분단되고, 나중에 한국과 일본이 수교를 하면서, 한국 국적으로 바꾸어야지만 그나마 안정된 생활을 할 수 있었어요. 그냥 조선이라는 기호로만 사는 것이 너무 힘들다 해서 사람들이 국적을 많이 바꾸기 시작했죠. 우리 부모도 바꾸셨죠. 그래서 저도 1960년대에 이 나라에 올 수 있었습니다. 그런데 바꾸지 않은 사람들, 조선이라는 기호로 살고 싶다는 사람들이 계속 남아 있어요. 10만 명 정도 남아 있을까 모르겠어요.

여러분이 보신 〈우리 학교〉라는 영화를 보면 조선 학교에 일본 국적, 한국 국적인 사람들도 다닙니다. 그 학교는 대개 기호로서의 '조선'이라는 정체성을 지키고 싶다는 사람들이 학교를 세우고 지금까지 버텨 온 것이죠. 제가 '재일 조선인'이라고 할 때는 '북조선'이라는 뜻이 아니라 '근대라는 시대에 들어오면서 식민지 지배를 받아 온 조선인 중 일본 땅에 살고 있는 사람들'을 의미합니다. 미국 교포도 '재미 조선인'이고 중국 교포도 '재중 조선인'이라는 뜻이지요.

저는 한국 국적자여서 한국 여권이 있기 때문에 별 문제없이 한국에 왔다 갔다 할 수 있습니다. 여기 와서 재외 국민 신고를 하면, 휴대전화나 은행 계좌, 신용 카드도 사용할 수 있어요. 그런데 조선이라는 기호를 가지고 있는 사람들은 국적 없는 사람으로 다루기 때문에, 남북 대립이 심할 때는 이 나라에 입국할 수도 없었습니다. 민주화되면서 입국하게 되었는데 그나마도 일본에 있는 한국 대사관에 가서 이런저런 이유로 입국하고 싶다고 신청을 하고, 심사를 받고 허가를 받아야 합니다. 그런 절차를 사람들이 잘 모르고, 공항에 있는 사람들도 제대로 모르니까, 조선이라는 기호로 사는 사람들은 "무슨 일이냐?" 하는 질문을 항상 받게 돼요. 그래서 여기서는 안정된 생활을 하기가 어렵습니다. 재미 교포의 경우, 미국 국적을 가지고 있는 사람들은 법적으로는 미국사람이지요. 재중 동포는 법적으로는 중국 사람이죠. 이 사람들이 겪어 온 언어나 문화의 어려움은 당연히 있기는 있을 겁니다. 그러나 이것하고 조선 기호로 사실상 난민으로 일본에 사는 사람들하고는 다르다는 것을 우리가 정확히 알아야 합니다.

북한은 재일 조선인을 어떻게 보고 있는가? 해방 직후에 재일 조선인 단체가 아주 진보적이었습니다. 일본 땅에 살면서 일본에 저항해 온 사람들에게 신용을 받을 수 있었고 조직의 중심이 될 수 있었죠. '재일조선인연맹在日朝鮮人聯盟 조련' 이것이 일본 땅에서 그때까지 탄압받아 온, 일본의 좌파 당원으로 있어 온 조선인들이었어요. 그때는 '공산당은 한 나라에 하나만 있어야 한다. 일본에 있는 공산주의자는 일본 공산당에 입당해야 한다.'는 것이 세계 공산당의 방침이었습니다. 중국에 있는 사람들은 중국 공산당에 들어갑니다. 우리 조선 사람들은 공산당을 만들 수가 없었어요, 나라가 없으니까. 그러면서 해방되었기 때문에 일본 공산당 당원이었던 조선 사람들이 중심이 되어 가지고 일본에 저항하는 운동을 했지요. 1945년 10월에 일본에서 갇혀 있던 정치범들을 석방시키는 대중운동을 누가 했냐면 조선인들이 했어요.

일본인 좌파 공산당 지도자들도 조선인들의 시위운동으로 석방되었어요. 그런 식으로 재일 조선인은 해방 직후에 아주 진보적인 좌파 운동에서 주도적인 역할을 했습니다. 그런데 아직까지 조선민주주의인민공화국이라는 국가가 생기기 전이니까 자발적인 운동이었죠. 그 내부에서도 일본 땅에서 계속 이런 식으로, 일본의 소수민족으로 살면서 일본을 혁신하는 방향으로 가야 하는지, 아니면 이북의 사회주의 국민으로 살아야 하는지 하는 그런 내부적인 갈등도 있었어요. 그런데 일본 정부가 이런 자발적인 조련의 운동을 탄압하기 시작했습니다. 특히나 민족 학교에 대해서는, 〈우리 학교〉에서 보셨듯이 우리 동포들이 해방 직후에 민족 학교를 6백 군데나 자비로 세웠는데, 그것을 금지했어요. 미국은 조선반도에서 남북 대립이 심화되니까 재일 조선인의 운동이 너무 국지화되고 조선반도를 왔다 갔다 하면 위태롭다고 생각했어요. 조선반도 분단 정책을 펴면서 남한에 반공 친미 정부를 세우려고 하는데 조선인을 통제해야 하는 의도가 있었죠. 일본 정부는 일본 식민지 지배로 일본 땅으로 끌려온 사람들을 하루속히 일본 바깥으로 추방하고 싶다고 생각했어요. 경제적으로 부담이 되니까요.

나중에 '북송'이라며 북조선을 비방했던 재일 동포 귀국 사업도 실제로는 일본 정부가 인도적인 명목을 빌려 재일 조선인들을 추방한 것입니다. 일본 정부하고 미국의 의도가 일치되어서 재일 조선인 민족운동을 탄압했지요. 그때 이북의 남일*이 "조선민주주의인민공화국은 재일 조선인의 인권을 지키겠다. 재일 조선인을 탄압하지 말라."는 성명을 국제적으로 냈어요. 그래서 재일 조선인들은 자신을 지켜 주는 국가가 처음으로 생겼다고 생각했지요. 그때까지 재일 조선인의 권리를 위해서 그렇게 국제적으로 성명을 낸 국가가 하나도 없었어요. 그리고 조선전쟁 끝나고 나서 이북에서 재일 조선인들이 세운 민족 학교를 지키기 위해서 원조금을 보내 왔습니다. 그때 나

---

* 북의 고위 관료. 재일 동포 귀국 사업이 시작된 1959년 당시 부수상을 지냈다.

라가 가난했을 때인데도 많이 보냈어요. 이승만 정권도 보내 왔는데 말도 안 되는 액수였지요. 그래서 재일 조선인들 사이에는 '우리를 지켜 주는 국가는 북이다.'라는 사고방식이 그때부터 자리잡았습니다.

이것은 50년대 이야기입니다. 60년대 들어가면서 이야기가 많이 바뀌는데요. 한일협정 문제도 있고, 또 그때만 해도 경제가 북이 남보다 훨씬 발전되어 있는 상태였는데 박정희 정권 후반기에 들어가면서 역전되지요. 하지만 재일 조선인 역사의 시발점에 있어서는 '이북이야말로 우리를 지켜 준다.'는 것이 널리 공유된 인식이라고 할 수 있죠. 물론 아주 골수인 반공주의자나 민족주의자도 있고, 그런 것에 저항한 사람들도 있기는 합니다.

'고향은 어디인가?'라는 난처한 질문

오늘 주제가 고향이어서 《서준식 옥중서한》을 가져왔습니다. 이 서한에서 제가 형한테 받은 영향과, 저하고 형 사이에 있는 차이나 갈등도 읽을 수 있어요. 형한테 저는 항상 비판의 대상이었어요. "너는 너무나 서양적인 지식인이다." 이런 비판이 많지요.

형이 고향에 대해서 어떤 생각을 하고 있었는지 볼 수 있는 글로 세 군데를 골랐습니다. 먼저 1985년에 감옥에서 쓴 편지입니다. 71년부터 감옥에서 살았으니까 옥중 생활 14년째 되던 해의 글입니다.

> 그 목사 부인은 편지로 얼마 전에 나에게, 봄이 오고 있는데 고향 생각이 나지 않느냐고 물었다. 나는 답장을 썼다.
> "고향이라니요? 얼떨떨합니다. 일본을 말씀하시는지요? 일본에서 태어난 저는 '고향'이 일본이라고 말해야 옳겠지요. 그러나 남들에게 '내 고향은 일본입니다.' 하기가 싫습니다. 그래서 그런 말을 여태껏 누구에게도 해

본 적이 없지요. 저에게는 '고향'이 없습니다. 어렸을 때 놀던 곳, 학교 다니던 길, 옛집……. 무척이나 가고 싶습니다. 하지만 그곳은 '고향'이 아닙니다. 그리고 아마도 영원히 가 보지 않을 것입니다. 그곳에는 아들이 돌아올 날엔 옛날처럼 함께 낚싯대를 손질하시는 늙으신 아버지도, 아들이 돌아오면 입혀 보려고 햇볕 드는 창가에 앉아서 뜨개질을 하시던 늙으신 어머니도 이제는 계시지 않습니다. 미련은 길게 그러나 희미하게 꼬리를 끌며 사라져 갑니다. 자기 자신 속에 깊이깊이 박혀 있는 '일본'을 모조리 알코올로 말끔히 씻어 내 버리고 싶어서 그리도 몸부림치던 저이기에 고향이 멀어져 가는 슬픔은 그대로 동시에 희열이기도 합니다. 삼팔선 이북에서 내려온 '실향민'은 행복합니다. 마음껏 거리낌 없이 그리워해도 될 '고향'이 있으니까요. 그리워해서는 안 될 '고향'밖에 없는 저는 불행한 인간입니다."

봄이다. 집 생각이 나는구나.*

조금만 설명을 드리면 전두환 정권 후반이지요. 형이 오랫동안 비전향으로 버텨 왔기 때문에 아주 가혹하고 고립된 생활을 해 왔어요. 그런데 이 무렵부터 외부인하고 편지 왕래가 허락되기 시작했습니다. 넓게 이야기하면 일종의 전향 공작이지요. 보통 외부인이 아니라 기독교 목사 부인처럼 전향을 시키려고 하는 사람들하고 편지를 주고받을 수 있었습니다. 그런데 그 부인이 너는 고향이 어디냐고 물었죠. 형은 고향은 일본인데 일본을 그리워하고 싶지 않다고 말해요. 하지만 사실은 그리워하고 있지요. 그런데 그곳

---

* 《서준식 옥중서한 1971~1988》 서준식 씀, 노사과연, 2008, 502쪽 ; 1985년 3월 30일 여동생 서영실에게 쓴 편지 가운데.

을 고향이라고 하면 안 된다는 거죠. 왜냐면 고향은 고국이니까. 이것이 자기 조국도 아니고 모국도 아니니까. 이것을 단순히 그리워하게 되면, 자신이 이렇게 이 나라까지 유학 와서 감옥 생활을 십 몇 년이나 하면서 무엇 때문에 버터 왔는지 의미가 없어지겠지요. 고향이 일본이라면 여기 애초부터 안 오면 되었을 텐데, 하는 그런 이야기가 되지 않습니까? 그러니까 고향이 어디냐는 질문에 대한 대답을 통해 자연스럽게 본인의 전향이 이루어질 수 있는 그런 처지였어요. 그렇지 않습니까? 형은 고향을 그리워하면 안 되는 그런 처지를 버텨야지 비전향이라는 정치적인 원칙도 지킬 수 있다는 것이지요.

분명 '근대'라는 기준으로만 보면 일본은 선진 국가이고 한국은 어느 시점까지 후진적이었지요. 그런데 여기 와서 그런 시선으로 보지 않으려고 본인이 무척 고뇌도 하고 갈등도 했죠. 일본을 그리워한다면 분명 그런 기준으로 일본이 더 잘 사니까, 또 깨끗하니까 일본을 그리워하는 것처럼 되지 않습니까? 그래서 자신이 고향을 그리워하는 것을 금지했어요.

> 우리 나라 사람들은 과거 일본과의 불행했던 역사의 기억 때문에 일본인을 난폭하고 약삭빠르고 지독하다는 식으로 그리기 마련이다. 그리고 그런 것도 분명 현대를 살아가는 일본인들의 몇 가지 전형 중 하나라고 말할 수 있을 것이다. 그러나 일본에서 자란 나는 그런 것이 일본인의 전형은 아니라는 사실도 잘 알고 있다. 결코 무시할 수 없는 일본인들의 한 가지 전형적인 모습은 '착하고 성실하고 소박하고' 근면하고 싹싹하다. 나의 고교 시절에 선량했던 몇몇 일본인 친구들처럼. 일본인들 속에서 일본인들처럼 살았을 때는 별로 뚜렷이 의식해 보지도 않았던 이런 유형의 인간상을 나는 재일 동포 사회나 우리 나라에서는 많이 발견하지 못했으며

그 이유를 확실하게는 모르고 있다. (아니 우리 동포 중에 착하고 성실하고 소박하고가 없다는 이야기라기보다 그것은 어딘가 일본인들의 '착하고 성실하고 소박하고'와는 다르다고 함이 차라리 옳을지도 모른다.)

짐작컨대 호쾌하고 너그럽지만 어수룩하고 나태할 수도 있는 '대륙 기질'은 애당초에 섬나라식 '착하고 성실하고 소박하고'와는 근본적으로 무관한 것인지도 모른다. 그러나 그런 이유 이상으로 나의 눈에 중요하게 보이는 이유가 하나 있다. 즉 배불리 먹고살 일에 신경을 소모할 필요가 없는 대국과 달라서 분명히 더 각박하고 더 고달픈 우리 사회에서 우리 동포들은 일본인들처럼 '착하고 성실하고 소박해지기'가 어려운 것일 것이다. 안타깝게도 우리 동포들의 마음이 메말라 있으며 모래 바람을 맞으며 괴로워하고 있는지를 이 사회에서 태어나 이 사회에서 자라 살아 나가는 사람들은 결코 실감하지 못할 것이다. (19살의 감수성 예민한 나이의 인생 경험에 갑작스럽고도 과격한 단절을 맞아 괴로워했던 나만큼은) 결코 실감하지 못할 것이다.

사람이 무엇인가를 사랑하게 되는 것은 그것이 '좋기' 때문이다. 그러나 그 사랑이 처절하리 만큼 진한 사랑일 경우에는 '좋기' 때문에 사랑한다는 상식적인 논리를 멀리 초월하게 마련이다. 불구의 자식에 대한 어버이의 사랑을 상상해 봐라.

그리고 나는 무엇인가가 '좋기' 때문에 사랑하겠다는 식의 논리를 넘어서 알고 싶었다. 이를 악물고 '진정한 한국인'이 되고 싶었고, 나의 골수 깊이 박힌 '일본'을 알코올로라도 씻어 내고 싶어 했던 그런 고집스럽고 고통스러웠던 발버둥질의 시간이 흘러간 시점에서, 나는 어느새 일본보다 각박하고 더럽고 야비했던 나의 조국을 미치게 사랑하기 시작하고 있었고, 일본인 친구들처럼 '착하고 성실하고 소박하고' 한마디로 선량하지 못했던, 아픔과 슬픔과 괴로움 범벅이 되어 살아가는 동포들에게 내가 뜨거운 애정을 느끼고 있음을 깨닫고 있었다. 나의 내부에서 '일본'은 멀어져 갔고 나는 일본인들을 내가 너희들을 언제 봤냐는 듯, 진짜로 '외국인'을 보듯 볼 수 있게 되어 있었다.*

지금 내용은 '이것이 우리 나라다!'라는 실감이 없다는 것이죠. 그러니까 못살고 가난하고 야비하고, 저에게는 이런 느낌이었습니다. 60년대에 와서 이 나라 상황을 보고 말이죠.

그런데 여기서 중요한 것은 '좋으니까 사랑한다는 것이 아니다. 혐오감이 있으면서도 그것을 사랑해야만 하고, 사랑해야지 일본이라는 틀 바깥으로 해방될 수 있다. 그렇지 않으면 자신은 항상 평생 식민지 지배를 내면적으로 받아야만 한다.'는 겁니다. 재일 조선인에게 식민지 지배로부터 독립된다는 것은 그냥 국가가 선다는 것뿐만 아니라 자기 자신에게 내면화되어 있는 일본으로부터 어떻게 자기 자신을 해방시키느냐 하는 문제예요. 어려운 문제지요.

그런데 서준식이라는 사람은 아주 지독하게 노력했습니다. 저는 아직도 이렇게 말이 서투른데, 형은 십 몇 년 감옥 생활을 하면서 의도적으로 일본 책을 안 보려고 했어요. 얼마나 책이 보고 싶었겠어요? 그래도 일본 책 안 보고 우리 말로 된 소설책을 많이 보고, 이런 어휘들을 많이 배웠습니다. 언제 한번 소설을 쓰면 얼마나 좋겠는가 하는 이야기도 나와요. 그런데 추측컨데 아직도 소설은 쓰기가 어렵겠죠. 형은 그런 식으로 '일본 식민지 지배로부터 자기 자신을 해방시키려면 진정한 한국인이 되어야 한다.'고 생각

---

* 같은 책, 523쪽~524쪽 ; 1985년 9월 28일 고종 동생 강순전에게 보낸 편지 가운데.

했어요. 그것 때문에 치열하게 노력을 했습니다. 이 사람에게 고향이라는 것은 어색한 존재, 부자연스러운 존재입니다. 고향을 자연스럽게 그리워할 수 없어요. 실향민은 그렇게 할 수 있는데……. 저도 이 사람한테 많이 배웠고 저 자신을 형성했기 때문에 비슷한 생각이 있어요. 그러니까 "고향이 어디에요?" 하면 어떻게 대답해야 하는지 망설여지는 거예요.

요즘 나는 이병주(나는 이 작가를 별로 좋아하지 않는다.)가 쓴 《지리산》이라는 전 7권으로 된 실록 대하소설을 읽었다. 후기 일제시대부터 6·25전쟁 무렵까지를 배경으로 하는 우리의 현대사의 가장 아픈 상처를 그대로 드러내 놓은 비참한 내용인데, 주인공 중 한 사람이 일제시대에 중학을 졸업하고 일본 교토 제삼고등학교로 유학 가는 이야기가 나온다. 그런데 그 주인공이 하숙한 동네가 바로 하나조노花園의 묘신지妙心寺 근처로 되어 있지 않은가!

그 소설에 상세히 나오는 1940년대 초 하나조노에서의 하숙 생활 이야기에 나는 복받치는 감격과 그리움을 누를 수가 없었다. 그 주인공보다 10년 가량 후에 나는 그 근처에서 어린 시절을 보냈으니 말이다. 묘신지의 거북이들이 서식하는 그 연못 이야기며 내가 알 만한 골목들의 묘사며 엔마치圓町 전차 정류장 이야기며…….

아무리 몸도 마음도 우리 민족 일색으로 물들이려고 발버둥을 쳐도, 아무리 나의 내부의 '일본'을 씻어 냈다고 큰소리를 해도 결국 하나조노 곤보쿠쵸艮北町는 내가 평생을 두고 도망칠 수 없는 나의 고향인가 보다. 고향에 대한 사무치는 그리움과 그 고향을 마음 놓고 사랑하려는 자신에 대한 부끄러움이 착잡하게 엇갈린 이런 서글픔을 너는 이해해 줄 수 있을까? 서울에서 한 10년 가량 살았더라면 서울에 좀 더 애착을 느꼈을 것이다. 나는 어쩌면 정을 들이면 억지로라도 하나조노 곤보쿠쵸를 제치고 대신 '고향'일 수도 있었을 '한국'에서 4년밖에 살지 못하고, 무슨 일이 있어도 결단코 '고향'일 수 없을 한국의 '교도소'들만을 15년 동안이나 전전하며 살아온 것이다.*

우리가 태어난 장소예요. 하나조노 묘신지라는 데가. 이 편지는 1986년 편지입니다. 출옥하기 2년 전, 아까 목사 부인에게 보낸 편지 다음에 이렇게 쓰고 있어요.

그러니까 '고향을 그리워하면 안 된다. 고향은 일본이다, 이렇게 하면 안 된다.' 하면서 끊임없이 자기 자신에게 그리움을 금지하고 진정한 한국 사람이 되려고 치열한 노력을 해 왔는데도 이런 향수가 있다는 것이죠. 이런 사이에서 동요하고 고뇌하고 흔들리고 분열되고 있다는 것입니다. 그런데 이 사람이 이 문제를 완전히, 최종적으로 해결해 냈는지는 모르겠습니다. 저는 이 사람에게 직접 묻기가 어려워요. 또 물어도 정직하게 대답해 주지 않습니다. 이것은 어디까지나 동생이니까 하는 이야기가 아니라, 재일 조선인으로 이 나라에서 진정한 한국인이 되고자 누구도 불가능할 정도까지 치열한 노력을 해 온, 한 인간의 내면의 고향을 둘러싼 고뇌, 그 모델로 말씀 드리고 있는 것입니다.

우리 재일 조선인이라는 처지가 얼마나 고통스러운가를 이야기하려고 이 문제를 언급하는 것이 아닙니다. 오히려 다수자가 당연하게 여기는, 말하자면 이 목사 부인이 감옥에 있는 재일 조선인 정치범에게 "너는 고향이 어디냐?"고 물었고, "아, 불쌍하다. 하루속히 이 나라에 정착해라. 결혼도 시켜

---

* 같은 책, 567쪽~568쪽 ; 1986년 3월 27일 여동생 서영실에게 보낸 편지 가운데.

준다."고 이야기하는 다수자의 아주 상투적인 관념을 넘어서 고향, 민족, 국가에 대해 깊이 생각해야 한다는 것을 문제 제기하려고 이런 이야기를 하고 있어요.

지금은 모어와 모국어 이런 이야기만 했는데 이 나라에 와서 새삼 느끼는 것은 고향, 학교 동문 그리고 동네, 회사 여러 가지 다양한 공동체가 있고요. 거기가 자신의 바탕이 되어 가지고 한 번 좌절을 하더라도 어떻게든 일어날 수 있지요. 특히나 학교 동창이라는 것은 우리가 상상할 수 없는 어떤 사회적 단위가 되어 있어요. 그렇지 않습니까?

이인제 씨가 서준식의 동기 동창이에요. 이인제 씨가 진보적인 사람은 아니지 않습니까? (청중 웃음) 형이 풀려났을 때 서울에 있는 '세실'이라는 레스토랑에서 출소 축하회가 열렸습니다. 비전향 좌익수로 17년 살다 나온 사람을 위해서 많이 모여 주었어요. 이인제 씨까지 왔어요. 다른 이유가 없었어요. 그냥 서울대 법대 동문이라는 이유로 왔습니다. 그냥 동문이라면서 명함을 줘요. 집에 갈 때 이인제 씨가 자기 차로 데려다 주었어요. 차로 같이 가면서 "준식아, 너도 고생했는데 나도 졸병으로 군대 갔다 왔다. 이 나라 사나이라면 감옥이나 군대 안 가면 안 된다." 이런 이야기를 하고 있어요. 저는 그게 너무 신기했습니다. 좌익이냐 우익이냐, 진보냐 보수냐 하는 문제보다 학교 동문이라는 바탕이 훨씬 중요하다는 거죠. 그런데 우리 재일 교포 같은 경우에는 불가능하다고 할 수는 없지만 그곳에 속하기가 정말 어렵습니다. 그런 측면에서 보면 운동권이나 지식계나 언론계나 같은 경향성이 있는 것 아닌가 하는 느낌이 들어요.

고향에 대한 디아스포라의 감수성

보충해서 이야기하면 서준식과 외면상 아

주 비슷한 내용을 소설로 쓴 사람이 이양지李良枝라는 사람입니다. 이양지의 《유희由熙》라는 소설이 있지요. 일본에서 아쿠타카와芥川賞 상*을 받았어요. 이양지는 부모 세대가 귀화를 했고 일본 사람으로 살아왔는데, 그래도 일본에서 겪어야 하는 여러 가지 차별이나 소외감 때문에 이 나라에 유학 와서 언어도 배우고 무용이나 전통 음악을 배웠고, 참된, 진짜 한국 사람이 되려고 했어요. 그런데《유희》라는 소설은 그런 시도를 하다가 좌절하고 실패해서 일본으로 가 버리는 어떤 유학생이 한국 사람을 보는 시선을 그려 낸 소설입니다.

저는《유희》를 별로 높게 평가하지는 않습니다. 소설로서는 실패했다고 할 수 있는데, 일본에서 인기도 있고 상도 받고 그랬지요. 그런데, 이 소설이 소비되는 모양을 보면 저는 그다지 기분이 좋지 않습니다. 어디까지나 일본의 식민 지배 때문에 생긴 일인데, 일본 사람들이 고향이나 고국은 없다는 것을 그저 소비거리로 좋아하고 있는 모양이 별로 보고 싶지 않아요.

그리고 이양지는 세상을 떠나기 얼마 전에 한국 한일문학협회에서 강연했는데 강연 주제가 '나에게 있어서의 모국과 일본'이었습니다. 전두환 때 국가 단체에서 강의를 했어요.

마지막으로 더 한 가지 변화에 대해서 말씀 드리고자 합니다. 그것은 다름이 아닌 후지 산富士山에 대한 저의 감정의 변화입니다.

솔직히 말씀 드려 저에게 있어서의 후지 산은 오랫동안 복잡한 감정의 대상이었습니다. 어렸을 때는 저희 집 창문을 통해 항상 보였고, 또 학교

---

* '라쇼몽羅生門'을 비롯해 빛나는 단편들을 여럿 남긴 아쿠타카와 류노스케芥川龍之介의 이름을 딴 상으로, 일본의 대표적인 문학상이다.

에 다니는 길목이나 학교의 창가에서도 그 장엄한 모습을 뽐내면서 눈앞에 우뚝 솟아 있었습니다.

모습 자체가 갖는 품격과 움직이지도 않는 그 당당함은 한편에서는 존경과 감탄의 대상이었지만, 또 다른 한편에서는 너무나 크며 너무나 당당하기 때문에 저에게는 오히려 미움의 상징이기도 했습니다.

그렇게 고민하고 그렇게 괴로운 삶이 강요되어 있는 인간의 약하고 가냘픈 마음, 또한 동요의 진폭에 비해 후지 산은 항상 같은 자리에서 저를 비웃고 있는 것처럼 보이기도 하고, 때로는 인간의 왜소함을 멸시하고 있는 것처럼 보이기도 했습니다.

가출해서 시골의 집을 떠났을 때 그것은 저 나름대로 후지 산과의 결별이었던 것입니다.

그리고 민족에 대해 생각하기 시작한 후의 후지 산은 이번에는 끔찍한 일본 제국주의와 조국을 침략한 군국주의의 상징으로 나타나 부정하고 거부해야만 하는 대상이 되었습니다.

모국에 유학하고 난 후의 후지 산은 또 다른 양상, 더욱 복잡한 대상으로 나타났습니다. 물론 하루빨리 부정하며 청산해 버려야 하는 일본의 상징인 것은 변함이 없었지만, 모국에 와서야 알게 된 내 자신 속에 배어 있는 일본을 인식하면 할수록 부정하려고 하는 것 자체가 부자연스럽고 오히려 애착과 집착의 증명이 되는 것과 같은 심정을 느끼며 후지 산의 존재가 제 마음속에서 깊숙이 차지하고 있는 것을 느끼게 된 것입니다.

어느 날 어떤 분이 저에게 물었습니다.

"일본에서의 고향은 어디십니까?"

저는 대답했습니다.

"혹시 후지 산을 아십니까? 그 후지 산의 바로 밑에 있는 조그만 동네에서 태어났어요."

그분은 쉬지 않고 이렇게 대답했습니다.

"후지 산이요? 물론 알지요."

그때 저는 후지 산을 안다는 상대방의 말을 듣고 얼마나 반갑고 기뻤는지 모릅니다.

이러한 경험 속에서 저는 마치 은혜 깊은 사람에 대해 뒤에서 욕을 하고 있는 것과 같은 묘한 가책감을 느낄 수밖에 없었던 것입니다. 그러한 자기의 심정이나 솔직한 느낌을 조금씩 정리하기 시작한 것도 역시《유희》를 쓰고 있는 동안의 일이었다고 할 수 있습니다.

드디어《유희》를 완성하고 나서 저는 이제야 특별한 사랑도 미움도 없이 있는 그대로의 모습으로 후지 산과 마주 볼 수 있을 것이라는 자신을 갖게 되었습니다. 그것은 이제야 본국에서 태어난 인물을 통해 재일 동포의 모습을 그릴 수 있게 되었고, 이제야 본국인의 마음을 조금이라도 이해할 수 있게 되었다는 자기 발견과 시기를 같이 한 것입니다.

시골을 떠난 지 17년째가 되는 작년 봄, 저는 제가 태어나서 자라 온 동네를 찾아가서 후지 산을 보았습니다. 같은 모습 그대로, 같은 자리에 여전히 당당하게 솟아 있었습니다.

17년 만에 만나게 된 후지 산을 앞에 두면서 저는 새로운 저 자신과도 만나게 된 것을 알았습니다. 아무 동요도 없고, 아무런 감정의 기복도 없이 차분한 마음으로 후지 산과 대치하고 있고, 대치할 수 있게 된 제 자신을 확인하면서 제 자신에 대해 일종의 안도감을 느끼고 있었던 것입니다.

저에게 있어서는 이제 후지 산과의 다툼도 하나의 단계를 지나간 것 같습니다. 있는 그대로를 보는 눈과 마음으로 소박하게, 또 솔직하게 후지 산의 아름다움을 칭찬할 수 있게 되었으며 17년 만에 만난 어린 시절의 친구들과도 따뜻한 우정을 나눌 수 있게 된 것입니다.

    실로 긴 시간과 우여곡절이 필요했지만 저는 참으로 많은 것을 모국과의 만남을 통해 얻어 왔다고 생각하지 않을 수 없습니다.[*]

어떻게 생각하세요? 이 이야기의 앞부분은 서준식과 많이 비슷하지만 후반부는 전혀 다르지요. 이 산하고 있는 그대로 대면할 수 있게 되었다, 모두 여러분 덕분에 그렇게 되었다, 뭐 그런 이야긴데요. 이 사람이 《유희》라는 소설을 쓰고 여기(한국)서 유명 인사가 되고 이런 강연도 하게 되었어요. 그런데 불행하게도 요절을 했습니다. 여기서 "있는 그대로"라는 말이 나오지 않습니까? "있는 그대로"가 자연스러움이죠. 그렇죠? 후지 산을 볼 때 일제 시대의 상징 같아서 거부감을 느껴왔다, 그런데 이제야 있는 그대로 볼 수 있게 되었다는데 어떨까요?

저는 이번 봄에, 일본 사회문학회가 발간하는 학회지〈社會文學〉에 〈서울에서 《유희》를 읽는다〉라는 제목으로 논문을 하나 썼어요. 그 논문에서 《유희》를 분석하면서 많이 비판했는데, 비판하면서도 마음은 복잡했습니다. 이양지가 제 와세다 대학교 후배고요. 직접 만난 적은 없는데, 혹시 직접 만날 수 있었으면 지금 하고 있는 이야기를 했을 텐데 하는 그런 아쉬움이 많이 있어요. '우리에게 있는 그대로라는 것은, 후지 산을 봤을 때 자연스럽지 않다, 어색하다는 것이 재일 조선인에게 있는 그대로다. 우리에게 있는 그대로 다 있다는 것은 그런 거다. 그러니까 교토가 아름답다고 느끼면서도 한편으로는 우리가 받아 온 차별, 우리가 겪어 온 고난, 그리고 소외감, 그런 것도 똑같이 떠올리는 것, 그리고 그리워하면서도 그리워하면 안 되는 것, 그

---

[*] 이양지, 《돌의 소리》, 삼신각, 1992. 253쪽~257쪽 가운데.

곳 사람들 대다수가 식민지 지배에 대한 책임감이 하나도 없는 채로 지금도 계속 살고 있는 아주 어색한 장으로 느껴지는 것이야말로 우리에게 있는 그대로다. 우리에게 있는 그대로라는 것은 이양지가 《유희》에서 말하는 이런 것이 아니다.' 하는 얘기를 그 논문에 썼습니다.

이양지가 한국에 유학까지 와서 노력도 많이 하고 치열하게 살았는데 마지막에 아주 평범한 결론으로 빠진 것은 저로서는 너무 아쉽다는 것이 제 논문의 결론입니다. 여러분은 어떻게 생각하시는지 모르겠지만 제가 하는 이야기가 타당하다면 조선하고 일본 사이에서 일본이 물론 나쁘지만, 단순히 일본이 나빠서가 아니라, 고향이라는 것을 자연시하고 이것하고 나라를 결부시키고 당연시하고 있는 사람들에 대한 저항이기 때문입니다. 제가 말하고 싶은 것은, 그러니까 《유희》에 대한 저의 비판은 일본 사람들에게 하는 이야기면서, 세계 곳곳에 있는 다수자에 대한 비판이고, 대한민국 다수자에 대한 비판이기도 합니다.

이양지는 재일 조선인과 대한민국 사회 사이에 있는 갈등이라는 주제를 처음으로 다룬 작가입니다. 이양지는 한국에 유학 와서 느낀 여러 가지 갈등이나 마찰 그런 것을 주제로 삼은 첫 작가이고, 그것이 소설로는 실패했다는 것이 제 생각입니다.

김학영金鶴泳*이라는 작가도 중요한데요. 김학영은 일본 사회와 재일 조선인인 자기 아버지 사이에 있는 갈등을 다뤘습니다. 물론 조선을 상대로 하고 있는데 한국 사회를 주제로 한 것은 아닙니다. 김학영의 경우 60년대 그

---

* 자신의 실존적 상황에 대해 천착한 재일 조선인 2세 소설가. 말더듬, 민족 문제, 폭력적인 아버지, 실패한 연애 따위에 대한 이야기를 끊임없이 변주하듯 여러 작품에 담아 냈다. 1985년 마흔여섯 살의 나이로 스스로 목숨을 끊었다.

시점에는 아주 재능이 있는, 섬세한 작가였다고 생각해요. 그 시점에서 재일 조선인의 모습을 있는 그대로 잘 그려 냈다고 생각합니다. 그런데 그것이 소비되는 양상, 모습에 문제가 많습니다. 그 소설 속에 아주 폭력적인 아버지가 나오죠. 그러니까 '민족'이라는 것이 '폭력적인 아버지'라는 모습으로 상징되어 있습니다. 그런데 민족을 아버지로 상징해서 후진적으로 폭력적으로 그려 내는 것이 과연 타당할까요?

계속 이어지는 이야기인데요. 예를 들어서 박유하라는 여성 일본학자가 있습니다. 《화해를 위해서》라는 책을 냈는데, 거기 김학영이 그려 낸 재일 조선인상이 들어가 있어요. '재일 조선인 남성이 너무 폭력적이고, 민족이라는 것은 아버지이고, 우리는 그런 폭력의 틀에서 벗어나야 한다.'는 식으로 이야기합니다. 저는 그것이 잘못이라고 생각해요.

물론 재일 조선인 가정에 폭력적인 아버지도 있지요. 일본인 중에도 있고 한국에도 있습니다. 그런데 통계적인, 사회학적인 조사도 없고, 재일 조선인 가정이 일본인 가정보다 더 폭력적이었는지 실증을 못 합니다. 폭력적인 조선인이라는 이미지는 이렇게 확립되었어요. 혹시라도 폭력적이라고 가정하더라도, 여성이나 아이들은 가정 안에 갇혀 있으니까 일본 사회하고 맨날 대면해서 식민지주의의 억압을 받으며 아주 어렵게 살아야 하는 사람은 그때까지만 해도 남성들이었어요. 일본 사회에 나가 늘 조롱과 차별을 받으면서 굴욕감을 느끼고 살아온 사람들이 가정에 돌아와서 가족에게 잘 정리되지 않는 불만이나 분노를 풀려고 하는 경우도 있었겠지요. 그런 것을 생각하면 이런 폭력을 그릴 때도 조선인이니까, 라는 민족적인 특성으로 몰아갈 것이 아니라 식민지 지배라는 폭력, 일본 식민지 지배가 소수자인 조선인에게 가하는 폭력이 이런 형태로 드러나는 구도에 대한 이해가 필요하다고 생각합니다.

그런데 김학영은 소설가니까 거기까지는 하지 않았어요. 하지만 이 소설을 가지고 분석하고 해석하는 것에는 그런 시각이 있어야 하는데 없습니다. 박유하 선생에게도 없고, 재일 조선 문학을 좋아하는 일본의 문학 평론가들에게도 그런 시각이 없어요. 오히려 거꾸로 요즘은 아주 폭력적인 에너지에 찬 조선인에 대한 잘못된 동경, "아! 조선인은 힘이 있는데 우리 일본인은 그런 에너지가 없어서 부끄럽습니다." 하는데, 바로 이것이 미국의 흑인에 대한 편견하고 비슷해요. 흑인이니까 운동 능력이 있다든가, 빨리 달린다든가 그런 식으로 생각하는데, 이게 바로 차별하고 붙어 있는 겁니다. 그러니까 자기들이 폭력을 가하는 주체였는데도, 말하자면 그 결과를 소비하고만 있는 거지요. 저는 도저히 그것을 허용할 수 없다고 생각해서 항상 거기에 저항하고 있는 사람입니다.

문학 평론가 다케다 세이지竹田青嗣라는 사람이 있어요. 저보다 조금 윗세대 재일 조선인인데요. 이 사람이 아주 나쁜 역할을 하고 있습니다. 하이데거를 공부한 사람인데 변변한 직업도 없이 고생을 많이 했지요. 지금은 인기가 무척 좋아졌어요. 교수를 하고 있는데 저보다도 열 배 이상 책이 많이 나가는 사람이에요. 이 사람이 김학영을 가지고 자주 논문을 쓰는데, 이 사람은 항상 "자신이 재일 조선인이어서 잘 알지만……." 하면서 이야기를 시작해요. 그러니까 억압받는 사람의 고통을 잘 알고 있다는 거죠. 일본 사회의, 일본 사람들의 부담감을 교묘하게 덜어 주는 이야기를 합니다.

어쩌면 김학영의 《얼어붙는 입凍える口》이라는 소설을 보면 알 수 있듯이, 김학영은 차별이라는 것은 어떤 종양같은 거라고 생각해요. 재일 조선인이라는 것은 평생 해결할 수 없는 종양을 가지고 살아가는 사람들이라는 거죠. 다케다 세이지는 "재일 조선인은 자신의 종양과 어떻게 사이좋게 사귈 것인지를 생각해야 한다, 그런 것은 다른 여러 가지 장애를 가지고 태어

난 사람들이나 별 차이 없는 일이니까 일본 사람을 공격하고 비판해야 하는 문제가 아니다. 자기도 재일 조선인이고 형이상학을 하는 철학자이니까 잘 알지만……." 그렇게 이야기해요. 일본 사람들이 좋아하죠. "자신도 여러 가지 어려움을 느끼고 있는데, 일본 사람으로서 느끼는 여러 가지 어려움이나 재일 조선인이 느끼는 어려움이나 똑같지 않나. 양비론이니까 더 이상 이야기하지 말자." 그런 식이니까요. 물론 그런 측면도 있습니다. 있는데, 이것은 일본이 식민지 지배를 했고, 거의 대다수 국민들이 그것을 시인했고, 그런데 지금도 반성 안 하고, 지금도 계속 차별하고 있고, 오히려 우경화하고 있는 일본 사회의 모든 것을 무시하는 환상이죠. 한데 이런 이야기를 하는 사람들이 김학영을 많이 인용합니다.

오늘 제가 강조하는 이야기는 조선인 이야기뿐만 아니라 보편적인 근대라는 역사적인 시대에 인류가 겪은 경험 가운데 하나의 측면입니다. 우리도 겪어 왔는데, 이것이 우리만 겪어 온 것이 아니기 때문에 전체적으로 봐야지 넘어갈 방향이 보인다는 것이죠.

아도르노는 유대인이에요. 나치 시대에 미국으로 망명했고, 미국에서 많은 일을 하고, 전쟁이 끝나자 독일로 귀국해서 이른바 소위 프랑크푸르트 학파Frankfurter Schule의 중심 인물이 된 사람입니다. 온건파입니다. 별로 혁명적인 사람은 아니에요. 그런데 아도르노의 어떤 사고, 사유가 팔레스타인인 에드워드 사이드에게 큰 실마리를 던져 주었고 많이 자극이 되었습니다.

나치가 대두하기 전까지만 해도 독일에 있는 유대인들이 자기 집에서 편안하게 살았어요. 그런데 나치가 유대인들을 학살하고 추방했습니다. 아도르노는 《미니마 모랄리아Minima moralia》에서 "그런 일이 일어났는데도 너희 독일인들이 예전처럼 똑같이 집에서 편안하게 살아도 되냐? 여기가 우리 집이다, 여기가 우리 고향이다, 하면서 여기서만 편안하게 살자고 그럴 수 있냐?" 그렇게 묻지요. 남(타자)을 추방한 사람들이 거기서 편안하게 사는 것이 도덕적이냐라는 근본적인 물음입니다.

에드워드 사이드는 아버지가 미국 국적이니까 '저는 미국인입니다.'라고 해도 돼요. 그런데 사이드는 정반대로 "나는 팔레스타인인이다. 팔레스타인을 위해 싸우겠다."라고 하지 않습니까? 사이드는 말하자면 추방당한 자예요. 예루살렘에 집이 있는데 이스라엘이 점령했기 때문에 지금은 모르는 사람이 살고 있어요. 그 사이드가 아도르노에게 많이 배워서, 이제는 '이런 짓을 하고 있는 너희들이 집에서 편안하게 살 수 있냐? 우리더러 고향 상실자라고 하는데 우리 고향 상실자들이야말로 이런 시대에 어떤 중인이 아닌가?' 하는 문제 제기를 하고 있는 겁니다.

독일에서는 '하이마트^{Heimat}'라는 것이 여기 '고향'이라는 말과 비슷한데요. "너의 '하이마트'는 어디냐?"고 했을 때 "작센입니다.", "프로이센입니다."라고 아무 고민 없이 대답하는 것은, '거기서 추방당한 자들에 대해서는 다 잊어버렸는가? 남을 추방해 놓고 다 잊어버리고 사는 것 아닌가? 거기에 새로 건너온 터키인, 아랍인, 아프리카인을 무시하고 있는 것 아닌가?' 하는 겁니다. "피부색이 하얗고 독일 말로 이야기하고 소시지를 좋아하고 무엇보다 맥주를 좋아하는 우리야말로 하이마트 사람이라고 너무 가볍게 이야기하면 안 되는 시대다."라고 아도르노가 이야기하고 있는 거예요.

이런 실마리로부터 저는 재일 조선인으로서 저 자신의 체험이 시대적인 보편성을 지니고 있다는 것을 많이 배우게 되었고 알게 되었습니다.

5 _ 생명이 선이고 죽음이 악이다?

　제가 죽음을 어떤 식으로 생각하고 있는지, 죽음이라는 개념에 대해서 어떻게 해명하고 있는 사람인지 이때까지 쓴 책에서 여러 번 얘기했습니다만, 특히 《디아스포라 기행》의 '죽음을 생각하는 날'이라는 장에 잘 나와 있습니다. 런던London 어느 호텔에서 죽음을 생각했다는 얘기가 있지요.

　전에 〈프레시안〉의 제의로 김상봉 교수와 처음 대담했을 때 이 부분을 두고 김 교수가 "마음이 많이 아팠다."라고 그렇게 말씀하셨어요. 저는 그게 무척 당혹스러웠습니다. 인간의 삶, 인간의 생명에 대한 어떤 근본적이고 근원적인 긍정, 인간이 사는 것이 좋은 일이고 선이고 그리고 살아야만 하고 그런 전제가 없다면, "많이 마음 아팠다."는 얘기를 하기가 어려울 거라고 생각해요.

　저는 인간의 삶, 인간의 생명, 그 존재부터 의심스럽게 다시 보고 있는 사람이고, 다시 보는 것이 그다지 나쁜 일도 악도 아니라고 그렇게 생각합니다. 오히려 이런 식으로 생각하면서 저라는 사람 개인의 인격, 인간으로서의 독립, 정신적인 독립에 대한 어느 정도 자신이라고 할까, 사고의 윤곽이 더 또렷해지기 시작했다고 여깁니다. '인간은 절대로 죽으면 안 된다. 특히나 자살 같은 것은 말도 안 되는 일이다. 그런 식으로 자살의 유혹에 빠져서 죽음을 생각하고 있는 사람은 필사적으로 결사적으로 막아야 한다.' 이렇게 생각하지는 않습니다. 제 자신에게도 그렇게 허용했을 때 그러니까 내가 죽거나 살거나 그것은 나 자신의 결정이라고 허용했을 때, 이 세상에 살고 있는 것에 대한 뭐라고 할까, 안정된 어떤 경지라고 할까요, 그런 걸 얻었다고 느낍니다.

그래서 그것을 연민이라고만 하면 안 되겠지만, '불쌍하다. 마음 아프다. 아무래도 역시 디아스포라니까 죽음에 경사되어 있다.'고 보시는 것은 감히 얘기하자면 '사람이 살아야만 한다. 죽으면 안 된다. 생명이 선이고 죽음은 악이다.'는 기존 관념 때문이 아닐까 생각합니다. 여기 대한민국 여러분 모두가 그렇지는 않겠지만 뭔가에 또 저보다 정신적으로 훨씬 더 갇혀 있기 때문이 아닌가 싶기도 하고요. 너무 도발적인 발언이어서 김상봉 선생님께 직접 말씀 드리면 뭐 책 한 권 될 정도로 논쟁이 될 것 같은데, 저는 그렇게 생각합니다.

개인=가족=국가라는 위험한 등식

사람들이 저마다 여러 가지 이유로 자살을 생각하기도 하는데, 어떤 경우는 가족에 대한 책임감 때문에 자살을 안 하기도 합니다. 또는 이 세상 모든 문제들, 부조리, 부정의, 억압에 저항해 같이 운동하고 싸웠던 동료나 선후배나 친구나 그런 사람들의 죽음에 대해 어떤 인간적인 책임감과 죄책감을 느끼면서 그런 것 때문에 살아야 한다, 남은 사람으로서 책임을 가지고 살아야 한다, 이렇게 얘기하는 사람들도 있습니다.

　이 두 개의 공통점은 뭔가 자신을 위해서도 아니겠고 타자와의 관계 때문에 살아야 한다는 거지요? 타자하고 맺은 관계가 있기 때문에, 이 타자에 대한 책임 때문에 나는 살아야 한다, 그런 거지요. 자신이 사는 이유를 타자하고 맺은 관계 속에서 찾고 있습니다. 그런데 이 두 가지가 또 달라요. 가족에 대한 책임감하고, 같이 싸운 동료, 동지에 대한 책임감 이것도 다르지요. 이런 식으로 하나하나 따지고 잘 좀 나누고 정리하고 생각해 보는 것, 그것이 지금 제가 시도하려고 하는 겁니다.

　개인하고 가족, 가족하고 민족, 민족하고 국가, 국가하고 세계, 이런 걸 다 등식으로 보는 가치관이 있지 않습니까? 개인이 사는 이유가 가족 때문이라고 하는데요. 가족이라는 것은 어떤 유전자를 계승하는, 잇는 사회적인 제도입니다. 가족은 어떤 한 가족이 김金가면 김가의 유전자를 이으려는 목적을 공유하는 하나의 단위이고, 이 단위가 없어지면 안 된다는, 어떤 연속성의 단위로 자신을 생각하는 그러니까 자신의 개인적인 판단으로 이것을 끊어 버릴 수는 없다는 사고방식이지요. 쉽게 말하면 이 개인은 왜 존재하나 하면 가족 때문이라는 거지요.

　가족하고 민족은 또 다르지요. 다른데, 보통 무의식적으로 무자각적으로 "우리 한인韓人", "우리 한국" 이런 얘길 하고, 특히나 유전자 얘기가 나오면 같은 핏줄 같은 혈통이라는 뜻에서 '우리'라는 말을 씁니다. 그리고 사람들이 멋대로 자살하거나 아기를 안 낳거나 하면 '우리'가 없어지니까 어떻게 하자, 그런 얘기를 하지요. "그런 식으로 멋대로 살면 우리 한인, 한민족이 이 세상에서 없어지는데 어떻게 하냐? 너무나 무책임한 거 아닌가?" 그렇게 얘기하지 않나요? 우리 한민족의 국가 대한민국, 그러니까 이 등식이 정말 맞는지 하나하나 따지지 않으면 '개인은 국가다.' 이런 등식이 성립한다는 거죠. 그렇죠? '개인이 태어난 이유도, 개인이 죽는 이유도, 삶의 보람도 국가다.' 이렇게 될 수 있고, 되어 왔습니다.

"이탈리아를 위해서 죽은 사람은 불사不死다. 죽지 않는다."라는 이탈리아 파시스트들의 구호가 있었고, 또 일본 제국주의는 일본 천황제가 2천6백 년 동안 만세일계万世一系로 이어진다고 하고……. 그 하나의, 그 역사의 연속성을 위해서 죽는 것이 오히려 영생을 얻기 위한 길이다, 그런 식으로 죽으면 불사다, 죽지 않는다, 이렇게 얘기했지 않습니까? 이런 등식입니다.

당연하다 싶은 것도 다시 한번 의심하고 또 의심해 봐야 합니다. 제가 얘기하고 싶은 것은 이거예요. 가족이 있기 때문에 죽을 수 없다? 그런데 그 가족을 누가 만들었습니까? 가족 없이 살 수도 있고 그렇게 살고 있는 사람들도 있지 않나요? 자신이 원인을 만들면서 이 원인 때문에 죽을 수 없다 하는 것이 말이 될까요?

저한테도 요즘 어려운 문제인데 한번 생각해 봅시다. 조금 다른 얘기처럼 들릴 수 있겠지만 나치가 동성애자를 강제수용소에서 학살했지요? 왜 동성애자를 학살했을까요? 그 이유가 뭘까요? 동성애는 안 된다, 동성애는 절대로 허용할 수 없다고 나치가 생각한 까닭이 무엇인가요? 우리는 어떤 윤리적인, 도덕적인 그런 걸 상상하지요. 그렇지요? 물론 표면상은 그런데, 진짜 이유가 '번식'이에요. 동성애자끼리는 아이를 안 낳지요.

왜 나치 얘기가 필요하냐 하면 나치는 유전자 그러니까 인종주의적인 국가주의를 내세워요. 중세에는 그런 움직임이 없었는데 근대 국민국가 체제로 들어가면서 독일이 프랑스나 영국이나 그런 다른 제국주의 국가들하고 견제 상태에 들어가지요? 그럴 때 사회적인 진화론이 등장합니다. '하나의 국가는 하나의 유전자를 나눈 하나의 민족, 인종으로만 구성되고, 이 인종이 많아지고 커지고 강해지면, 이 경쟁에서 이겨 낼 수 있다. 그러니까 게르만 민족, 아리아인으로 구성되어 있는 독일이라는 나라가 이 지구상에서 다른 나라하고 치열한 경쟁에서 이기려면 순수한 혈통을 지키는 아리아인이 늘어나야 한다.'는 그런 사상이지요.

이 사람들한테는 개인의 유전자, 가족, 국가 이런 것이 전부 다 등식이에요. 그러니까 국가가 소위 순수 아리아인 여성에게 '아이를 많이 낳으면 낳을수록 좋은 여성이다.' 이러면서, 상도 주고 보조금도 주고 했어요. 그런데 나치의 그런 인종주의적인 관념에 방해가 되는 것이 뭐냐 하면, 내부의 하자, 오염이라고 할까요? 유대인하고 결혼을 하면 아리아인의 인종적인 우수성이 상하게 된다, 그런 거지요. 그러니까 지금으로서는 믿을 수가 없는 그런 사상이 국가의 원리가 되고 법이 되고 뉘렌베르크 법으로 이런 것까지 규정했어요. 아리아인하고 유대인은 당연히 결혼하면 안 되지요. 나치가 볼 땐 당연하고요. 또 보통 아리아인 가정에 뭐라고 할까 식모, 집안일 해 주는 여성을 쓰지 않습니까? 유대인 여성을 고용할 때도 나이가 마흔 살 이하는 안 된다고 했어요. 성적 능력이 아직도 남아 있으니까, 거기서 유전자가 오염된 아이가 태어날 수 있으니까.

나치라는 사람들 사고방식이 이런 식으로 너무 성적이고 너무 생리적이고 그러니까, 아리아 인종인 사람이 늘어야 하는데 거기서 남자끼리 여자끼리 결합 목적으로 성경험을 하면 번식과 상관없는 나쁜 도덕, 나쁜 유행이 늘어나니까 안 된다 그거지요. 아주 일관된 시각, 아주 일관된 이유로 유대인이나 동성애자를 억압했고 말살했고 탄압했습니다.

역사적으로 동성애는 계속 탄압받아 왔다고 오해하기 쉬운데요. 고대에는 그렇지 않았어요. 고대 그리스 같은 경우는 동성애가 일반화되어 있었습니다. 보통 사람 동성애도 많이 있었어요. 그러나 중세에 들어가면서 서양 그리스도교 문화에서 동성애가 금기시되었어요. 신의 가르침에 위반된다는 건데, 그 이유가 바로 '번식'입니다. 남자끼리, 여자끼리 사귀면 아이가 안 나온다는 거죠. 인간의 성행위는 쾌락을 목적으로 있는 것이 아니라 번식이 목적이다, 번식이 목적이니까 정당화되었습니다. 동성애는 '인간의 본성에 위반되는 일로 허용할 수 없는 것이다.'라는데 과연 그럴까요? 동성애는 소수자였지만 역사적으로 있어 왔어요. 또 따지면 우리 내부에도 그런 경향이 없다고 할 수 있을까요? 우리는 남녀가 가족이라는 단위를 만들고 아이를 낳고 번식하는 것이야말로 인간으로서 올바른 길이라는 어떤 교육이나 사회·문화적인 기존 관념의 틀 안에서 살고 있는데, 과연 그럴까요?

아까 얘기한 《디아스포라 기행》에 나오는 죽음 얘기에 대해서 여러 서평이 나왔는데, 그중 서동진 선생의 서평*이 저를 제일 잘 이해해 주셨다는 걸 느꼈어요. '원래 서경식이라는 놈은 사치스럽게 한가로이 서양이나 다니는 사람인 줄 알았는데 이 부분을 봤을 때 아, 좀 납득이 된다. 공감할 수 있는 사람이다.' 이렇게 느꼈다고 해요. 그리고 서동진 선생 글을 보면 어느 순간 갑작스럽게 죽어 버린 사람들 중에 위선적인 소수자가 많대요, 여기 한국에도. 그래서 재일 조선인들이 자살율이 높다는 거, 또 바깥 사회에서는 아주 활발하고 재미있게 농담도 하면서 어느 날 당돌하게 자살해 버리는 사람들 이야기에 공감이 많이 간다고 해요. 아, 저는 '이런 사람도 있었구나.'라는 느낌이 들었습니다. 그것이 아까 얘기했듯이 인간은 당연히 살아야 하고 당연히 결혼도 해야 하고 아이도 낳아야 하는 것이 전제되어 있는 사람하고, 그 전제부터 다시 생각해야 하는, 그 전제부터 의심스럽게 보고 있는, 의심스럽게 느낄 수밖에 없는 사람의 차이라고 볼 수 있지요.

---

* 〈소수자의 마음' 그런 것〉 – 서동진 블로그 '몽상의 殿堂' 중에서 ;
http://www.homopop.org/log/index.php?pl=189

김상봉 교수가 가슴 아프다 하면서 저를 연민스럽게 여기셨는데 그게 아니라 오히려 그 중심 부분이라고 할까요? 결혼이나 성이나 죽음이나 삶에 대해서, 이때까지 존재해 온 어떤 틀 안에서 아직까지 생각하고 계시는구나 하는 걸 제가 느꼈습니다.

그런데 이런 사고방식이 우리하고 무관할까요? 우리는 그런 사고방식에서 완전히 해방되어 지금 살고 있을까요? 한인이라는 유전자가 있고, 한인이라는 유전자는 어떤 한 가족, 가문으로 계승되어 왔고, 이것의 중심적인 역할을 맡은 사람들은 남자이고, 여자는 아이를 낳는 것이 중요한 존재 이유이자 의무이고, 그것이 삶의 목적이 되어 왔어요. 그렇게 하지 않으면 대한민국이 강대국가가 될 수 없다는 생각들이 많죠. 이렇게 되면 전부 다 같은 도식이 됩니다. 그러면 이 나라 이 사회에 사는 성적 소수자는 소외감을 느낄 거고, 저 같은 디아스포라나 외국인들도 당연히 소외감을 느끼겠지요. 그렇지요? 그래서 서동진 선생이 아마도 그런 이유 때문에 공감을 하셨을 거예요.

신의 의지로 살아온 중세인

자, 그러면 왜 죽는가? 죽기는 쉬운가? 그리고 살기가 어려운데 왜 죽기가 어려운가? 그 이유가 뭘까요? 자, 어렵네요. 인간 모두에게 있다고 할 순 없지만 인간 대부분은 생리적으로 살고 싶다는 본능이 아마도 있겠죠. 과학적으로 증명됐다고 할 순 없어요. 그런데 있다고들 하죠. 그런데 인간의 본성과 본능이니까 사는 것이 선이라고 할 수 있을까요? 인간의 본능, 본성이라는 말로 설명이 될까요? 자, 그것도 어려운 문제네요. 그러면 인간에게는 나쁜 본성, 나쁜 본능도 있지요. 타자를 공격하고 싶은 본성, 타자를 지배하고 싶은 본성, 본능도 있습니다. 타자를 절멸시키고 자기만 좋게 살고 싶은 그런 본능도 있지요. 그러니까 인간이 살고 싶은 것이 인간의 본능이다, 이걸 따지고 들면서 무슨 말을 하더라도 소용없다, 이렇게 해 버리면 우리가 이 문제를 두고 고민할 이유도 없다는 거지요. 자, 어떻게 할까요?

인간의 본성, 인간의 본능이 여러 개가 있다고 합시다. 우리가 어떤 것을 긍정하고 어떤 것을 부정하려고 할 때 어떤 기준이, 척도가 필요하지요. 이건 허용하고 이건 부정하고, 이걸 극복해 내려고 하고 이것을 또 키우려고 하는 그런……. 굳이 얘기하면 윤리적인, 도덕적인 기준이 필요하다고 볼 수 있습니다. 기준이 필요한데 어떤 기준일까요? 그 기준은 어디서 나올까요? 누가 세울까요? 이런 게 우리 눈앞에 있는 문제라는 겁니다.

역사적으로 보면 옛날에는 신이, 조물주가 전부 다 정해 줬습니다. 저는 신앙이 없는 사람이니까 조물주라는 것이 실제로 있는 것이 아니라, 인간이 그런 것을 발명하고 인간이 그런 것을 정하고 조물주가 있어야지 우리가 있다, 이런 식으로 어렵게 자신의 존재를 설명해 왔다고 봅니다.

'I was born.'이라고 하지요. 왜 태어났을까? 내가 이 세상에 왜 나왔을까? 아무도 설명 못 해요. 그런데 쉽게 말하면 부모의 본능 때문입니다. 부모의 본능, 솔직히 얘기하면 부모의 욕망 때문이지요. 물론 도덕적으로 나쁜 일이 아닙니다. 남자가 여자, 여자가 남자를 이성으로 좋아하고 성행위를 하고 아기 낳는 것은 부정적으로 볼 필요가 없어요. 하지만 그것 때문이다 하면 그 결과가 너무나 무겁지요. 그래도 부모의 본성, 부모의 본능, 인간의 욕망 때문에 우리가 이 세상에 나왔다, 저는 이것이 사실이라고 봐요.

아버지하고 어머니가 서로 원해서, 서로라기보다 그때는 여성이 억압받는 존재였지요. 여성에게는 자기 선택권이 없으니까, 싫더라도 거절하기가 어려웠을 겁니다. 그런데 그런 억압의 결과로 내가 이 세상에 나왔다, 그것을 우리가 바로 봐야 한다는 것입니다. 마주 보기가 어려운 일이긴 하지만 미화하면 안 된다, 미사여구로 덮으면 안 된다는 거지요. 그렇다면 이것은 부조리지요? 자기 뜻도 아니고, 누군가의 선택권을 억압하기까지 하면서 이 세상에 나왔는데 그래도 이 세상에서 살고 싶습니까? 본능으로 살고 싶습니까? 그렇게 살아 있어서 그렇게 즐겁고 그렇게 행복합니까? 너무 비극적으로 얘기하는 게 아닌가 싶겠지만, 정직하게 보면 그렇게 태어나서, 살아서 너무 좋았다, 행복하다 하는 사람이 그렇게 많지는 않은 것 같습니다. 어떻게 보면 바보 같은 사람밖에 그런 생각 안 하는 것 같아요, 제가 볼 때는.

더 극단적으로 얘기하면 아프리카에서 지금 굶어 죽어 가는 사람들에게 "태어나서 좋았다. 행복했다. 그래도 감사해라." 말할 수 있을까요? 이라크나 파키스탄에서 전쟁 때문에 죽어 가는 사람들에게 "그래도 너는 이 세상에 태어난 것을 어떤 신이나 조물주에게, 아니면 부모님에게 감사해라." 이렇게 할 수 있을까요?

또 중세에, 12세기~13세기에, 서양의 백성들은 얼마나 살기 어려웠을까요? 지금 아프리카 같은 데 얘기했는데 그거 못지않게 어려웠을 거예요. 물론 중세 유럽뿐만 아니라 아시아도 그렇지요. 그럴 때 사람들은 왜 우리는 이 세상에 태어나고 살아가야만 하는가 했겠지요? 사람들은 이런 문제들일수록 답을 내기 어려우니까 자신이 태어난 이유를 자신 외부의 초월자에게 맡기려고 합니다. 그렇죠? 그러니까 그게 신의 의지다, 그런 식으로 설명했습니다. 인간이 인간 내부에서 그런 구조를 만들었지요. 자신이 살아가는 이유를 부여하기 위해서 인간이 발명하고 인간이 만들어 낸 것이 초월자 '신'이라는 구조입니다.

제 형 둘이 1971년부터 한국의 감옥에 갇혀 있었어요. 그중에 한 사람은 자살을 시도해서 온몸에 화상을 입었는데, 어머니가 그때 옥바라지 다니시면서 "살아라! 살아라!" 하셨고, 살아났지요. 그런데 왜 "살아라!" 하셨을까? 왜 살아야만 했을까? 그때 죽었으면 왜 안 됐을까? 그 형은 19년 감옥살이 살다 나와서 지금 아주 즐겁게 지냅니다. 어제도 여기 저희 집에 왔다가 일본으로 돌아갔는데요. 왜 그때 그 순간에 죽었으면 안 됐을까, 저는 항상 그 생각을 했어요.

그리고 둘째 형 서준식도 1974년 전향을 강요하는 참혹한 고문 때문에 유리로 손목을 긋는 자살을 시도했고, 자살에 실패했기 때문에 살아남았지요. 그리고 그 마지막 단계로 50일 넘는 단식투쟁도 했습니다. 그런데 살았어요. 왜 살았을까? 왜 살아야만 했을까? 왜 죽었으면 안 됐을까? 여기에 답이 있을까요? 모르겠어요. 물론 본인들은 살고 싶었겠지요. 그것이 물론 하나의 근거인데, 본인이 아닌 제가 형 둘에게 살아야만 한다, 살아라, 할 수 있는 이유가 뭔지……. 그러다가 어머니가 1980년에 암으로 돌아가시고 3년 뒤 아버지도 돌아가시고 해서, 제가 유럽 여행을 떠났습니다.

이 그림,《나의 서양미술 순례》에 나오지요? 이것은 1983년에 제가 스트라스부르, 프랑스인데 알자스 지방이죠. 알자스 지방이 프랑스라 하더라도 프랑스 땅이 된 지

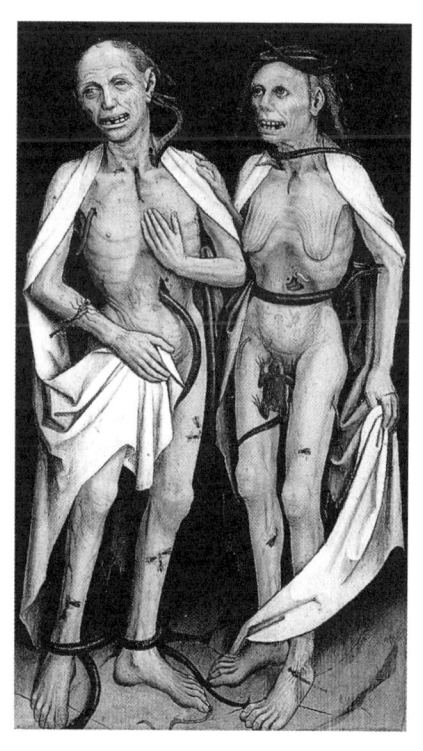

작가 미상, '죽은 연인들'

얼마 안 돼요. 그전에는 독일이었고, 또 그전에는 프랑스였고, 왔다 갔다 하던 변경 지역인데, 그 스트라스부르 성당에 있던 이 그림을 제가 1983년에 보았습니다.

　이것은 15세기 그림입니다. 중세에 유럽 사람들이 왜 이런 그림을 그려서 성당에다가 바치고 했는가, 이 그림을 보면서 이런저런 생각을 많이 했습니다. 공부도 해 봤지요. 결론부터 간단히 얘기하자면, 이것이 오히려 영생, 오래 살고 싶다는 인간의 욕망, 어떤 바람을 표현한 것이라고 할 수 있습니다. 그러니까 '모든 인간은 죽는다. 죽음 앞에서는 모든 인간은 평등하다.'라는 것인데, 물론 이것을 어떻게 피할 수 없을까 항상 고민하지요. 그런데 지금 한창 부유하고 권세 있는 귀족들도 죽으면 이렇게 된다, 내세에는 이렇게 된다는 거예요. '메멘토 모리memento mori 죽음을 기억하라', 인간은 죽음을 피할 수 없다, 반드시 죽는 존재가 인간이라는 것을 알아야 한다, 그것을 기억하라는 것이 이 그림이 그려진 까닭입니다. 신앙이 있는 분에게는 조금 실례가 될지 모르지만 말하자면 이거 불지옥에 간다는 거지요. "살아 있는 동안 겸손한 마음으로 살지 않으면 죽고 나서 이렇게 된다. 그러니까 헌금해라. 부지런히 신앙생활을 해라." 그런 식으로 교회가 백성들에게 가르치는 거지요. 그때 백성들은 글자를 못 읽으니까, 또 TV도 없고 영화도 없는 그런 시대니까 성당에 가서 이런 그림이 있으면 엄청 큰 영향을 받았습니다. 뭐, 무섭고 하니까요. 당시 사람들은 실제로 내세가 있는 걸로 믿고 그렇게 살아왔지요. 인간은 하여튼 본능상 살고 싶은 존재인데, 살기 어려울 때는 사는 이유를 외부나 초월자한테서 찾으려고 하는 존재라는 것을 그때 제가 많이 깨달았다고 할까, 그렇게 생각하기 시작했습니다.

　그럴 때 "너무 허무주의적이다. 너무 무책임하다." 그렇게 얘기하는 사람도 있어요. "네 인생은 너 혼자 사는 것이 아니다. 너는 너 혼자 있는 것이 아니다. 너의 생명 너의 삶은 네 것이 아니다." 이런 얘길 하지요. 그런데 저는 그것이 허무주의가 아니라고 생각해요. '내 삶은 내 거다!' 그렇게 생각하는 순간부터 자기 의도와 상관없이 이 세상에 태어났더라도 이 생명이 자기 것이 된다고 생각합니다. 이 생명의 주권자가 자신이 된다는 거지요. 그것이 아니면 저 자신이라는 사람의 인생의 주권을 마지막까지 얻을 수 없습니다. 주권자가 자신이 아니라면 항상 신이나 국가, 아니면 가족이 나를 대신해 멋대로 주권자가 되어 버리는 거지요. 그런 심정이라고 할까, 그런 사고방식이 저한테는 그다지 특별한 것이 아닙니다.

착취를 위해 자살을 금지한 산업사회

다들 아시다시피 프랑스혁명 이후 정치와 종교가 분리되지요. 그때까지는 아시아도 왕이 신의 대리자였습니다. '초월적 신의 대리자인 왕' 그 왕이 통치하는 국가였기 때문에, 진짜 주권자는 신인데 신은 안 보이니까 대리인인 왕이 주권자지요. 왕의 지배 아래 인권이나 존엄성이나 그런 것이 백성들에게 주어지는 그런 구조죠. 그러니까 사는 이유도, 죽으면 안 되는 이유도, 전부 다 자신이 생각하고 정하는 게 아니라 위에서 신이 왕을 거쳐서 우리에게 내리는 것, 이것이 그때까지의 사고방식이었습니다. 그런데 정치와 종교가 분리되면 국가는 신의 대리인이 아니라 국민의 대리인이 됩니다. 관계가 순식간에 역전되죠? 그때까지는 신의 대리인이었는데, 이제부터 우리 모두를 대리하는 국가가 됩니다. 삶이나 죽음에 대한 우리의 생각까지 국가가 대리하는 거지요. 자, 보세요.

마르크스주의가 말하는 '노동의 재생산'도 백성들이 전부 다 죽고 없어지면 안 되죠. 인간이 일을 하게 하려면 일단 살아야 하니까 부유층이나 권력자는 인간이 살고자 하는 욕망을 어느 정도 보장해 줍니다. 하지만 삶과 죽음에 대한 주권, 결정권은 안 주지요. 자살 같은 건, 자기 멋대로 죽는 건 신의 뜻을 거스르는 거라고 하지 않습니까? 아무리 괴롭고 삶에 보람이 없더라도 그냥 살라는 거지요.

'I was born.'이라고 할 때, 누군가의 의도로 우리가 태어났다, 자기 스스로의 의도가 아니었다는 거죠. 그럴 때 저는 돼지 같은 가축을 생각합니다. 가축은 인간의 의도로 태어나지요. 무엇 때문일까? 먹기 위해서예요. 그렇다면 돼지에게 삶의 보람이 뭐가 있을까요? 그저 인간이 돼지를 먹기 위해서 번식하게 하는 거예요. 그럼 돼지가 자살하면 안 되지요. 돼지가 사는 보람이 없다고 해서 자살하면 안 된다는 겁니다. 돼지가 동성애를 하면 안 된다는 거지요. (청중 웃음) 이거 웃기는 얘기가 아니라 진짜예요. 그럼 우리하고 돼지가 다른가? 우리는 돼지가 아닌가? 지금 여기서 우리가 깊이 생각해야 하는 것이 이것이에요.

여러분, 조지 오웰George Orwell이라는 소설가 아시죠? 이 사람이 쓴 《동물농장Animal Farm》이라는 소설이 있습니다. 동물들이 저마다 이런저런 고민을 하면서 살아가는데, 거기 왕이 돼지예요. 동물들은 인간한테 계속 억압받아 왔기 때문에 돼지를 중심으로 힘을 모아서 다른 세상을 만들어 보려고 하지요. 그런데 그 과정에서 아주 폐쇄적인 전체주의 체제를 만들어 내는 그런 얘기입니다. 돼지와 그 주변 몇몇 동물들만 특권을 누리게 되지요. 스탈린 체제에 대한 풍자인데 제가 볼 때는 아주 무서울 정도로 설득력이 있는 얘기입니다.

만약 돼지가 우리 인간처럼 이성이나 언어가 있다면 자신이 사는 이유를 어떻게 생각할지 궁금하지 않으세요? 내가 인간의 의도로 태어났는데, 그 목적이 인간들 자신이 먹기 위해서다······. 그러면 우리는 돼지가 아니라고 할 수 있을까요? 인간 대부분을 백성으로, 노동자로, 노예로 재생산시켜야 한다는 것은 돼지를 사육하는 것하고 다름이 없지 않나요? 아프리카에서 아메리카로 사람을 보내고 노예노동을 시킬 때도 재생산이라는 사고방식이 있었습니다. 유럽도 오랫동안 노예제도가 있었어요. 사람이 사람 대접을 못 받았지요. 노예가 최소한의 생명만 유지하면서 일을 할 수 있는 정도로 대우해야 한다, 그리고 재생산은 아이를 낳는 정도로 하고 나머지는 전부 다 착취한다, 그런 거지요. 이 '노동의 재생산'이라는 개념은 엥겔스^{Friedrich Engels}와 마르크스의 얘기에도 나옵니다. 산업혁명 때 영국 노동자들의 생활을 살펴보면, 최소한의 재생산만 유지하는 그런 수준입니다. 나머지는 자본의 이윤을 위해 살아가지요.

'인간은 살아야만 한다. 자살하면 안 된다. 아기를 낳아야 한다.'는 그런 사고가 어떻게 보면, 인간을 영영 착취하려고 하는 어떤 이데올로기적인 역할을 할 수도 있고 해 왔다고 볼 수도 있다는 거죠. 그래서 국가권력은 자살을 금기시하고 죽음에 대한 사상을 금기시해요. 그러니까 허무주의나 아니면 이 현세가 너무나 고통스러우니까 집단으로 자살을 하자 하는 신흥종교 같은 그런 종교 운동이 때때로 나옵니다. 일본이 특히 그렇지요. 에도 시대 말기라든가 메이지 시대 초기라든가 그럴 때 이런 움직임이 있었는데, 국가는 무척 참혹하게 탄압합니다. 그런 사상이야말로 가장 위태로운 거예요, 국가가 볼 때는.

그렇게 생각하면 인간이 태어나서 살고 죽어 가는 그런 과정 자체를 국가가 지배하고 있다, 통제하고 있다고 볼 수 있습니다. 국가가 통제하고 있는데도, 우리가 우리 것인 줄 오해하고 있고 잘못 이해하고 있는 건 아닌가 하는 거지요. "우리 같이 죽읍시다." 이런 얘기가 아니에요. 죽음에 대해서 우리가 우리 자신의 결단, 우리 자신의 독립적인 정신으로 볼 수 없는 한 우리는 국가나 권력의 노예일 수밖에 없다, 이런 거지요.

한국과 일본의 현실 – 그래도 희망이 있다?

일본에서는 한편에는 젊은 세대들, 중학생들이 연탄가스로 집단으로 죽어 가는 경향이 있고요. 한편에는 제이팝Japanese pop 일본 대중가요 같은 걸 들어 보면 아주 단순하게 삶을 긍정하는 내용이 많습니다. 그래도 살아서 좋았다든가, 그래도 항상 너의 곁에 내가 있다든가, 뭐 살아가면 언젠가 좋은 일이 있다든가 그런 가사를 되풀이해서 불러요. 아주 뭐라고 할까, 얄팍한……. 그래도 그런 메시지를 일본 사람들은 원하고 있고 또 누군가에게 요구하고 있는 거지요. 누군가에게 너는 살아야 한다, 살 수 있다는 메시지를 주고 싶어 하는 거지요.

일본은 다른 의미로 아주 종교적인 나라인데, 어떻게 보면 서양이나 한국 같은 종교는 잘 보이지 않는 나라니까 그런 현상이 있는 게 아닌가 싶어요. 그런데 사람들이 그런 어떤 현실적인 증상을 보이는 이유가 나름대로 잘 이해가 가는데요. 일본 같은 경우는 너무 오래 불황이 계속돼 왔습니다. 이미 대졸자 가운데 한 6백만 명이나 되는 백수가 있습니다. 이 사람들이 굶어죽지 않는 이유는 부모나 조부모 세대의 저축이 있기 때문이에요. 대개 부모 집에 얹혀서 돈 좀 타 쓰면서 아르바이트나 하며 살지요. 거기에 무슨 삶의 보람이 있겠어요? 그런데 부모 세대가 여기하고 다르기는 하지만 좀 뭐라고 할까, 자기 책임도 못 지는 사람처럼 보이지요. 하여튼 일본의 젊은 세대들은 지금 인간의 존엄성조차 많이 훼손되어 있는 상황입니다. 그런데 자신에게 그 사회를 개혁하고 사회적으로 이 문제를 해결하기 위한 대안이 없는 상황이니까 그럼 더 이상 살아도 그다지 좋은 일이 없겠다 해서 죽어 가는 거지요. 그런데 그렇게들 죽어 가니까, 이데올로기적으로 그래도 희망이 있다 하는 그런 제이팝이 유행하고, 유행시키는 사람도 있고, 그걸 받아들이는 사람들도 있고 그래요.

지금 일본 젊은 사람들이 이렇게 나약하고 얌전하고 또 개성이 강하지도 않고 하니까 그렇게까지 걱정할 필요가 없다고 제 친구나 동료들이 얘기합니다. 하지만 저는 안 그렇다고 봐요. 어느 순간 이 사람들에게 네가 사는 이유가 국가다, 네 삶의 보람이 국가에 있다고 이야기를 하면 어떻게 될까요? 말하자면 인간에게서 삶의 보람을 먼저 빼앗아 놓고 그 다음에 어떤 보람을 주면 어떻게 될까 하는 거지요. 그런 현상이 벌써 보이기 시작해요.

한때 이시하라 신타로石原慎太郎가 이런 얘기를 했습니다. 중국이라는 나라가 이렇게 지금 경제적으로 성장했는데, 일본이 볼 때는 이때까지 아시아에 없었던 아주 커다란 경쟁 상대가 대두하고 있죠. 거기에 위협을 느껴요. 그런데 요사이 중국 사람들이 일본에 많이 건너옵니다, 외국인 노동자로. 재일 외국인 중에 가장 많은 사람들이 아직은 재일 조선인인데 이것이 일제 때 유산이지요. 새로 오는 사람들 중에는 중국 사람이 제일 많습니다. 그런 현실을 두고 이시하라 신타로가 "중국 사람들은 원래 일본 사람은 절대로 안 하는 어떤 참혹한 범죄도 흔히 저지를 수 있는 사람들이다. 그러니까 이런 범죄 유전자가 있는 중국 사람들이 일본 땅에 들어오지 않도록 막아야 한다."는 얘기를 아무렇지 않게 합니다. 그런데 이 얘기를 아무도 비판을 안 해요, 재일 조선인 몇 사람 말고는. '아, 이시하라가 별로 그렇게 대단한 사람이 아니니까……' 하면서 그냥 방치했습니다. 그런데 이 사람이 그런 발언을 하면서 70%나 되는 지지를 얻어서 도쿄 도지사가 됐지요. 그런 건 늙고 고루한 정치인이나 하는 얘기고, 젊은 사람들은 별로 관심이 없다는 것이 이때까지 사람들이 해 온 얘기인데 그거 아닙니다.

지난 2007년인가요? 나이 서른 넘은, 지금이야 뭐 아주 젊다고 할 수도 없는 아카기 토모히로赤木智弘라는 사람이 전쟁 갈망론이라고 할 수 있는 《젊은이를 죽게 내버려 두는 나라若者を見殺しにする国》라는 책을 냈습니다. "자신은

대학 졸업하고 10년 넘게 이렇게 백수로 지내 왔다. 인간적인 존엄조차 이렇게 훼손되어 왔다. 그런데 기성세대, 나이 쉰 넘은 일본 주류인 너희들은 더 노력하라든가 우리는 해 왔다든가 하는 쓸데없고 공허한 얘기만 한다. 우리는 삶의 보람이 하나도 없는 상태다. 인간의 존엄성만 지킬 수 있다면, 발휘할 수 있다면 전쟁도 환영한다." 이런 얘기를 했어요. 전쟁이야말로 변동의 기회다, 전쟁이 나면 우리 같은 젊은이도 인간 취급을 받을 수 있다, 그런 얘긴데 뭐 그렇다고 할 수 있죠. 군이라는 것이 그렇죠. 군이 변동 사회는 아니지만 그래도 위계제인데 부자도 가난한 자도 얼마쯤은 어떤 변동성을 얻을 수 있지요. 이런 얘기를 하는 책이 버젓이 나왔고 일본에서 어느 정도 논쟁이 됐어요.

논쟁이 됐다는 것도 문제지만 이 사람에게 일본에 사는 저 같은 세대의, 그래도 진보적인 사람들이 "아니, 그래도 살아야 한다. 살면 보람이 있다."는 얘기밖에 안 한다는 게 더 큰 문제입니다. 이런 틀 안에서 얘기하고 있는 한 이 사람에게는 설득력이 없지요. 그렇지요? 물론 저한테 대안이 있는 것은 아니지만 이런 사람들은 너무 짜증이 나요. 그래도 살아야 한다는 얘기는 핵심을 한참 벗어난 이야기입니다. 젊은 사람들 처지에서는 "이 얘기하고 있는 게 아닌데 그런 얘기가 우리에게 무슨 도움이 되냐?" 이렇게 얘기하고 싶겠지요. 그런데 그런 어긋남이 반복되면 앞으로 사회적으로 무슨 일이 생길 수도 있어요.

자, 한국은 어떨까요? 경쟁이 심해지고 일본보다 훨씬 빠른 속도로 사회가 양극화되고 있습니다. 그런데 40대~50대 세대가 "우리는 어렵지만 해 왔다. 우리는 노력한 만큼 이렇게 얻었다. 옛날에는 말도 못하게 가난했는데 이렇게 열심히 일해 왔기 때문에 지금 집도 있고 직장도 있다. 너희도 열심히 일을 해라." 그런 식으로만 얘기하고 그러니까, 젊은 세대들이 도저히 이런 세상에서 살고 싶지 않다, 할 수 있어요. 그런데 "삶은 아름답다. 삶에는 진실이 있다. 죽으면 안 된다. 자살은 무책임한 것이다. 가문의 연속성은 누가 지키냐? 친구나 가족한테 면목 없는 거 아닌가? 가문에서 자살하는 놈이 나오면 가문의 명예는 어떻게 되는 거냐?" 이런 식으로만 설득하면 어떻게 되죠? 오히려 이것을 벗어나지 못하고 이 구도를 강화할 뿐이지요. 저는 그렇게 생각합니다.

삶과 죽음을 스스로 결정한 이들

이봉창은 이 나라 국수주의적인 우파가 좋아하지요. 저는 좀 거기에 위화감을, 이질감을 느낍니다. 이봉창이 국수주의적인 우파였을까? 저는 그거 많이 의심스럽습니다. 언젠가 〈한겨레 신문〉에도 썼는데요. 작년에 제가 상하이上海 상해에 가서, 임시정부 건물을 구경하고 그랬습니다. 거기 이봉창 열사의 사진이 있었는데, 그 사진에는 수류탄을 들고 싱글싱글 웃고 있는 그런 모습이 담겨 있습니다. 이봉창은 "이제야 일본으로 출격한다." 하는 말에 김구 선생님께 "아, 선생님. 저는 영영 쾌락을 위해서 가는 건데, 그렇게 심각하고 어두운 표정 하지 마세요. 우리 밝은 표정으로 헤어집시다." 이런 얘기를 했다고 해요. 그거 진실이었다고 저는 봐요. 영영 쾌락이 그 쪽에, 내세에 있다는 그런 얘기는 아니더라도, 이봉창의 심정으로는 이것이 농담이나 거짓말이 아니었다고 봅니다.

이봉창이 일본 사람의 양자로 자랐다는 이야기도 있지요. 이봉창은 이 나라 그 어떤 독립운동 열사 중에서도 가족과 가문의 이력이 별로 알려지지 않은 사람입니다. 말하자면 버림받은 고아 같은 사람이었어요. 일제 때 일본 사람 양자로 사는 것이 얼마나 고통스러웠을까요? 그것도 뭐 부잣집 양자가 아니라 노동자의 양자였습니다. 그러니까 이중 삼중의 디아스포라,

이중 삼중의 하층민이었지요.

그런데 이 사람이 현세에서 식민지인으로 살고, 변변한 가문이나 지위가 없는 하층민 일본인의 양자로 살았으니까, 그렇게 사는 한 도저히 살아도 큰 보람이 없겠다고 생각하는 것이 저는 오히려 당연하다고 봐요. 이 사람은 민족의 영원성이라든가, 한민족의 민족정신을 지키기 위해서 자기를 희생했다고 할 순 없어요. 그는 허무주의적인 혁명주의자, 무정부주의자라고 할 수 있는데요. 이것하고 민족주의가 결부되는 것이 그다지 드문 이야기가 아닙니다. 인류사에서 아주 커다란 권력에 저항하려고 할 때는 그런 사고방식, 삶의 방식이 흔히 있었습니다. 19세기 러시아 혁명가들도 그렇지요. 그런데 상하이에 다녀왔더니 여기 국수주의 극우파들이 이봉창 열사의 간판을 앞세우고 선전가로 나서서 "이봉창 열사를 추모하고 기념합시다." 하고 있었어요. 그걸 보니까 마음이 너무 착잡했습니다.

가네코 후미코金子文子 1903~1926 같은 경우도 그렇습니다. 제가 《사라지지 않는 사람들》에 가네코 후미코에 대한 얘기를 썼는데요. 가네코 후미코는 무적자無籍者, 호적 없는 사람이었습니다. 호적이라는 것에 대해서는 전에도 제가 얘기했는데요. 호적 제도가 근대국가에 들어가면서 실현됐지요? 일본이라는 나라가 조선에도 대만에도 도입했습니다. 호적 없는 사람은 사람이 아니에요. 인간 취급을 못 받아요. 호적이 있어야지 학교도 들어갈 수 있어요. 그런데 그는 무호적, 무적이었어요. 왜일까? 왜냐면 가네코 후미코 아버지가 경찰관이었습니다. 메이지 시대 일본 경찰관이면 부유층이나 이런 사람이 되는 거 아니에요. 그런데 아주 남성 중심적인 사람이겠지요. 가네코 후미코의 아버지는 하급공무원, 그것도 경찰이나 감옥의 교도관이나 그런 걸로 일하면서 위로 위로 올라가려고 하는 사람, 그런 사람에게 내면화된 지나친 남성 중심주의가 있었어요. 아버지가 가네코 후미코의 어머니하고 정식 결혼을 했는데, 그 어머니의 여동생하고 성적인 관계를 맺었습니다. 그리고 그의 어머니는 버렸어요.

그런데 어머니하고, 그 사이에서 태어난 가네코 후미코를 호적에 안 올렸습니다. 그래서 무적이에요. 무적이었기 때문에 초등학교도 못 들어가요. 서류상으로는 없는 사람이니까. 가네코 후미코가 그때 그래서 조선에 옵니다. 경상도였지요. 아버지의 친척이 여기 식민지로 와 있었는데, 그 친척은 조선 농민들을 많이 괴롭힌 나쁜 사람이었어요. 거기에 양녀로 들어갔는데, 친척집에 사는 동안 그는 조선에서는 특권층이지만, 그 특권층 내부에서는 또 배척당한 사람이었습니다. 그래서 다른 일본 사람하고는 조선 사람을 보는 눈이 조금 달랐죠. 조선 농민들이 너무나 괴롭힘을 당하는 모습을 보면서 가네코 후미코가 동정을 느꼈습니다. 그래서 나중에 일본에 돌아가서 박열이라는 조선인 무정부주의자하고 같이 살게 됐어요. 그런데 박열하고 둘이 구속당했지요. 대역 사건이라고 해요. 천황을 죽이려 하는 어떤 음모를 시도했다, 음모를 계획했다는 이유로 잡혔는데, 두 사람 모두 사형선고를 받습니다.

그런데 가네코 후미코는 천황의 고마운 은혜로 무기징역으로 감형해 준다는 것을 거절하고 자살했지요. 박열은 그대로 감형을 받았고 오래 징역살이를 했는데 1930년대 후반에 전향했어요. 천황제의 고마움에 대해서 글도 쓰고 그랬지요. 해방 직후에는 반공민족주의 단체의 두목이 되고, 6·25전쟁 때 월북인지 납북인지 모르지만 북으로 건너가서 평화통일촉진협의회 의장급으로 있다가 죽었습니다. 그런데 가네코 후미코는 그때 제 운을 다하겠다고 해서 죽었어요. 그러니까 무정부주의라고도 허무주의라고도 할 수 있는데요. 그것이 일반적으로는 사회변혁을 위한 구체적인 계획이나 권력 문제에 대한 대안이나 그런 것이 없다는 비판을 많이 받았지요. 저도 그렇게 보고 있고 여전히 그렇게 생각합니다.

그런데 그 죽음을 전면적으로 전부 부정할 수 없는 이유가 이거예요. 자신의 생명, 자신의 삶에 대해서 독립했을 때 자기 인생의 주권자로 살 수 있다는 거지요. 그것이 물론 너무 어렵지요. 물론 가네코 후미코가 좋아서 죽었는지는 몰라요. 어쩌면 죽을 수밖에 없었겠지요. 가네코 후미코의 죽음을 두고도 자살이라고 했는데 사실상 타살이었을지도 모르겠다, 이런 연구도 있어요. 그러니까 이것도 거꾸로 제가 저 좋을 대로 미화하면 안 되지만, 그런 구도에 저항해서 '자신의 삶은 자신 것이라는 결단으로 죽는 것은 죽음이면서도 삶이다. 진짜 살기 위해서 죽는 것이다.'라는 것은 적어도 저에게는 설득력이 있습니다. 이 사람은 어떻게 하든 간에 살아야 한다, 이 사람은 죽으면 안 되는 거였다라고 얘기할 수 없습니다.

프리모 레비에 대해서도 제가 항상 하는 이야기인데요. 프리모 레비가 강제수용소에 있을 때 사람들은 자살을 시도하지 않았다고 합니다. 우리같이 잘 모르는 사람들은 그렇게 고통스러운데 왜 자살을 안 했을까, 생각하지요. 강제수용소에 있는 철조망에는 고압 전류가 흐르기 때문에 거기에 몸을 던지면 쉽게 죽을 수 있습니다. 그런데 그렇게 해서 자살한 사람이 드물다지요. 왜일까요? 왜 자살을 안 했을까? 프리모 레비가 '동물화'란 말을 썼는데요. 배가 고프니까 한 숟갈이라도 많이 먹는 것, 조금이라도 가벼운 노동을 하는 것, 그런 것 외에는 아무것도 생각을 못 하게 되는 그런 상황이기 때문에 자살을 안 했다고 해요. 그러니까 프리모 레비가 "자살이라는 것이야말로 인간적인 행위다."라고 역설적으로 얘기합니다.

인간이니까 자살을 하지, 동물은 가축은 자살 안 한다……. 그렇지요. 아까 돼지 얘기를 했는데, 돼지는 자살을 안 하지요. 인간이 먹기 위해서 키우고 있는데도 자살을 안 해요. 맨날 맨날 그때마다 식욕이 넘치고 먹는 게 바쁘고 하니까. 인간을 그렇게 동물화시킨 상황이 바로 그런 수용소였기 때문에 자살을 안 했다는 거죠. 오히려 거기서 풀려나 해방되면서 많이 자살했어요. 아, 이제 수용소에서 나왔다, 헌데 그 순간 자살하는 사람들이 많았다는 건 인간으로 복귀했기 때문이라는 거지요.

프리모 레비 역시 자신이 어떻게 살아남았는지에 대해서 되풀이해서 이야기하면서도 결국 자살을 하고 말지요. 40년이나 지나서, "자살이라는 것은 인간적인 행위이다."라는 말을 하면서요. 자살 권유나 자살 찬미 그런 게 아니에요. 아니지만, '우리는 우리 의도와 상관없이 이 세상에 태어났지만 그래도 어느 순간부터는 어느 시점부터는, 우리 자신이 부조리하게 얻게 된 생명의 주인공이어야 한다.' 그것이 제 생각입니다.

누구의 도덕, 누구의 이데올로기인지를 따져야 한다

때로, 자신의 자유가 어떤 권력이나 종교나 이데올로기나 이런 것에 영향을 받고 있을 때가 있습니다. 이것이 자신의 판단이다 하지만, 사실은 학교에서 가르친 것, 국가가 홍보한 것 그런 걸 그대로 자신의 것으로 오해하고 있는 경우가 많지요. 아니면 TV 같은 그런 대중 매체를 통해서 내부까지 침투된 것일 수도 있고요. 그러니까 이것이 진짜 자기 것인지 아닌지를 자신이 따져야 한다는 겁니다. 내가 여기 있는 어떤 사람에게 애정이나 책임감, 연대감, 이 사람하고 함께 있고 싶다는 감정을 느끼고 이 때문에 살아야 한다고 느낄 때, 진짜 이것이 자기 것인지, 자기 내면에서 나오는 것인지, 어떤 이데올로기의 영향을 받은 것인지, 누구를 모방한 것인지, 학교에서 가르치는 대로 생각하고 있는 것을 자신의 것으로 오해하고 있는 것인지를 물어야 한다는 거지요. 그런 과정을 겪으면서 정신적으로 우리가 독립되어 가는 겁니다. 뭐가 어디까지 가면 완전히 해방되는지는 몰라요. 헌데 문제는 그거다, 그것을 선택하는 주체가 '나'라는 거지요.

가문의 연속성, 유전자의 연속성 같은 얘기는 도저히 저로서는 받아들이기 어렵고요. 특히나 유전자 얘기 같은 건 인종주의라고 생각합니다. 하지만 농촌이나 탄광에서 일하는 사람들은 좀 다르지요. 어떤 공동체적인 단위로서 서로의 인간관계, 서로의 책임감, 서로의 공감대, 그런 것 때문에 살고, 그런 것 때문에 죽지 않고 같이 싸우고 하는 것이 필요해요. 그럴 때 그런 얘기들이, 가문을 지켜야 한다, 뭐 그런 것도 포함해서 역사의 어떤 순간 어떤 시점에서는 긍정적 역할을 해 왔다고 봅니다. 그러니까 전적으로 이런 것을 부정해야 한다고 생각하진 않아요. 그런데 이 시점에 살고 있는 우리들은 우리가 어떤 방향으로 나아가야 하는지를 더 넓게 보려면 자신의 죽음, 자신의 삶에 대해서도 거리를 두고 객관적이고 분석적으로 냉정하게 봐야 한다, 하는 것이 제 생각입니다.

1970년대 유신 체제가 가장 험악했을 때, 그러니까 민청학련 사건 때요. 김지하 시인이 '고행 1974*'라는 작품을 썼고 이것이 일본에서 번역됐습니다. 여기서는 금서였기 때문에 아마 여러분은 그때는 못 읽어 보셨겠죠? 그런데 거기에, 군사 재판에서 같이 민청학련 하던 사람들이 사형선고를 받았을 때 판사를 보면서 "하하." 이렇게 웃고요. "영광스럽습니다." 했다는 이야기가 나옵니다. 그걸 보고 김지하 시인이 '놀랐다. 이 사람들은 죽음을 초월했다고 느꼈다.' 그렇게 썼어요. 우리가 일본에서 그 얘기 번역본을 보

---

* 1974년 민청학련 사건으로 대대적인 검거 바람이 불었다. 김지하도 이 사건에 연루되어 옥고를 치르다가, 1975년 2월에 석방된다. 석방 직후 그는 2월 25, 26, 27일 3회에 걸쳐 이 글을 〈동아일보〉에 연재하면서, 인혁당재건위 사건과 민청학련 사건의 진상을 낱낱이 밝힌다. 그 일로 그는 석방된 지 보름도 지나지 않아 다시 감옥에 수감되었다.

고 얼마나 감동했는지 모르겠어요. 그러니까 그 사람들은 죽음에 대한 두려움, 무서움을 넘어선 겁니다. "너 이대로 있으면 너를 죽인다." 하면서 권력은 죽음을 가지고 협박하지요. 한데 "죽여 봐라." 하는 사람이야말로 권력보다 얼마나 존엄성 있고 얼마나 강할까, 한국에서 지금 민주화 운동을 하고 있는 사람들은 그런 사람들이다, 전부가 그런 사람이라 할 순 없겠지만 일부분은 그런 수준을 넘어섰다는 생각이 들었어요.

그런데 그 후일담 얘길 좀 하자면, 김지하 시인이 생명 사상으로 갔지요. 그리고 90년대 초일까? 여기서 노태우 정권에 대한 항의로 운동권에서 분신자살이나 투신자살이 이어졌을 때 "생명보다 무거운 것이 없다."고 했어요. 김지하 시인이 "죽음을 선택하는 것은 잘못된 서양 문화이고 일본 문화다. 일본 사람들은 많이 죽이고 죽고 했다. 우리는 그게 아니다. 생명을 소중히 하는 그런 문화다. 특히 동아시아권에서 생명 사상의 중심지가 한반도다." 이런 얘길 하기 시작했죠. 운동권의 자살이 사람의 생명을 가볍게 다루자는 얘기가 아니지요? 저는 김지하 시인이 70년대에 그런 경험까지 했는데 왜 그렇게 멋대로 반대 방향으로 갔을까 싶어요.

마침 아까 수용소에서 석방된 사람들 얘기랑 통하는데요. 김지하 시인의 모습이 어떤 그 반역적인 권력이 자신을 가두고 있는 동안에는 '저항'이라고 하는 삶의 보람이 있었는데, 그것이 끝나면서 삶의 이유를 잃어버린 사람, 그래서 추상적인 생명 사상으로 빠져들기 시작한 그런 모습으로 보였어요. 이것이 타당한지 모르겠습니다. 실례가 될지 모르지만 솔직히 말해서, 어떻게 보면 1970년대~1980년대 아주 치열한 투쟁의 역사 속에서 죽음에 대한 사상도 조금 더 성숙해야 했는데 그런 치열한 경험을 해 왔는데도 아직도 성숙하지 못한 그런 상황이 아닐까 싶습니다. 이런 얘기하면 많이 비판받겠죠. 그래도 오늘은 제가 마음에 있는 얘기를 다 하고 싶습니다. 아무튼 죽음에 대한 치열한 고민이, 우리가 지금 이 시대 이 세상을 어떻게 삶의 주인공으로 살아 나갈 것인가에 대한 가장 중요한 바탕이라고 볼 수도 있어요.

그러면 여기서 '죽음은 희망이 아니다.'라는 얘기도 한번 짚어 봐야 되겠네요. 인간은 개인으로 살 수가 없죠. 공공성이라는 걸 생각할 때 전부 다 "너는 개인이 아니다. 왜냐면 가족이 있기 때문에, 왜냐면 부모가 있기 때문에, 왜냐면 민족이 있기 때문에, 왜냐면 유전자를 계승해야 하기 때문에……" 이런 얘기를 하잖아요. 그런 게 아니라 여기서부터 다시 생각하면 어떻게 될까요? 이런 얘기예요, 간단히 얘기하면.

이것도 지금으로서는 어디까지나 하나의 개념인데, 여기 전부 다 개인들이 있지요. 서로가 어떤 혈연이나 그런 관계가 없습니다. 그렇지요? 우리 식구니까, 같은 학교 동창이니까, 같은 조선 사람이니까……, 하는 것이 아니지요. 서로가 타자예요. 타자인데, '어떤 공간을 잘 좀 지키고, 보람 있게 사는 그런 사고방식이 없을까?' 그런 것을 생각할 때는 이 개인의 독립성에서 출발해야 한다는 겁니다. '나는 우연히 여기 태어났다. 언젠가는, 내일일지도 모르고 10년 후일지도 모르지만 언젠가는 사람이 죽는 거니까 여기가 어떻게 되더라도 상관없다. 그러니까 자기 하고 싶은 대로 하자.' 그런 얘기가 아니지요. 뭘 지켜야 하는가 하는 도덕이나 윤리가, 부모가 그렇게 가르치니까 아니면 국가가 교육시키니까가 아니라 우리 내부에서 나와야 한다는 겁니다. 그런 도덕이나 윤리를 우리가 창조해야지 이 사회를 잘 지킬 수 있다는 거죠.

비유로 얘기하면요. 이걸 지하철의 칸이라고 칩시다. 저는 1952년에 우연히 여기에 들어왔어요. 물론 가족이 있는데 제일 가까운 타자지요. 형이 감옥에 갇히면 저는 마음이 아픈데, 그것이 형이니까가 아니라 제일 잘 아는,

제일 가까운 타자니까 그렇습니다. 우리 집안의 혈통이라는 연속성이 훼손되면 안 되니까 형을 지켜야 한다, 그런 것이 아니지요. 거기에 어떤 사회적인 부조리가 있기 때문에 화를 내지요. 그러니까 이 1952년에 우연히 이 차량에 제가 탔다, 이 차량 안에 어떤 계층이 있고 차별이 있고 어떤 부조리도 있고 폭력이 있다는 겁니다. 언젠가 저는 여기서 내리겠지요, 죽으면. 그게 내일일지도 모릅니다. 그런데 여기 있는 한, 이 다른 타자들하고 좋은 관계를 맺고 이 칸 안을 가능한 한 조금이라도 정의롭게, 조금이라도 인간답게 만들고 싶다는 그런 의도가 있는 개개인이라야 이런 공공성을 지킬 수 있다는 겁니다. 저는 그렇게 생각해요.

그러니까 가족이나 민족이나 그런 공공성이 원래부터 전제로 여기 존재하고 있는 게 아닙니다. 공공성이라는 것을 철저히 개개인에서부터 생각해야 해요. 여기 대한민국이라는 공간에 여러 타자들이 들어옵니다. 외국인 노동자들이 그렇고, 결혼 이민도 그렇고, 저 같은 디아스포라도 그렇고, 뭐 내부의 타자도 있지요. 아까 얘기한 동성애자나 장애인이나……. 그러니까 개인의 독립성이야말로 공공성의 바탕이다, 개인의 독립성은 죽음에 대한 독립성이다, 정신적인 독립성이야말로 개인의 독립성의 바탕이다, 라고 할 수 있습니다.

우리는 죽음에 대해서 지금 이 순간에 아주 깨끗한 결론을 내릴 수는 없어요. 어떤 순간에 깨끗한 결론을 내리는 사람은 아마도 내세에 뭐 좀 행복이 있다든가 그런 생각을 할 겁니다. 그런 얘기 믿으면 안 돼요. 왜 태어났는지, 왜 살아야 하는지, 왜 죽으면 안 되는지, 되풀이해서 생각하는 행위야말로 인간다운 주권을, 주체성을 자기 자신이 획득하려고 하는 노력이라고 봅니다.

6 _ 희망이라는 이데올로기를 넘어서

희망이라는 말의 뜻

　　　　　　　　　　루쉰魯迅 노신의 글을 읽다 보면 자신보다 아랫세대 청년 작가들, 시대의 어두움에 맞서 온몸으로 싸우다 희생된 청년들에 대한 감회가 많이 나옵니다. 저도 옛날에는 청년 처지에서 읽었는데 루쉰이 세상을 떠난 나이가 지금 저와 비슷해요. 제가 조금 더 넘었을까? 어느새 그런 나이가 되어 버렸다는 것을 새삼 느꼈습니다. 여러분 개개인의 처지도 있고 나이도 있으니까 여러분은 루쉰을 어떻게 보는지 궁금합니다. 오늘은 희망이 주제인데 이것이 지극히 개인적인 동기에서 비롯된 것이기도 하지만 '루쉰'이라는 키워드를 통해서 희망이라는 개념도 근본적으로 다시 한번 생각해 보자는 것이죠.

　제 형 둘이 감옥에 있을 때, 앰네스티 인터내셔널Amnesty International 국제사면위원회이라는 인권 단체가 해외에서 구명 운동을 많이 했어요. 특히 영국에 있는 본부하고 지부가 일을 많이 했습니다. 그런데 아시다시피 형 하나는 무기징역이었고, 또 한 사람은 징역 7년이었는데 사회안전법 때문에 기한이 없는 구금 연장 상태로 있었죠. 언제까지 감옥에 있어야 하는지 아무도 모르는 상태로요. 그런데 영국에서 자주 국제전화가 걸려 와요. "당신 형제들은 지금 어떻게 지내고 있습니까? 고문받고 있지 않나요? 요즘 건강은 어떤가요?" 하는 걸 묻는 국제전화가 옵니다. 저는 영어를 잘 못 하지만 상대방은 영어로 이야기하지요.

언젠가 상대방이 "Do you see any hope?"라고 물었어요. 저는 금방 대답하지 못했습니다. 'hope'라는 말로 무엇을 알고 싶은지, 무엇을 묻고 있는지, 'hope'의 말의 뜻이 무엇인지⋯⋯. 저는 상대방의 구체적인 질문을 듣고 싶었는데, 밥을 먹고 있는지, 아픈 곳은 없는지, 그런 질문 같은 거요. 그런데 "Do you see any hope?"라고 하니까, 과연 나는 'hope'를 보고 있는지, 형이 'hope'를 보고 있는지 이런 사유에 빠진 적이 있어요.

그런데 희망이 'hope'일까? 제가 생각하기에는 희망의 희希자가 희박하다는 '희' 자이지요. 'little', 거의 없다는 겁니다. 절망絶望은 전혀 없다는 것이죠. 끊어버렸다는 것이 절망이고, 소망이 거의 없다는 것이 희망이에요. '우리의 언어에는 희망이 거의 없는 것하고 절대 없는 것, 이 두 가지밖에 없다.' 쓸데없는 생각인지 모르지만 저는 글쟁이니까 항상 그런 생각을 많이 합니다. 희망이라는 말로는 표현하기 어려운 느낌이지요. '희망이라는 건, 'hope'라는 건 'I see little hope.' 거의 안 보인다. 그래도 없다고는 할 수 없다⋯⋯.' 그런 식의 표현이 루쉰에 많이 나옵니다. 제가 어렸을 때부터 루쉰을 많이 읽었기 때문에, 그 영향으로 그런 식으로 사유를 하게 되지 않았나 싶어요. 그래서 여러분이 희망이라는 말을 할 때 구체적으로 어떤 내용을 표현하고자 하는지 궁금합니다.

형들이 감옥에 있을 때 본인들은 모르지만 솔직히 저는 별 내용도 근거도 없는 격려, "아, 내일은 좋은 날이 올 거예요." 하는 그런 말이 제일 듣기 싫었어요. 처참하고 참혹하고 희망이 거의 없는 상태를 바로 보지 않고 안이하게 위로만 구하려고 하는 나 자신의 나약함도 싫었고, 또 남을 그런 식으로 위로해서 자기만족을 느끼는 사람들도 싫었습니다. 그런데 싫다는 말은 안 했어요. 상대방의 성의를 봐서 싫다는 말을 할 수는 없었어요. 대신 저는 자폐증처럼 지냈지요.

저만 그 시대에 어려웠다고 할 수는 없을 겁니다. 감옥에 있는 사람이야 물론 어려웠을 것이고요. 이 나라의 다른 많은 사람들도 그랬겠지요. 희망을 이런 식으로 생각하는 것이 제 개인적인 특성일지도 모르겠지만, 그래도 어느 정도 우리가 겪어 온 시대적인 배경하고도 관계가 있고 이런 사고방식은 어느 정도 보편성이 있다고 봐요. 나는 왜 내용이 없는 격려보다 아주 어두운 루쉰을 좋아하고 있을까라는 것을 다시금 생각해 보았습니다.

루쉰, 근대의 과제들과 맞서 싸운 동아시아의 지식인

루쉰이 이 나라에서는 그렇게 많이 알려지지 않은 사람이라는 이야기를 들었습니다. 군정 시절부터 리영희 선생이나 그런 사람들이 언급했지만, 그렇게 인기 작가라고 할 수 없다는 것이죠. 흥미로운 것은 일본에서는 루쉰이 무척 인기가 있고 많이 읽히고 있다는 겁니다. 하지만 그것이 루쉰을 깊이 이해하고 있다는 것하고는 달라요. 그런데 루쉰을 많이들 알고 있어요. 특히 일경련日經連 일본경영자연합의 사장들에게 설문조사를 하면 제일 인기 있는 작가가 루쉰이에요. 이와나미 쇼텐岩波書店이라는 곳에서 문고판으로 루쉰 책을 여러 권 냈는데 지금까지 백만 부 이상 나갔대요. 그렇게 일본 사람들이 루쉰에 대해서 잘 압니다. 그러나 제가 볼 때는 일본 사람들이 루쉰을 보는 시각에는 문제가 많이 있어요. 뭐, 중국에서는 말 그대로 국민적인 작가이고요.

그러니까 '동아시아의 근대, 일본과 중국에서 근대라는 시대가 어떤 시대였을까? 숱한 근대의 과제들과 사람들은 어떻게 맞서 싸웠을까?' 살펴보고자 할 때, 루쉰이라는 사람은 가장 중요한 인물입니다. 그러나 중국이나 일본 양국 모두가 제대로 깊이 있게 읽고 있지는 않다고 할 수 있지요.

중간에 있는 한국이라는 공간은 어떨까요? 일본과 중국이 아시아의 양국이라고 생각하니까 일본 사람한테는 중간에 있는 조선이라는 존재가 잘 안 보여요. 이것이 주체인지 객체인지를 일본 사람들은 잘 몰라요. 그러니까 타자로 봐야 할 때도 우리를 보고 "우리랑 같이 싸웠잖아." 하면서 조선 사람을 중국하고 싸울 때 같이 싸운 사람으로 볼 때도 있고요. "같이 싸웠는데 지금 왜 독립한다고 해서 우리에게 저항하냐?"고 보는 경우도 있고……. 중국이 볼 때는 일본에 같이 항의하던 동료일 수도 있고, 일본 앞잡이로 일본의 일부분으로 볼 수도 있겠지요. 그러니까 여기 한국에서 루쉰을 어떻게 보는가 하는 것은 우리 민족이 동아시아의 근대라는 시대를 어떻게 보는지를 생각할 때 무척 중요한 인물이라고 봅니다.

일단 시대적인 배경을 말씀 드리면 루쉰은 1881년에 태어났습니다. 샤오싱紹興 소흥이라는 명주의 산지지요. 메이지 유신 12년 후에, 쉽게 말해서 중국이라는 나라가, 청나라가 열강의 침략을 많이 받고 체제 자체가 흔들리고 있는 시점, 그러니까 아편전쟁 40년쯤 후이고 태평천국에서 한 15년 후쯤이죠. 아주 큰 양반 집안의 장남으로 태어났습니다. 그런데 이 집안이 몰락합니다. 과거 시험 감독을 하면서 뭔가 비리를 저질렀다는 이유로 할아버지가 투옥당해요. 뇌물을 받고 누군가를 합격을 하게 만들었다는 것인데, 루쉰 집안에서는 그것이 누명이라고 했지요. 하지만 일단 그렇게 되면서 집안이 몰락하게 됩니다. 루쉰은 옛 봉건체제가 무너지는 과정이 그대로 투사된,

큰 집안이 몰락해 가는 과정을 사춘기에 겪은 사람입니다.

열여섯 살 때 아버지가 세상을 떠난 뒤에 집안이 더 어려워지고, 루쉰은 열여덟 살 때 난징에 가서 보통 학교가 아니라 강남수사학당江南水師學堂이라는 일종의 전문학교에 들어갑니다. 1902년에는 일본으로 유학을 떠나지요. 그때가 청나라 학생들이 일본으로 유학을 많이 가던 시대예요. 일본과 청나라가 비록 대립 관계에 있었지만 그래도 일본이라는 나라가 서양 근대라는 것에 열린 유일한 창구였기 때문에 갔지요. 물론 조선에서도 많이 갔습니다. 이 유학생들이 중심이 되어 일본을 거점으로 여러 가지 민족운동도 벌어졌지요. 유명한 사람으로 쑨원孫文 손문이 있어요. 쑨원도 일본을 거점으로 해서 운동을 했습니다. 그때 일본으로 유학을 떠났다는 것은 일본처럼 자기 나라를 근대화시켜야 한다는 사명감 때문에 선진 기술, 학문을 배우러 간 것뿐만 아니라, 한편 일본같이 되면 안 된다는 사명감 때문이지요. 지금도 우리가 직면하고 있는 문제입니다. '자신의 나라는 근대화시켜야 하는데, 일본을 모방해서 남을 침략해서는 안 된다.' 그런 근본적인 문제를 바로 증명한 사람이 루쉰이라고 할 수 있어요.

환등 사건과 후지노 선생

루쉰은 1904년에 일본 센다이仙台에 있는 시골 의학교仙台醫學專門學校에 들어가는데 그 과정에 대해서는 《외침吶喊》 머리말에 잘 나옵니다. 그때까지만 해도 루쉰은 아버지가 병에 걸려 집안이 몰락했고, 한의사들의 엉터리 진단 때문에 돈을 많이 쓰고 이래저래 시달렸기 때문에, 근대 의학으로 고생하고 있는 자기네 나라 사람들을 살려야 한다는 생각으로 이학부에 갔죠. 그런데 이학부에서 결정적인 체험을 하면서 의학을 그만두고 문학으로 방향을 바꾸었습니다. 그것이 《외침》 머리말에 나와요. '환등 사건'이라고 하는데 여러분 아세요? 동아시아의 지적인 역사에서 아주 유명한 사건이지요. 그러면 이 문제를 조금 먼저 이야기합시다. 그 머리말을 같이 읽어 보죠.

> 나는 미생물학 교수법이 지금 얼마나 발전했는지는 잘 모르지만 그때에는 강의 시간에 영사막을 통해 보여 주는 미생물의 형태를 알 수 있었다. 강의를 다 하고도 시간이 남을 때면 선생은 그 시간을 이용해 학생들에게 풍경이나 시사에 관한 화면을 보여 주곤 했다. 그때는 바로 러일전쟁 시기였으므로 자연히 전쟁에 관한 화면이 많았다. 나는 그때마다 박수갈채를 보내는 동급생들에 동조하지 않으면 안 되었다.
> 한 번은 화면에서 오랜만에 많은 중국인들과 만나게 되었다. 한 사람이 묶인 채 복판에 서 있었고, 그 양쪽 옆에는 건장한 몸집이긴 해도 얼빠진 표정을 지은 많은 사람들이 둘러서 있었다. 해설에 의하면 묶인 사람은 러시아를 위해 군사정탐을 하다가 일본군에게 붙잡혀 지금 사람들 앞에서 목을 잘리게 될 참인데, 빙 둘러서 있는 사람들은 그 끔찍스러운 장면을 구경하러 온 사람들이라는 것이었다.
> 나는 그 해 학년이 끝나기도 전에 도쿄로 갔다. 그 일이 있은 뒤로 의학 같은 것은 결코 중요하지 않다고 생각했기 때문이었다. 우매한 국민은 아무리 성하고 튼튼해도 아무런 의미도 없는 구경거리가 되거나 구경꾼밖에는 될 수 없으니 병에 걸리거나 죽거나 하는 사람이 비록 많다 해도 그것을 불행이라고 생각할 필요는 없다고 느꼈던 것이다.*

---

*《노신 선집 1 − 소설·수필》 루쉰 씀, 노신문학회 엮고 옮김, 여강출판사, 2003, 20쪽 가운데.

참고로 여기에 "불행이라고 생각할 필요는 없다."고 되어 있는데요. 일본의 다케우치 요시미竹內好 1910~1977라는 사람의 번역으로는 "불행이라고는 할 수 없다."고 나오는데 조금 다르죠. 중국어로는 어떻게 되어 있는지 모르니까 어느 쪽이 정당한지 모르지만 제가 번역한 것은 이렇습니다. '사람이 비록 병에 걸려도 그것이 반드시 불행하다고 할 수는 없다.'

'환등 사건'이라는 것은 어떤 사건이냐면 수업이 끝나고 시간이 남으면 학생들에게 영상을 보여줬습니다. 국제 뉴스 같은 것이지요. 시대가 옛날이니까 환등으로 러일전쟁 때 전장에서 찍어 온 영상을 보여 줍니다. 이 장면을 잘 상상해 보세요. 중국에서 유학을 온, 나이 스무 살 중반의 젊은이가 일본의 센다이라는 시골에서 공부하고 있습니다. 아주 외롭죠. 온 교실에 중국 사람이 한 사람밖에 없었습니다. 그런데 거기서 러일전쟁 장면을 보면서 모든 학생들이 일본이 또 이겼다고 박수를 치고 좋아하고 있다, 자신만 타자(소수자)로서 보고 있고……. 그래도 동조할 수밖에 없었겠지요. 아주 디아스포라적인 장면이 잘 표현되어 있어요. 우리가 잘 알고 있듯이 러일전쟁은 러시아하고 일본이 싸웠는데 실제로는 여기 조선반도하고 중국 만주 둥베이 지방의 패권을 둘러싼 싸움이었습니다. 그 때문에 이 나라(조선)가 식민지로 몰락했지요. 그때 일본은 통신, 철도를 지켜야 한다면서 이 나라를 군사적으로 점령했습니다. 그러니까 이것이 조선이라는 말은 하나도 안 나오는데 우리 역사라는 거예요. 우리가 지금 루쉰의 글을 통해서 이런 장면을 보고 있다고 봐야죠.

그리고 이 중국 사람이, 지금 처형당하려고 하는 사람이 '러탐露探 러시아 스파이'이라고 해요. 역사 용어인데요. 그때도 국제법이 있어서, 전쟁 때 정식 전쟁 포로는 재판 없이는 이렇게 처형할 수가 없었어요. 일본도 그걸 알고 있었죠. 그런데도 '러탐'이라는 새로운 개념을 만들고, 현장에서 그냥 처형해 버렸어요. 전쟁 때 수상한 사람이 있으면 "너는 러탐이지?" 하고 물어서 제대로 대답을 못 하면 그냥 처형해 버렸습니다. 일제는 군사적인 긴급조치라는 이유를 들어 국제법을 어기는 일을 많이 했지요. 수많은 사람들이 그렇게 처형당했어요. 그런데 루쉰이 그 장면을 보고 있다, 센다이에 아주 선진적인 의학을 배우러 와서 이 장면을 보았는데 주변에 많은 사람들이 박수를 치고 있다, 이것이야말로 일본하고 아시아가 근대에 들어가면서 어떻게 만났는지를 아주 간결하게 상징적으로 우리에게 보여 주는 장면이라는 겁니다.

이 장면을 누구의 시점으로 누구의 시선으로 볼 수 있나 없나 하는 것은 근대라는 시기를 어느 방향으로 넘어가야 하는지를 생각할 때 일종의 시금석이라고 할 수 있어요. 그런데 일본 사람들은 대개 자신들 일로 안 봐요. 조선하고 관계있다고 상상하는 사람은 아예 없습니다. 일본 사람들은 신기하게도 루쉰 쪽에서 감정적으로 동요가 되면서 봐요. 자신들이 가해자인데요.

특히 '후지노 선생藤野先生'이라는 작품이 있지요. 센다이 의학전문학교에 후지노라는 선생이 있었어요. 루쉰이 평생, 세상을 떠날 때까지 존경하던 사람입니다. 이 사람이 공평한 사람이어서 루쉰에게 열심히 의학을 가르쳐 줍니다. 뿐만 아니라 루쉰이 그때만 해도 일본 말을 떠듬떠듬하던 시절인데 꽤 좋은 점수를 받았어요. 그래서 일본 학생들이 루쉰을 질투하고 따돌렸는데, 후지노 선생은 그런 것에 전혀 영향을 받지 않고 루쉰의 노트를 고쳐 주고 도와 주셨다, 그러니까 러일전쟁에서 일본이 이겼다고 박수를 치던 일본 사람들과 달리 후지노라는 좋은 선생님이 계셨다는 이야기를 쓴 작품이 있습니다. 여기서 중요한 것은 루쉰이라는 사람은 박수갈채하는 다수자하고 예외적인 후지노, 그 양쪽을 모두 보고 있다는 것입니다.

그런데 일본의 보통 사람들은 자신을 후지노 선생으로 여겨요. 보통은 자신이 박수갈채하고 있는 사람이지 않을까 하는 성찰을 해야만 하지요. 그런데 일본에서는 그런 성찰이 없어요. 전혀 없다고 하면 좀 그렇지만 거의 없다고 할 수 있지요.

희망을 보고 걷는 것이 아니다

환등 사건에서 루쉰이 느낀 것은 거기서 처형당하고 있는 중국 사람을 둘러싸고 있는 중국 대중들에 대한 절망감입니다. 나라가 지금 이렇게 잠식당하고 있고 침략당하고 있고 동포가 그런 식으로 터무니없이 처형당하고 있는데, 그것을 구경거리로 보고 있는 사람들에 대한 것이지요. 《아Q정전阿Q正傳》의 모티브가 여기에 있어요. 아Q적인, 봉건적인 청나라 말기의 대중을 어떻게 봐야 하는가 하는 것이지요. 그러니까 대중에게 희망이 있다든가, 민중의 힘으로 사회가 제대로 변혁될 것이라든가 그런 얘기를 쉽게 안 하는 사람이 루쉰입니다. 그래서 루쉰은 항상 "자신은 허무주의자다. 자신은 어두움만 보고 있다. 그래서 가능하면 되도록이면 아무것도 하고 싶지 않다. 아무 말도 하고 싶지 않다." 그런데 말을 하지요. 여기에 나와요. 다음 부분을 좀 읽어 보지요.

"가령 창문이 하나도 없고 무너뜨리기 어려운 무쇠로 지은 방이 있다고 하세. 만일 그 방에서 많은 사람이 잠이 들었다면 얼마 지나지 않아 숨이 막혀 죽을 게 아닌가. 그런데 이렇게 혼수상태에 빠져 있다가 죽는다면 죽음의 슬픔을 느끼지 않을 거네. 지금 자네가 큰 소리를 쳐서 잠이 깊이 들지 않은 몇몇 사람을 깨워 그 불행한 사람들에게 임종의 괴로움을 맛보인다면 오히려 더 미안하지 않은가?"

> "하지만 몇몇 사람이 일어난 이상 이 무쇠 방을 무너뜨릴 희망이 전혀 없다고는 말할 수 없지 않은가."
>
> 그렇다. 나는 나름대로의 확신을 가지고 있었어도 희망에 대해서는 말살할 수 없었다. 희망은 앞날에 속하기 때문에 희망이 없다는 내 증명으로 희망이 있다는 그를 설복시킬 수는 없었던 것이다. 그래서 나는 마침내 글을 쓰겠노라고 그에게 대답하고 말았다. 이렇게 되어 나는 첫 단편 '광인일기'를 쓰게 되었다.*

그래서 루쉰은 의학을 포기하고 문학 쪽으로 진로를 바꾸었습니다. 중국에 귀국한 뒤에 신해혁명이 일어나고 마침내 청나라가 무너졌는데, 새로운 공화국인 중화민국도 문제투성이었습니다. 여러분이 아시다시피 온 세계가 자신의 패권 때문에 이리저리 뭉쳐서 날뛰고, 루쉰이 볼 때 중국 대중의 모습은 암담하고, 중국의 역동적인 주체는 잘 안 보이고……. 그래서 루쉰은 시골에 처박혀서 그냥 고전 연구만 하며 지내요. 그런데 어떤 친구가 와서 루쉰이 이런 이야기를 하게 되지요. "나는 나름대로의 확신을 가지고 있었어도 희망에 대해서는 말살할 수 없었다. 희망은 앞날에 속하기 때문에 희망이 없다는 내 증명으로 희망이 있다는 그를 설복시킬 수는 없었던 것이다." 아주 흥미로운, 깊이 있는 말인데요. 자신은 희망이 없다고 보는데, 희망이 있다고 생각하는 사람에게 없다고 증명하더라도 소용이 없다는 것이죠. 그래서 루쉰도 일어나서 싸움을 시작하는데 그것이 글로 하는 싸움이었습니다.

'광인일기狂人日記'가 아시다시피 희망적인 이야기가 아니죠. "혹시 사람 고

---

* 같은 책, 24쪽 가운데.

기를 먹어 보지 못한 아이가 아직 있을까? 아이들을 구하라……"라는 마지막 부분을 보면 인간이라는 것은 인간을 잡아먹는 존재라는 겁니다. 그것이 제국주의하고 식민지 사이의 이야기이기도 하고, 또 기득권층하고 가난한 사람이라든가, 그리고 봉건 군벌하고 보통 백성, 이런 대조 관계로 볼 수가 있죠.

이런 식으로 나가면 우리는 해방 될 거다, 좋은 세상이 올 거다, 하는 희망이 없어요. 루쉰은 그런 희망에 대해서 이야기 안 해요. 그리고 《외침》 머리말 마지막에 이런 이야기가 나오죠. "그리고 나 자신으로서도 내 청춘 시절처럼 한창 즐거운 꿈을 꾸고 있는 청년들에게 괴로운 적막감을 전염시키고 싶지 않았기 때문이기도 하다." 아까 나이 들었다, 청년이다, 하는 이야기가 나왔는데 (청중 웃음) 저는 요사이 이 부분을 보면 '내가 루쉰이라면?' 지나친 과장이지만 이런 느낌이 들 때도 있습니다.

여기 번역 문제부터 이야기하면요. "한참 즐거운 꿈" 이걸 일본 말로 번역하면 '甘い아마이 달콤하다는 뜻'라는 말이 많이 나오는데 여기에는 그다지 적당한 번역이 없는 것 같습니다. 맛이 다르다는 의미지요. 그러니까 근거 없는 낙관, '지금은 힘이 들지만 내일은 좋아질 것이다.' 그런 꿈을 꾸고 있는 젊은이들에게 그렇지 않다는 절망적인 이야기는 하고 싶지 않고, 자신의 허무주의적인 생각을 전염시키고 싶지 않았기 때문에 글을 쓰기 시작했다는 이야기입니다. 루쉰이 여기서 얼마나 깊은 절망을 느꼈는지는 잘 알려지지 않았습니다. 그런 것은 여기에 자세히 나오지 않아요. 그런데 우리가 역사적으로 보면 중국의 근대를 열기 위해서, 시민의 자유를 쟁취하기 위해서 싸우다가 처참하게 죽고 만 사람들이 얼마나 많습니까? 특히 외세뿐만 아니라 군벌 같은 사람들에게 젊은이들이 피살당하는 모습을 루쉰이 많이 봤죠. 그래서 이 머리말에, 루쉰의 출발점이 잘 나와 있어요.

이 소설들이 중국 근대문학 최초의 백화白話입니다. 그때까지의 문장은 문어文語였어요. 그런데 루쉰은 이야기하는 그대로 썼어요. 문장 하나 하나가 짧고 단편적이고 어떻게 보면 시적인 그런, 루쉰 나름대로의 형식을 여기서 창출했다고 할 수 있습니다. 구어로 쓴 중국 근대문학의 시발점이죠. 지금 자신들이 보고 있는 상황을 표현하고 남에게 전달하려면 어떤 형식으로 어떤 형태로 글을 써야 하는지 많은 고민을 해서 이런 독창적인 소설이 나오는데, 서양적인 소설 같지가 않습니다.

'고향故鄕'이라는 소설은 보시다시피 루쉰이 고향에 돌아가는 내용입니다. 집이 완전히 몰락해 버렸기 때문에 집을 정리하러 고향에 가지요. 그러니까 즐거운 여행이 아닙니다. 그다지 좋은 일이 기다리고 있는 것이 아니라 시골 집을 완전히 정리하고 도시에서 교육부 관료로 생활하기 위해서 가는 것이죠. 몇 세대에 걸쳐 살던 집을 마지막으로 정리하러 갔는데 거기서 어렸을 때 같이 놀던 룬투閏土라는 옛 친구하고 다시 만납니다. 나이 마흔이 넘어서요. 그런데 룬투는 완전히 지쳐 버린 중국의 민중, 활기가 없고 그저 먹고살기에 바쁜, 완전히 소모된 사람으로 눈앞에 나타나요. 또 루쉰이 룬투더러 이것도 가져가도 되고 저것도 가져가도 된다고 하면서 집을 정리하는데, 나중에 보니까 룬투가 말을 안 하고 그냥 가져가려고 숨기고 있었지요. 그러니까 둘 사이는 옛날에 정직하게 맺어 온 사람과 사람 관계인 줄 알았는데, 그런 개인들의 관계에 부자하고 가난한 사람, 명문 가문의 주인하고 하인, 농민하고 도시인 이런 격차가 많이 나는 절망적인 거리가 생겨 버린 것이죠. 그래서 그런 것을 보고 이 나라 이 세상을 앞으로 어떻게 해야 할까 고민하게 됩니다.

루쉰도 한편으로는 가문의 주인으로서 피할 수 없는 역할을 많이 맡게 됩니다. 어머니를 보살피는 것도 그렇고, 동생들도 줄줄이 공부하고 있고,

특히 바로 아래 동생 저우쭤런周作人 주작인*은 뛰어난 문학자인데 일을 잘 안 해요. 이 사람에 대해서는 이야기가 많은데 나중에 하죠.

> 나는 생각했다. 희망이란 본래부터 있다고도 할 수 없고 없다고도 할 수 없는 것이 아닌가. 그것은 마치 땅 위에 난 길과 같은 것이 아닐까. 사실 말이지, 길이란 본래부터 있는 것이 아니라 다니는 사람들이 많아지면서 차차 생긴 것이다.**

'고향' 마지막 부분이지요? 이 말은 제가 아주 좋아해서 자주 인용하는 말인데요. 이 얘기가 결코 희망적인 것이 아니에요. 그것이 중요해요. 일본에 다카무라 고타로高村光太郎 1883~1956라는 유명한 시인이 있어요. 그런데 이 사람의 시 '도정道程' 가운데 "내 앞에 길은 없다. 길은 내 뒤에 생겨난다."는 구절이 나옵니다. 지금은 길이 없지만 자신이 걸어가면 그것이 길이 된다는 거지요? 이 시를 일본 중학교에서 가르칩니다. 루쉰의 그것하고 비슷하다고 해서요. 그런데 전혀 달라요. 루쉰 얘기는 '하면 된다.'는 이야기가 아닙니다. '하면 된다.'는 어떤 희망적인 이야기가 다카무라 고타로식이고, 루쉰의 것은 '희망, 소망이 없다고 할 수는 없다. 하지만 거의 없다. 그래도 걸어갈 수밖에 없다.'는 얘기예요. 이것이 '희망'이라는 겁니다.

다카무라의 시하고 루쉰의 시가 아주 비슷한 듯 보이지만 왜 이렇게 근본적으로 다를까요? 그것은 다카무라가 근대 일본의 국민적 주체이기 때문입니다. 일본은 제2차 대전에서 패전할 때까지 전쟁에서 모두 이겼고요. 많

---

* 루쉰의 본명은 저우수런周樹人 주수인이다.
** 같은 책, 98쪽 가운데.

은 사람이 희생되었지만 그래도 나라가 남을 침략하면서 발전하고 있다, 더 나아지고 있다는 그런 국민적인 감각을 공유하고 있었습니다. 눈앞에는 길이 없는데, 내가 앞으로 걸어가면 길이 생긴다는 길은 그런 길이에요. 다카무라가 그렇게 아주 사악한 군국주의자가 아닙니다. 오히려 휴머니스트입니다. 로댕$^{Auguste\ Rodin}$의 조각이나 고흐$^{Vincent\ van\ Gogh}$의 그림을 일본에 소개한 사람인데 그래도 이 사람의 핵심적인 부분에는 근대라는 시대에 형성된 국민적인 주체가 있다는 것이죠.

이 사람이 전쟁 말기에는 동북 지방의 한 마을에 살면서 천황제를 찬양하는 시를 많이 썼습니다. 창피한 개인사다 해서 일본 사람들도 본인도 그 일을 잘 언급 안 하는데, 그것이 시대가 시대였기 때문에 어쩔 수 없이 그렇게 아부했다기보다는 내면에 있는 무엇인가가 그런 식으로 드러났다는 거죠. 왜냐하면 일본에서 전쟁이 터졌을 때 '아, 이것이야말로 서양 문명을 우리 아시아인들이 이겨 낼 수 있는 길이다.' 했으니까요. 천황제라는 보편성이야말로 인류적인 보편성이라는 말로, 물론 가짜 보편성이라고 해야죠. 그런 사상들이 있었어요. 정신 나간 사람들이 그런 사상을 만들어 냈다기보다는, 비교적 많은 사람들이 국민적인 주체로 자신을 생각할 때 '아, 이제는 우리가 우리의 보편성으로, 천황을 중심으로 하는 보편성으로, 인류사에 앞서 개척해 나간다.'는 잘못된 희망적 사고를 했다는 겁니다. 그래서 이야기가 전혀 반대 방향입니다. 루쉰 얘기처럼 희망인데도. '오히려 이런 절망, 절망이라고까지 할 수는 없지만, 그래도 거의 희망이 없다는 지경이야말로 동아시아에서는 희망이다.'라는 것을 제가 느꼈습니다.

한때 미셸 클레이피$^{Michel\ Khleifi}$라는 팔레스타인 영화감독 친구가 일본에 왔을 때 대담한 것이 〈세카이世界〉라는 잡지에 실렸는데, 그때 그 이야기를 했습니다. "팔레스타인에도 희망은 안 보이지만, 희망이라는 말은 동아시아에서는 그런 거다. 거의 안 보인다, 거의 없다는 것이 희망이다." 그런 이야기를 한 적이 있었어요. 그래도 걷는다는 것이 중요해요. 그래도 포기하지 않고 끝까지 걷는다는 것이 중요합니다. 지금 시간상 많이 소개할 수는 없지만 그런 이야기들이 루쉰의 글에 많이 나와요. 그렇게 걸어가는 이유를 도덕적인, 윤리적인 언어로 미화하지 않습니다. 자신에게 주어진 사명 때문이라든가, 인류의 앞날 때문에……, 이런 이야기를 안 하지요.

깊은 어둠을 누비는 루쉰의 글쓰기

루쉰은 베이징北京 북경에 나와서 교사를 합니다. 베이징 여자사범 대학교北京女子師範大學校 국문학 교사인데, 그 당시 베이징은 군벌들 세상이었습니다. 제대로 된 국가가 아니라 군벌들이 지배하고 있었어요. 그런데 주변에서 많은 열강들이 계속해서 침략해 오지 않습니까? 가장 유명한 것은 1915년 일본이 중국에 강요한 '21개조 요구二十一個條要求'지요? 제1차 대전 때 일본은 독일이 점령했던 산둥 성을 가로채고는 그 기득권을 인정하라면서 21개조 요구를 했죠. 그래서 중국의 각성된 학생들이 중심이 되어서 대대적인 저항운동, 민족운동이 일어납니다. 하지만 군벌들은 그것을 탄압해요. 그러니까 옛날에 센다이에서 보았던 영상, 처형을 앞둔 사람을 둘러싸고 방관도 아니지요. 그냥 즐기고 있던 모습 그대로다, 할 수 있죠. 1904년 러일전쟁 때로부터 10년이 넘게 지났는데 상황은 계속해서 나빠지고 있었습니다.

그리고 1926년에 3·18 사건이라는 것이 터집니다. 이것도 똑같이 서양하고 일본이 중국에 터무니없는 것을 요구했는데요. 학생들이 그것에 저항하며 시위운동을 했어요. 그런데 군벌들이 총으로 대응하면서 학생들 수백 명이 피살당한 사건을 3·18 사건이라고 해요. 루쉰이 그때 '꽃 없는 장미無花的

薔薇'라는 글을 씁니다.

6

범과 승냥이가 달려들어 중국을 뜯어먹어도 별로 간섭해 나서는 사람이 없다. 간섭해 나서는 사람은 그저 몇몇 청년 학생들뿐이다. 그들은 본래 안심하고 공부를 해야 할 처지인데도 시국이 뒤숭숭하여 마음을 놓을 수 없게 하고 있다. 만약 당국자들이 다소라도 양심이 있다면 어떻게 좀 자신을 반성하고 자책하며 천부적인 양심을 좀 보여 주어야 할 것이 아닌가?

그런데 드디어 그들을 학살하고 말았다!

7

가령 이러한 청년들을 학살해 버리면 그만이라고 하더라도 도살자들이 결코 승리자가 아니라는 것을 알아야 한다.

중국은 애국자의 사멸과 더불어 멸망할 것이다. 도살자들은 비록 돈을 모아 둔 관계로 비교적 오랫동안 후손을 양육할 수 있겠지만 피치 못할 결과는 꼭 오고야 말 것이다. '자손이 승승繩繩'한들 기쁠 것이 무엇이랴? 멸명의 날은 좀 늦어질지라도 그들은 사람 못 살 불모의 땅에서 살게 될 것이고, 가장 깊은 갱도坑道 밑에서 광부질을 하게 될 것이며, 가장 비천한 생업을 하게 될 것이다······.

8

만일 중국이 멸망에까지 이르지 않는다면 기존의 역사적 사실이 우리에게 가르쳐 주다시피 장래의 일은 도살자들이 예상한 것과는 아주 딴

판이 될 것이다.

　이것은 한 사건의 결말이 아니라 한 사건의 시작이다.

　먹으로 쓴 거짓말이 절대 피로 써 놓은 사실을 감추지는 못할 것이다.

　피의 값은 반드시 같은 것으로 갚아야 한다. 빚이란 오래 밀릴수록 이자를 더 많이 지불해야 하는 법이다!

9

　이상에서 말한 것은 모두가 빈말이다. 붓으로 쓴 것이 무슨 소용이 있겠는가?

　실탄에 맞아 쏟아지는 것은 청년들의 피다. 피는 먹으로 쓴 거짓말에 의해 가려지지 않으며 먹으로 쓴 만가輓歌에 도취되지 않을 뿐만 아니라 그 어떤 힘도 그것을 이미 기만할 수도 없고 압살할 수도 없는 것이 되었기 때문이다.

　3월 18일 중화민국 이래 가장 암흑한 날에 씀.*

　루쉰은 '상대방이 미워서 참을 수 없기 때문에, 자기가 쓰러지기 전에 상대방이 죽고 나서야 죽겠다.'는 식의 표현을 많이 써요. 저는 그런 것을 아주 좋아합니다. 여기에서 보시다시피 루쉰은 계속해서 군벌이나 권력에 맞서 저항한 사람이기도 하고, 동시에 위선적인 미사여구로 가득 찬 가짜 지식인하고도 많이 싸운 사람이에요. '페어 플레이는 뒤로 미루어야 한다論費厄潑'應該緩行'라는 글을 보면 물에 빠진 개는 때리지 말아야 한다는 것은 미사

---

*《노신 선집 2 - 사회·문화평론1》 루쉰 씀, 노신문학회 엮고 옮김, 여강출판사, 2004, 364쪽~365쪽 가운데.

여구라는 거죠. 여기, 빚은 반드시 같은 것으로 갚아야 한다는 얘기가 아주 철저합니다. 그러니까 중국에 있던 기왕의 윤리라든가, 기독교에서 말하는 당신의 적을 사랑하라든가, 그런 가짜 윤리에 대한 저항이죠. 복수죠.

이런 이야기를 특히 일본에서는 60년대 학생들이 많이 인용했어요. 전공투全共鬪 전학공투회의 친구들이 이 이야기를 무척 좋아했는데, 이 일본인 친구들은 자신의 처지를 자각하지 못하고 사용했지요. 왜냐하면 루쉰을 타자로 보는 것이 아니라 루쉰과 동일시해 버리는 일본인의 성향 때문입니다. 그러니까 전공투처럼 이런 것을 이야기하면서 '피의 빚' 운운한 사람들은, 일본이라는 나라가 나라 안에 있는 소수자나 외국인에 대해 어떤 태도를 취하고 있는지, 이런 이야기를 하고 있어도 그래도 자기들은 일본의 기득권층이라는 자각이 모자랐어요. 그런데 화청투華靑鬪 화교청년투쟁위원회라 하는 일본 화교들이 그때 선언문을 내고, 학생운동을 하고 있는 일본인 친구들에게 "너희들은 잘못된 인식을 하고 있다. 너희들은 오히려 중국을 침략한 가해자 측인데 왜 피해자처럼 행동하나?" 하고 따져 묻습니다. 이것을 '화청투 선언'이라고 해요. 이게 학생운동 세력에게 큰 충격을 주었는데 유감스럽게도 후에 그것을 사상적으로 살리지는 못했습니다.

루쉰은 아주 절망적인 상황에 서 있으면서, 본인은 별로 밝은 미래를 보고 있는 것도 아니지요. 그런데 학교에서 학생들을 가르치는 처지로, 이런 장면에다 도저히 참을 수 없는 분노를, 이렇게 날카로운 시처럼 우리들의 마음에 영영 오래 남을 그런 형식으로 표출했다는 겁니다. 그리고 여기도 희망적인 이야기는 없다는 거예요. 그때 학생운동 지도자인 쉬광핑許廣平 허광평이라는 학생, 그러니까 나중에 부인이 되는 여성을 만나게 됩니다. 그리고 서한을 주고받으면서 서로 사랑하게 되고, 나중에 결혼하게 되고……. 나이 차가 많이 나죠, 선생님하고 제자니까. 이 서한을 《양지서兩地書》라고 해요.

왕복 서한문학으로 세계적으로 아주 뛰어난 성과라고 할 수 있어요. 쉬광핑도 무척 뛰어난 사람입니다. 제자하고 선생님의 왕복서한이면서도, 이런 사회적인 위기에 대한 지식인의 책무를 논하는 문답인데요. 항상 루쉰은 "자신은 허무주의자다. 자신은 희망이 없다. 그러니까 당신처럼 젊은 사람에게 그런 어두운 이야기를 하고 싶지 않다." 그런 이야기를 되풀이하고 그래도 쉬광핑이 끝까지 따라오게 되니까, 결국 사랑하게 되고 같이 살게 됩니다. 쉬광핑은 나중에 일제 때 일본군한테 잡혀 고문까지 당하지만 끝내는 살아남았고, 해방 중국의 중요 인물 가운데 한 사람이 되었습니다.

그런데 그 둘이 베이징 형편이 너무나 어려워지니까 광둥 성廣東省 광둥성, 남부 중국으로 건너갔다가, 나중에 상하이로 옮겨 갑니다. 그런데 그때 장제스蔣介石 장개석의 쿠데타가 일어나요. 장제스는 국민당 지도자인데, '공산당하고 국민당이 힘을 합쳐서 일본에 저항하자, 항의하자.'며 맺은 제1차 국공 합작을 엎고, 반공 쿠데타를 합니다. 상하이에 있던 좌파를 죄다 말살시키는 그런 쿠데타를 1927년에 일으키지요. 그런데 바로 그때 일본이 산둥 성으로 출병을 합니다. 동아시아에서는 일본이 침공해 오고 내부에서는 장제스가 그런 식으로 자신의 권력을 위해 쿠데타를 했다는 거죠. 그런 상황에서 루쉰은 상하이에서 '좌익작가연맹左翼作家聯盟'이라는 중국의 좌익문학가들 단체를 만들어 지도자가 돼요. 그런데 거기서 사회주의 리얼리즘socialist realism 입장에 서 있는 다수자한테 많은 비판을 받습니다. 좌파가 볼 때는 이런 허무주의는 안 되지요. 마르크스주의 도식으로 보면 역사는 치열한 계급투쟁을 거치면서 이렇게 필연적으로 발전해 나가고 있는데, 루쉰의 이야기는 너무 허무주의고 청소년에게 나쁜 영향을 미친다는 것이죠. 루쉰은 절대로 아부할 수 없다 해서 많이 싸웠어요. 너무 어려웠지요. 그런 과정에서 루쉰을 따르던 젊은 작가들이 군벌들한테 체포당하고, 피살당합니다. 이 사건을 두고 나중에 루쉰이 '망각을 위한 기념爲了忘却的記念'이라는 글을 씁니다.

> 나는 일찍부터 글을 좀 써서 몇몇 청년 작가들을 기념하려 했다. 그것은 별다른 목적에서가 아니라 2년 내내 비분悲憤이 무시로 가슴에 치밀어 오르고 지금까지도 그것이 그치지 않기에 글이라도 빌려 몸을 부르르 떨고 슬픔에서 벗어나 시름을 덜어 보려는 심정에서였다. 솔직히 말하자면 그것은 차라리 그들을 잊어버리고 싶어서였다.
>
> 2년 전 이 날, 즉 1931년 2월 7일 밤이거나 8일 새벽이었는데 이 날 우리의 청년 작가 다섯 명이 동시에 살해당했다. 당시 상하이의 신문 잡지들은 이 사실을 감히 싣지 못했는데 그것은 아마 실으려 하지 않았거나 실을 가치가 없다고 생각했기 때문일 것이다. 〈문예신문〉에만 이 사실을 모호하게 말한 글이 실렸을 뿐이다. 〈문예신문〉제 11호(5월 25일)에 실린 임망林莽선생의 '백망白莽 인상기'에는 다음과 같이 씌어 있다.
>
> "그는 시를 많이 썼고 또 헝가리 시인 페퇴피의 시 몇 수를 번역했다. 당시 〈분류〉의 편집자였던 루쉰은 그가 투고한 원고를 접수하자 곧 그에게 만나 보자고 편지를 했다. 그러나 백망은 명망이 높은 사람과 만나는 것을 싫어하는 사람이었으므로 결국은 루쉰이 직접 그를 찾아가서 문학에 종사하라고 적극적으로 고무해 주었다. 그러나 그는 골방에 가만히 앉아 글을 쓸 수 없어서 또다시 자기의 갈 길을 갔다. 얼마 안 되어 그는 또다시 체포되고 말았다……."
>
> 이 글에서 말한 우리들의 관계는 사실과 어긋난다. 백망은 그처럼 교만하지 않았고 그는 나의 숙소로 찾아온 적이 있었다.

'망각을 위한 기념' 이 글은 제가 개인적으로 아주 좋아하는 글입니다.

그런데 여러분은 그들을 잊어버리고 싶었다는 것을 어떻게 느끼셨어요? 그러니까 루쉰처럼 강인한 사람이 역설적으로 잊지 말아야 한다는 것을 이런 식으로 강조하고 있는 것처럼 느끼지 않으세요? 어떠세요? 그런데 저는 이것이 아주 정직한 감정이라고 느껴요. 가능하면 나는 아무것도 하고 싶지 않고 차라리 잊어버리고 싶다는 이야기가 나왔죠. 이런 말 그대로 절망적인 장면, 자신보다 훨씬 미래가 있는 청년들이 이런 식으로 억울하게 피살당하는 사건에 대해서는 잊어버리고 싶다는 것이야말로 정직하다, 위선적이지 않다는 느낌이 듭니다.

이것도 아주 재미있는데요. 《루쉰 안내魯迅案內》라는 책이 이와나미 쇼텐에서 나왔는데, 이와나미 쇼텐도 세대가 바뀌었고 이걸 아는 사람이 별로 없어요. 쇼와 31년이니까 1956년 일본에서 출간된 〈루쉰 선집魯迅選集〉 부록으로 나온 겁니다. 아까 말씀 드린 쉬광핑 여사가 일본에 방문했을 때 그 중심으로 여러 루쉰 연구자들이 모여 좌담회를 하면서 글을 모은 거예요. 여기에 나카노 시게하루中野重治라는 작가가 글을 하나 썼습니다. 나카노 시게하루는 일본의 좌파 소설가로 유명한 사람입니다. 전쟁 전에는 일본의 프롤레타리아 문학 작가로 활동하면서, 이 나라 임 아무개라는 공산주의자, 그러니까 일본에서 같이 활동하던 사람이 일본에서 추방당해서 조선으로 갈 때 배웅 가서 '비 내리는 시나가와 役雨の降る品川驛'이라는 시를 썼어요. 이 시가 일본 좌익 운동 역사에서도 유명하고 시의 역사에서도 유명합니다. 그런데 여기서는 자세히 이야기 못 하지만 이 사람이 문제가 조금 있어요. 나카노도 전쟁 때는 전향했는데 그래도 나름대로 내면의 정신은 어렵게 지켜

---

*《노신 선집 3 — 사회·문화평론II》 루쉰 씀, 노신문학회 엮고 옮김, 여강출판사, 2004, 187쪽~188쪽 가운데.

냈고 전쟁 직후에 국회의원도 되고 다시 운동도 시작하고 그런 사람입니다. 일본 전후 문학에서 중요한 인물 가운데 한 사람이에요. 이 사람이 루쉰에 대해서 여러 가지 글을 썼는데요. 물론 루쉰을 많이 존경하고, 여러 이야기를 많이 하는 사람인데 아까 이 부분에 대해서 저하고 비슷한 이야기를 하고 있습니다. 희망이라는 것은 본래 있는 것이라고도 없는 것이라고도 할 수 없다는 얘기요.

나카노는 "길이란 본래부터 있은 것이 아니라 다니는 사람들이 많아지면서 차차 생긴 것이다."라는 루쉰의 이 말을 예로 들면서 "사람들은 이 대목을 밝은 말로, 앞에 있는 광명을 보고 걷기 시작하는 사람들의 말로 인용하고 있는 것처럼 보인다. 적어도 나한테는 그렇게 보인다. 그것은 그것으로 괜찮지만 그래도 그렇게 말할 수 있을까?" 하고 묻습니다. "여기에서 희망이라고 할 때는 너무나 깊은 어둠 자체로서, 필연적으로 실천적인 희망과 교차하는 것이다. 중국의 혁명가들은 오히려 거기서 문학적 감동을 받았을 거다. 우리도 그런 식으로 봐야 한다." 그러니까 희망적인 이야기로만 보지 말고, 얼마나 어두운 상황일까에 대한 상상이 있어야지 거기서 그래도 깊은 어둠 사이를 걷는 사람들의 힘을 배울 수 있다는 그런 이야기지요. 제가 오늘 말씀 드린 이야기와 같은 맥락이지요. "'망각을 위한 기념'에서도 루쉰은 진짜 잊어버리고 싶었을 것이다. 사람들이 진짜 절망적인 장면을 겪었을 때 미사여구로 그런 이야기를 쓸 수는 없을 것이다. 진짜 망각하고 싶었는데, 잊어버리고 싶었는데 못 한다는 그런 괴로움, 그런 고뇌야말로 진실이다. 우리는 그런 진실을 배워야 한다." 그런 말을 나카노가 하고 있습니다.

루쉰을 어떻게 읽을 것인가?

1931년에 만주사변이 일어났고, 루쉰이 이런 식

으로 싸우다가 1936년에 세상을 떠났습니다. 세상을 떠나기 전 '나는 사람을 속여야겠다我要騙人*'라는 일본 말로 된 글을 썼어요. 루쉰이 일본인에게 보내는 유언이라고도 할 수 있겠지요. 속이고 싶다는 것이 유언이라는 것은 참 재미있습니다. 그때 일본의 진보적인 출판사에서 글을 하나 써 달라고 하니까 거절을 못 해서 이 글을 썼어요. 당시 중국에는 '일본과 중국의 친선'이라는 구호를 외치는 사람들이 많았습니다. 친일파가 그렇게 외쳤지요. 왕자오밍汪兆銘,왕조명 1883-1944** 이런 사람들이.

> 이런 글을 쓴다는 것도 기분이 그리 좋은 일은 아니다. 하고 싶은 말은 대단히 많지만 '중일 친선'이 더욱 강화되는 시기를 기다리는 수밖에 없다. 얼마 후면 그 '친선'의 정도가 아마도 우리 중국에서는 일본을 배격하는 자는 곧 나라의 역적이라고 인정되고 — 듣는 바에 의하면 공산당이 일본을 배격하는 구호를 이용하여 중국을 멸망시키고 있기 때문에 — 도처의 단두대마다에는 태양의 동그라미(일장기)가 번쩍이게 될 것이다. 그런데 이런 지경에까지 이르더라도 아직 진실한 마음을 피력하는 시기는 되지 못할 것이다.
>
> 나 혼자 생각일지도 모르지만 상호 진실한 마음을 엿보고 이해하는 데 있어서 붓과 혀를 놀리거나 혹은 종교인들이 말하는 것처럼 눈물로

---

* 일본 잡지 〈카이조 改造〉 1936년 4월호에 실린 글. 루쉰은 그 해 10월 세상을 떠났다.

** 일본 호세이 대학法政大學에서 유학했다. 국민당 내 좌파의 중심인물로 장제스와 대립했다. 1932년 장제스와 타협한 뒤, 1938년에는 국민당 부총재를 지냈다. 그 후 중일전쟁이 터지자 충칭을 탈출, 하노이로 피신했다가, 1940년 일본군 점령 하의 난징으로 돌아가 화평구국和平救國을 주창하며 일본과 손잡고 괴뢰정권을 수립했다. 1944년 일본의 나고야 제국 대학 부속병원에서 죽었다. 본명보다는 왕징웨이汪精衛 왕정위로 더 알려져 있다.

눈알을 맑게 씻어 내는 간편한 방법을 쓸 수만 있다면 물론 더없이 좋을 것이다. 그러나 이렇게 쉬운 일은 아마 세상에 드물 것이다. 이것은 슬퍼할 만한 일이다.*

아주 반어적인, 역설적인 이야기인데요. '일본이 또 침략해 올 것이다. 그렇게 되지 않는 한, 일본이라는 침략 세력의 본질은 우리에게도 안 보이고, 일본인들에게도 중국 사람들의 저항의 뜻은 안 보일 거다. 그런 과정을 거친 뒤에야 친선이라는 이야기도 할 수 있겠다.' 하는 내용을 이 글에 썼습니다.

그러고 나서 루쉰은 죽었는데요. 물론 죽은 뒤에 중국의 루쉰 연구가, 특히나 사회주의 리얼리즘 연구가들에 의해서 루쉰의 그런 증명, 지금 제가 말씀 드린 허무주의에 대한 증명은 가능한 한 축소되고 중국 공산당의 동반자로 싸운 측면을 많이 부각시키고 조명하는 공식적인 루쉰 이해에 대한 학설이 세워졌죠. 중국에서 거의 대다수 루쉰 해석이 그렇게 되어 있습니다. 제가 볼 때는 중국이 지금 시장주의로 방향을 바꾸었고, 중국 국내, 특히나 내륙이나 농촌에 가면 아주 절망적인 상황이 지금도 벌어지고 있고, 앞날을 보면 더욱 절망적일 수밖에 없는 그런 상황이라고 생각하는데요. 루쉰을 그런 맥락으로, 그런 문맥으로, 지금 시대의 어떤 교훈으로 읽고 있는 중국 사람들이 과연 얼마나 있을까 생각하면 조금 한심스러운 상황이라고 봐요.

다시 일본 이야기를 하면 일본도 또 한심합니다. 아까 이야기했듯이 루쉰이라는 사람은 우리가 아시아의 근대를 생각할 때 가장 중요한 인물입니다.

---

* 《노신 선집 4 – 서간문·평론》 루쉰 씀, 노신문학회 엮고 옮김, 여강출판사, 2004, 297쪽 가운데.

일본에서는 아직까지 인기가 있고 루쉰 연구자들도 많아요. 요사이 다케우치 세대가 교체되었지요. 후지이 쇼조藤井省三라는 도쿄 대학교 중국 문학과 교수인데, 새 세대 루쉰 연구자로서 권위가 있어요. 제 나이하고 비슷할까? 이 사람을 중심으로 새로운 루쉰 연구의 흐름이 있고, 홍콩, 타이베이臺北 대북, 심지어는 서울에서도 루쉰 연구학회가 많이 벌어진다고 합니다. 그런데 후지이 쇼조가 쓴 글을 하나 보면요, 이런 대목이 나와요. "…… 학회 때문에 서울에 왔다. 서울 대학교 도서관에서 자료를 뒤져 보았더니 옛날 일제 때 일본에서 출간된 〈루쉰 선집〉이 거기에 소장되어 있었다. 거기에서 그때 조선 사람이 연필로 쓴 메모를 보았다." 자, 그것을 본 순간 후지이가 어떻게 느꼈을까요? 어떻게 상상하세요? 너무 웃기는 것인데, "루쉰이라는 사람의 어떤 보편성이 일본 말이라는 외국어로 번역되고, 조선 사람에게도 전달되었다는 것을 알게 되어 즐거웠다. 반가웠다." 이렇게 썼어요. 이런 감성을 지닌 사람이 새로운 루쉰 연구자로 일본에서 인기가 있어요. 그러니까 탈정치화도 이쯤 되면 너무하지요.

그때, 일제 때 조선에서 루쉰을 읽은 이름 모를 조선의 지식인이 어떻게 느꼈을지 모르겠어요. 그때는 이육사 시인 정도가 루쉰하고 조금 관계가 있었습니다.* 루쉰의 장례식에 참석한 유일한 조선 사람이 이육사예요. 중국에서 활동했기 때문이지요. 일제 때 경성제국 대학교에서 중국 문학을 공부하던 그 조선 사람이 어떤 사람이었는지 우리는 몰라요. 아주 악질 친일파였을지도 모릅니다. 그런데 일본인 학자가 그런 맥락을 전혀 따지지 않고 루쉰의 보편성이 일본어로 번역되고 조선 사람에게까지 이렇게 알려진 것

---

* 1932년 6월, 이육사는 암살당한 중국 혁명의 원로 양씽푸楊杏佛의 장례식장에서 우연히 루쉰을 만났다. 루쉰이 죽은 뒤, 루쉰의 작품 '고향'을 〈조광朝光〉 1936년 12월호에 번역해 싣기도 했다.

이 반갑다, 행복하다고 할 수 있어요? 해도 돼요? 지금까지 말씀 드린 루쉰에 대한 완전한 왜곡이라고 할 수 있지요.

전쟁 때도 다자이 오사무太宰治가 루쉰 형제를 모델로 하는 소설을 썼어요. 도쿄에서 루쉰이 동생 저우쭤런하고 하숙을 했는데 그 하숙방 집주인 딸하고 연애에 빠집니다. 사실 저우쭤런의 부인이 하숙집 딸이죠. 루쉰이 일본에 올 때만 해도 중국에서는 여성들이 전족을 하고 있었죠. 그런 봉건적인 것들을 어떻게 극복해야 하는가를 고민할 때 유학을 왔습니다. 그런데 하숙집 딸은 중국 여성들과는 달리 활발하게 지낸단 말이죠. 도쿄의 서민들이 사는 마을에서 그것을 보고 매혹당했어요, 특히 저우쭤런 같은 경우는. 전쟁 말기에 다자이 오사무가 그런 이야기를 썼는데, '일본의 천황을 중심으로 하는 가짜 보편성을 아시아의 문학자들도 지지하고 있다. 그러니까 아시아가 나아가야 하는 근대의 방향을 보여 주는 것이 일본이다.'라는 구도지요. 중국을 이끌어야 한다고 생각하는 지식인들이 일본에 유학 와서 하숙집 딸과 연애에 빠졌다는 것이 그런 구도를 뒷받침하는 이야기입니다. 대동아문학자대회大東亞文學者大會가 전쟁 때 그런 역할을 했는데, 중국의 왕자오밍처럼 조선 사람들도 여럿 거기에 참가했습니다. 그런데 루쉰은 분명 그것하고 다른, 대조적인 처세를 끝까지 해 낸 사람이에요. 하지만 일본은 아직까지도 자기중심적인, 자기를 미화하려고 하는 루쉰 해석이 남아 있습니다. 그것도 후지이 쇼조처럼 세련된 방식으로요.

그러니까 루쉰이 온몸으로 싸우고 있는 구도가 사상적으로 보면 아직도 계속되고 있고, 루쉰을 어떻게 보고 있는지를 치열하게 따져야 비로소 그때부터 참된 대화를 할 수 있다고 저는 봅니다. 일본에서는 꽤 여러 번 시도했는데 그때마다 "서 선생은 너무 치열하다."라든가 "재일 조선인이니까 지나치게 자기중심적인 해석을 한다."는 그런 반응밖에는 없었어요.

오늘 여기서 희망이라는 키워드를 가지고 루쉰에 대해서 이야기했는데요. 과연 대한민국에서 희망이라고 하는 것은 어떤 뜻일까? 희망이라는 것이 이데올로기라면 이 이데올로기가 어떤 역할을 하고 있는가? 사회적으로 역사적으로 어떤 역할을 하는가? 오히려 가짜배기 헛된 희망을 강조하면서 모순을 직시하지 않고 유화적인 해결로 나아가려는 사람들과 끝까지 싸우려던 사람이 루쉰 아닌가? 그러면 우리에게는 희망이라는 것이 어떤 것일까? 이런 것을 묻고 싶습니다.

희망, 다수자의 이데올로기를 넘어서

덧붙여 절망에 대해서도 한 마디 하겠습니다. 루쉰의 '희망希望'이라는 작품이 있는데요. 이 작품에 페퇴피 산도르 Petöfi Sandor, 1823~1849의 시 '희망가'가 나오지요? 페퇴피는 헝가리의 독립운동 투사였습니다. 헝가리가 19세기 초반까지만 해도 오스트리아하고 같은 제국이었고 헝가리인들이 거기서 독립하려고 했는데, 오스트리아 제국이 러시아하고 협정을 맺으면서 러시아인들이 헝가리를 진압합니다. 거기서 페퇴피도 죽는데, 이 사람이 쓴 시를 루쉰이 소개하면서 "절망이란 희망처럼 허망한 것이어라!" 하고 말하지요. 이거 너무 부드러운 번역인데, 일본 말 번역으로는 "절망이 허망인 것은 희망이 허망인 것과 똑같다."고 되어 있어요. 여기서 중요한 것은 주어가 절망이라는 겁니다. 루쉰은 페퇴피의 시를 소개하면서 "절망은 허망이다. 왜냐하면 희망도 허망이니까." 하는 이야기를 하고 있습니다. 그것이 절망적인 사람들에게 위로가 되는지는 모르겠지만 그래도 제 세대에 일본에서 루쉰을 읽어 온 사람들에게는 익숙한 표현입니다. 너무나 치열한 것이긴 하지만 절망적인 상황에 있는 사람에게 주는 루쉰 나름대로의 격려라고 할 수 있어요. 기본적으로는 절망적인데, 그래도 당신이 지금 시달리고 있는 이 절망도 허망이라고 말하고 있는 것이죠.

그리고 번역 문제에 대해 조금 이야기하면요. 루쉰은 번역을 하는 사람이지요. 외국 문학을 많이 번역했어요. 그러니까 루쉰은 개항기 중국은 넓은 세계를 알아야 한다, 세계의 보편적인 이성에 대해서 알아야 한다고 생각했습니다. 그 방법론으로 번역하는 행위 자체가 민족의 독립이나 해방과 어떤 관계에 있는지 가장 깊이 고민을 한 사람입니다.*

루쉰의 정신적인 스승이 장타이옌章太炎 장태염이라는 청나라 말기 지식인인데, 이 사람이 청나라의 낡은 봉건체제에 대해 저항하던 골수 민족주의자예요. 이 사람은 이런 이야기를 해요. 청나라 말기에 천대받은, 남에게 멸시당하던 직업이 열여섯 개가 있었대요. 열여섯 번째, 가장 멸시당한 직업이 지방의 지사나 고급관료들을 따라다니면서 치질을 혀로 핥아주는 거였답니다. 그런데 그 바로 앞, 열다섯 번째가 통역하는 사람이에요. 그렇게 거기서는 멸시당하던 직업이었어요. 특히나 외국 사람들이 자꾸 중국을 침략해 오니까 외국을 소개하는 사람이야말로 우리를 침략해 오는 사람들의 앞잡이다, 이런 생각이 널리 퍼져 있었어요. 그런 교육을 받아서 한편으로는 그런 것들에 대한 정당성을 인정하면서도, 일본에 와서 일본 말을 배우고 독일 말을 배운 사람이 루쉰이라는 겁니다.

이분법적인 이야기가 되는데요. 19세기 말에 우리 것이 어떤 것인가 할 때, 우선 우리 것이 이런 것이 있어 왔다는 것을 따져야지요. 그런데 또 근대라는 시대가 어쩔 수 없이 상대방하고 관계를 안 맺고는 그 시대를 건널 수 없었다는 것을 잊어버리면 안 됩니다. 문제는 어느 방향에서 어떤 처지

---

* 루쉰은 당시 중국에서 나온 번역 성과를 관심 있게 지켜보며 '억지 번역과 문학의 계급성', '또 하나의 순통한 번역', '번역에 관하여' 같은 여러 편의 잡문을 남기기도 했다

에서 근대라는 것을 거쳤을까, 하는 거지요. 이런 다른 방향과 각도에서 근대를 겪어 온 우리들이다, 앞으로 나아갈 일이 문제다, 라고 생각합니다.

　말도 순수한 우리 것과 남의 것이 따로 있는 것이 아닙니다. 상호침투적인 관계라고 보아야 하지요. '희망'도 번역어 아닙니까? 건너온 말이라는 것 자체가 중요한 것이 아니라, 희망이라는 말을 루쉰은 루쉰 시대에 이런 식으로 해석했다, 그러니까 우리도 우리가 주인공으로, 자신들의 해석을 가지고 이야기하는 것이 중요하다는 겁니다. 안 그러면 다수자가 그러듯이 "그래도 희망이 있는데……." 하는 식으로 해석을 당해 버리는 것이 서발턴subaltern 기층민중이죠. "안 그렇다. 희망은 우리에게는 없다. 희망은 우리에게는 허망이다." 하고 저항하고 충돌해야 합니다. 그래야 다수자의 이데올로기에 대해서 문제 제기할 수 있고, 어떤 새로운 개념으로 다가갈 수 있는 것 아닙니까?

3부;
저항하는 예술 증언하는 예술

이런 예술은 참혹한 전쟁을 겪은 뒤에 나왔기 때문에 기분 좋게 볼 수 있는 것이 아닙니다. 여성들이 많이 강간도 당했고요, 아는 사람들이 숱하게 살육당했고, 역사적으로 보면 그런 것투성이에요. 미술은 고통스러운 사람들을 위로해 주는 역할도 있지만, 반대로 증언으로, 증인으로, 이것을 보라고 하기도 합니다. 에케 호모죠. 인간이 얼마나 어리석은가에 대해서……. 보기 싫다, 보기 힘들다, 당연해요. 그렇지만 진짜 예술에는 그것을 보게 하는 어떤 예술적 힘이 있습니다.

7 _ 당신의 미의식은 당신 것인가?

오늘 아침 〈한겨레 신문〉에도 글이 실렸는데 제가 반 고흐 전시회에 다녀왔습니다. 칼럼에서 하고 싶은 말을 제대로 하지 못한 느낌도 들고 해서, 반 고흐 얘기를 조금 하겠습니다.

전쟁을 겪은 20세기 독일 미술

미술에 대해서 저는 《나의 서양미술 순례》와 《청춘의 사신》을 썼습니다. 원래 미술에 관심이 있는 사람입니다. 그리고 다음 미술 책을 준비하고 있습니다. 간단히 말씀 드리면 《나의 서양미술 순례》 속편 같은 것인데, 90년대 초기부터 독일 미술에 관심을 갖고 독일에 자주 다니면서 독일의 20세기 미술을 《청춘의 사신》에 조금씩 언급했는데요. 바이마르 시대죠. 제1차 대전 후 나치가 태동하기 전인 1920년~1930년, 그러니까 인류사에서 가장 험악했던, 어려웠던 시기라 할 수 있습니다. 새로 나올 책은 그 다음 시기, 통일 독일의 미술도 함께 다루고 있습니다.

많은 독일의 예술가들은 제1차 대전 때 입은 상처 때문일까요? 새로운 미적 양식을 개척했습니다. 그것을 한마디로 말씀 드리면 추악한 것, 이때까지 기준으로 보자면 아름답지 않은 것, 그런 미적인 양식이죠. 우리가 평소에 쉽게 "이거 아름답다.", "이거 추하다."라고 할 때 거기에 무의식적인 미의식이 작동하고 있습니다. 미의식이라는 것은 무엇을 아름답다고 하고 무엇을 추하다고 하는가를 의미합니다. 새로운 미의식이라 하는 것은 세상에서 흔히들 이것이 아름답다고 하니까 그것을 따라가는 것이 아니라 자기 나름대로의 미의식이지요. 우리가 이것을 보고 아름답다고 느끼는데 과연 이런 느낌이 자율적인 것인가, 이것을 아름답다고 해도 되는가 하는 것을 고민한 결과물입니다.

제1차 대전은 인류사 최초의 총력전, 근대국가의 총력전입니다. 그러니까 근대 국민국가의 온갖 폭력성이 노골적으로 드러났다고 할 수 있어요. 그전까지는 기본적으로 사람들의 일상생활에서 멀리 떨어진 전장에서 남자 군인들끼리 싸우고, 거기서 얼마쯤 싸웠으면 국가들끼리 조약을 맺고 전쟁을 끝내는 것이 일반적이었습니다. 그래서 제1차 대전에 돌입했을 때도 유럽의 젊은이들은 '아, 길어도 한 이삼 주다' 했어요. 그러니까 거기서 아주 영웅적인 꿈, 낭만주의적인 꿈, 전장에서 영웅적인 공적을 올리고 훈장이나 받고, 여성들에게 사랑을 받고 싶어 하는 모험적인 꿈들을 많이 꾸었지요. 여러분이 아시는 레마르크Erich Maria Remarque의 《서부전선 이상 없다Im Westen nichts Neues》라는 소설이 있지 않습니까? 거기에 학교에서 선생님들이 애국주의, 군국주의를 교육시키고 젊은 사람들이 의심 없이 전장으로 가는 장면이 나옵니다. 이것이 길어도 이삼 주, 아무리 길어도 몇 개월 안에 끝나는 전쟁이라고 생각해서 갔는데 제1차 대전이 사실상 4년을 끌었습니다. 아주 근본적인 사회 변화가 이루어졌지요. 독일에서는 병사 1,200만 명이 동원되고, 프랑스와 영국에서는 8백만 명씩 동원돼서 온갖 힘으로 끝까지 싸운 인류사 최초의 총력전이었습니다.

그리고 그때까지 전장에서 싸우던 방식이 아니라 온갖 근대적인 병기들이 등장했습니다. 유보트$^{U-boat\ 잠수함}$, 비행기에서 폭탄 던지는 것도 처음 나왔어요. 기관총도 그래요. 호치키스^{Hotchikiss} 스테이플러라고 하지요. 기관총 회사 이름입니다. 호치키스도 같은 기술이에요. 그리고 독가스를 전장에서 사용했지요. 특히나 독일이 패전국이니까, 거기서 젊은 병사로 전쟁을 겪은 예술가들은 인간성에 대한 근본적인, 근원적인 문제에, 어떤 위기에 직면했다고 할 수 있습니다. 그러다가 전쟁이 그렇게 어렵게 끝났을 때 독일에서는 11월 혁명이 일어났습니다. 칼 리프크네히트, 로자 룩셈부르크 같은 사람들이 스파르타쿠스^{Spartacus}라는 당을 만들어 황제를 추방하고 혁명을 했는데, 그것이 아주 참혹하게 탄압을 받고 리프크네히트도 로자도 암살당했습니다. 혁명은 그대로 무너졌지요.

그리고 전쟁 후에 독일은 하이퍼 인플레$^{Hyper\ Inflation}$였습니다. 그러니까 전쟁에 갔다 왔는데 못살고 못 먹고 특히나 여성들의 고통은 말할 수 없는 지경이고, 그런 형편인데도 일부 부유층이나 권력자들은 자기 멋대로 아주 윤리적으로 허용할 수 없는 생활을 하고 있고……. 그런 걸 보면서 예술을 할 때, 19세기까지 이어져 온 아름다운 여성상이나 자연 풍경이나 그런 것을 그린다는 건 인간의 진실에 대해서 외면하는 거지요.

이런 경험을 통해 지금 말씀 드린 20세기 초반의 예술이, 특히나 독일의 예술들이 생겨났습니다. 대표적인 화가로는 오토 딕스$^{Otto\ Dix\ 1891~1969}$, 조지 그로스$^{George\ Groz\ 1893~1959}$, 에밀 놀데$^{Emil\ Nolde\ 1867~1956}$, 키르히너$^{Ernst\ Ludwig\ Kirchner\ 1880~1938}$ 같은 사람들이 있는데요. 세계적으로 매우 유명한 화가들인데 대한민국에서는 조금 낯선 이름들일 겁니다. 그런데 이런 사람들은 전부 사회적으로 부조리, 비합리, 비리에 대해서 저항했을 뿐만 아니라, 사회적, 정치적 의식보다는 미적인 양식, 표현 방식을 가지고 싸웠습니다. 이때까지 존재한 그런 미의식으로는 표현할 수 없는 인류의 새로운 단계라고 할까, 상황을 표현할 만한 새로운 방식을 개척하려고 필사적으로 노력한 사람들이 이 사람들입니다.

이 사람들의 예술은 참혹한 전쟁을 겪은 뒤에 나왔기 때문에 대개가 기분 좋게 볼 수 있는 것이 아닙니다. 여성들이 강간도 많이 당했고요, 아는 사람들이 숱하게 살육당했고, 그런 사람들의 마음을 미술이 어떻게 표현할 수 있는지……. 그런데 역사적으로 보면 그런 것투성이에요. 미술은 적어도 두 가지 기능이 있지요. 하나는 고통스러운 사람들을 위로해 주는 역할도 하지만, 반대로 증언으로, 증인으로, 이것을 보라고 하기도 합니다. 에케 호모 Ecce Homo 이 사람을 보라 죠. 인간이 얼마나 어리석은가에 대해서……. 보기 싫다, 보기 힘들다, 당연해요. 그렇지만 진짜 예술에는 그것을 보게 하는 어떤 예술적 힘이 있습니다.

근대국가가 만들어 낸 '국민의 미'

제가 서양미술 순례를 할 때가 1983년인데요. 형 둘은 감옥에 있고, 이 나라가 전두환 때이고, 광주에서 끔찍한 학살사건 있었고, 그런데 앞으로 희망 같은 것은 전혀 안 보이고 했을 때입니다. 그때 제가 유럽에 가서 르누아르 Pierre-Auguste Renoir의 '피아노 치는 소녀 Jeunes filles au piano' 같은 그림을 보면서 '아, 좋다. 아, 위로가 된다.'고 느낀 게 아닙니다. 오히려 불편한 그림, 보기 힘든 그림을 더 끈질기게 보았어요. 좀더 정확히 말하자면 그 그림들이 말하는 것, '인류는 여태 참혹한, 치열한 싸움을 계속 해 왔다. 이렇게 피투성이인 싸움이 있었다. 지금 이렇게 싸우고 있는 우리만 그런 것이 아니다. 그런데 거기서 이렇게 정직하면서도 훌륭한 일을 해 낸 사람들도 있었다.'는 것을 안 볼 수가 없었습니다. 보는 사람들을 기분 나쁘게 만들고, 분노하게 만들고, 아니면 외면하고 싶을 정도로 추악하고 그런 거지만, 우리가 안 볼 수 없도록 만드는 작품이 힘이 있다고 할 수 있지요. 그런 것이 새로운 미의식이다, 그것도 미의식이다, 미의식이라는 것은 그냥 흔히 아름답다고 하는 것만 다루는 것이 아니라 사회적인 관계의 산물이라는 것입니다.

그리고 박정희 때 반공 교육처럼 국가가 도덕교육이나 국민교육으로 인간의 윤리, 사고방식에 대해서 통제하고 관리하려고 하지 않습니까? 똑같이 근대라는 시대에 미술이라는 것의 기능은 그런 것이기도 합니다. 인간의 미의식을 국가가 통제하면서 '우리는 같은 민족이다. 우리는 하나의 가족이다. 저 사람들은 우리와 다른 타자다. 심지어는 적이다.' 이런 식으로 우리하고 타자와의 경계선을 긋는 역할을 하는 것도 미의식입니다.

'우리의 미美'라는 말을 잘 하지 않습니까? 《한국의 미》라는 책도 나왔지요. 그런데 '한국의 미'는 과연 누구의 '미'이고 언제부터 정해졌을까 다시 생각해 볼 필요가 있습니다. 한국뿐만 아니라 온갖 근대국가가 그렇다는 것입니다. 모든 근대국가가 근대라는 시대에 들어가면서 박물관하고 미술관을 세웁니다. 그리고 미술학교를 세워요. 그리고 문화사, 미술사를 서술합니다. 거기서 '우리 민족의 미의식'이라는 코드로 어떤 학설을 만들고, 그것을 학교교육을 통해 가르치지요. 그것은 어떤 언어를 국어로 만드는 것하고 똑같은 과정입니다.

이것을 예로 들면, 이거 꿀떡입니다. 일본에는 이런 것이 없어요. 이런 걸 두고 한국 사람의 미의식이 잘 반영된 것이라고들 하는데요. 물론, 한국에는 이런 것을 좋아하는 미의식을 가진 사람들도 있고 아닌 사람도 있을 거예요. 그런데 국가가 나서서 한국이라는 국가에 사는 사람이라면 분명 이런 미의식을 공유해야 하고, 이것을 보고 '아, 이거 귀엽다. 우리답다.'고 느끼지 않는 사람들은 타자다, 이런 식으로 항상 되풀이해서 가르치고 있는 것입니다.

문화에 대해서도요. 일본에서 제가 학생들에게 이런 얘기를 하면, 학생들은 "우리는 일본 문화에 익숙한 일본 사람이니까……" 하지요. 그러면 제가 "일본 문화가 뭐냐?" 하고 물어요. 특히 미술에 대해 이야기하면 "우키요에浮世繪*입니다." 그러는데, 우키요에가 동북 지방의 농민, 오키나와의 백성들이나 그 둘레의 보통 서민들이랑 무슨 관계가 있지요? 우키요에는 에도시대江戶時代의 오사카와 도쿄의 상인을 중심으로 한 문화이지, 그것이 곧 일본 문화다라고는 할 수 없어요. 어떤 시기에 일본 땅 어떤 지역에 살던 사람들의 문화라고 할 수 있지요. 다도茶道도 그렇습니다. 그것도 오사카, 사카이堺 아니면 교토의 부유한 시민들 사이에서 16세기~17세기에 시작된 문화예요. 홋카이도北海道 사람들과 무슨 상관이 있느냐고 할 수 있죠.

그런 식으로 산발적으로 존재해 온 사람들의 문화를 '국민의 문화', '국민의 미'로 통괄하고, 하나의 국가나 국민이라는 것을 주어로 미적인 서술을 하는 것이 근대국가의 근본적인 성향, 근대국가의 특징입니다. 그리고 그것이 가장 잘 드러난 상황이 나치 시대죠. 나치가 1933년에 권력을 잡았는데 퇴폐 미술이라는 개념을 그때부터 만들었어요. 나치는 '독일 사람다운 미는 이런 것이다.' 하면서 아까 말씀 드린 사회 고발적인 그런 미술은 독일답지 않다고 해서 탄압했습니다. 예를 들어 그때까지 공립학교나 미술관이나 그런 곳에서 미술 작품을 사지 않습니까? 샀는데, "국민의 세금으로 이런

---

* 화려한 색채로 서민들이 사는 모습을 담아낸 일본 목판화 양식. 14세기부터 19세기까지 유행했다.

것을 사도 되냐? 이런 것이 독일 국민의 훌륭함, 영웅적인 모습, 그리고 그리스인 같은 이상적인 신체적 미에 대한 모독이다." 해서 이것을 다 압수하고, 심지어는 폐기하고 소각까지 했고요. 그래서 많은 미술가들이 망명했고 자살도 하고 투옥도 당했습니다. 특정한 미의식을 인정하지 않으면 국민으로 허용 않겠다는 것을 나치가 폭력적으로 우리에게 가장 쉽게 보여 준 것입니다. 근대 국민국가는 모두가 그런 요소를 가지고 있는데, 나치가 가장 보기 쉽게 그 일을 했을 뿐이라는 거지요.

그러면 우리에게 가장 중요한 것은 이런 시대에 살고 있는 우리가 인간의 자율성, 독립성을 지키려면 어떻게 해야 하는가 하는 문제지요. 그냥 정치적으로 사회적으로 국가의 정책에 반대하는 것만으로는 충분치 않다는 겁니다. 자기도 모르게 침투되어 있는 미의식은 어떻게 보면 국가나 권력이 강요하고 있는 거예요. 국가나 권력이 자기도 모르게 자신의 미의식조차 지배하고 있는 것 아닌가? 미의식이라는 영역에서 정신적인 독립, 자율, 이것을 우리가 이루어 내야지 진짜 참된 독립이 가능해지지 않겠는가? 그런 것을 많이 느낍니다. 사실 미술에서 투쟁이라는 것은 그런 것입니다.

자기의 미의식을 지키고자 한 투사, 반 고흐

자, 이렇게 길게 이야기했는데요. '반 고흐라는 사람이 바로 그런 투사, 혁명가다.'라는 것이 제가 이야기하고 싶은 것입니다. 반 고흐가 세계적으로 유명하고 작품이 무척 비싼 가격으로 거래되고 하니까 대중들한테 굉장히 인기가 있죠. 그런데 인기 있는 이유가 그런 것뿐만 아니라 여러 가지가 있습니다.

여러분, 미술의 역사를 어떻게 보시는지 모르지만 제가 무척 좋아하고 하고 싶은 이야기입니다. 간단히 얘기해서 특히 서양에서 인간은 왜 미술을 그려 왔을까요? 왜 춤을 추고 왜 미술을 하지요? 그거 어려운 문제예요. 한마디로 답을 할 수 없죠. 왜 미술을 하냐에 대한 답은 어렵지만 적어도 서양에서는, 그리스도교 사회에서는, 미술을 하는 명분은 신의 메시지를 표현하기 위해서다, 이렇게 되어 있었습니다. 지금도 유대교나 이슬람교가 그렇지만 원래는 우상숭배 금지라는 계율이 있기 때문에 더더욱 그림을 그리면 안 되었습니다. 그림을 그리면 계율 위반이에요.

그림을 그리는 것은 인간의 욕망 가운데 하나입니다. 이거 먹고 싶다, 사랑하는 여인과 사귀고 싶다는 것과 똑같은 근본적인 욕구예요. 그런데 종교적인 계율로 안 된다고 금지를 했는데요. 금지한 명분이 뭐냐면 '구체적인 대상, 인물이나 과일처럼 구체적인 것은 전부 신의 피조물이다. 신이 모양, 색채, 모습을 만들어 주신 것이니까 그것을 인간이 그리는 것은 신에 대한 모독이다.'라는 것이죠. 모세의 '십계'같이 《성서》 곳곳에 그런 내용이 나옵니다. 그리고 신이라는 건 눈에 안 보이는 존재입니다. 소리만 들리지요. 그러니까 인간의 모양을 그리는 것은 종교적으로 허용될 수 없는 일이라는 것이 유대교, 그리스도교 세계의 근본적인 계율이었어요.

그런데 그리스도교의 자기모순은 그리스도교 회화가 어떻게 허용되었냐는 것입니다. 유대교는 계속 계율을 지켜 왔지요. 그리스도교는 아닙니다. 여러분이 아시다시피 십자가 형 그림부터 지금 서양미술의 흐름이 생겼는데요. 그러니까 유대 교도들 중에 계율을 위반한 사람들의 종교가 그리스도교입니다. 말하자면 이방인 선교라고 해서 언어가 통하지 않는 대상도 선교하는 것이 그리스도교의 특징이지 않습니까? 유대교 세계에 있던 어떤 문화적인 중심부, 기득권층이 아니라 외부, 타자, 주변화된 사람들, 가난한 사람들에게 선교하는 것……. 그렇게 하려니까 그림으로 신의 가르침을 표현하자, 그러면 글자를 모르는 사람들도 선교할 수 있다, 이것이 그리스도교 그림의 시발점입니다.

그래서 그리스도 교도들 가운데는 12세기쯤까지 화가 개인의 이름이 없습니다. 독립된 이름을 가진 화가가 존재하는 것이 아니라 신의 가르침을 그림으로 그리는 집단적 장인이 있는 거죠. 예를 들어 제가 그렸다고 해도, 서경식이라는 사람이 그렸다는 사실이 남아 있는 것이 하나도 없어요. 있으면 안 돼요. '신의 대리자, 교회의 의도를 대신해서 이름 없는 장인이 그렸을 뿐이다.'라고 되어 있습니다. 그래서 독창성이 있으면 안 돼요. 지금도 '러시아 이콘Russian Icon 러시아정교의 종교적인 도상'이라는 것이 있지 않습니까? 러시아정교 수도원에 들어가면 러시아 이콘을 배우게 돼요. 저마다 지닌 개별성을 없애고 이때까지 지켜 온 전통을 그대로 따르는 것이야말로 신의 의지를 성실하게 따르는 길이라고 가르치지요. 12세기까지 서유럽도 그렇습니다. 그런데 거기서 점점 르네상스가 시작되고 미켈란젤로Michelangelo Buonarroti 1475~1564, 조토Giotto di Bondone 1267~1337, 프라 안젤리코Fra Angelico 1400~1455 이런 개인 이름들이 나오지요. 화가 개인마다 표현이 생생하고 역동적으로 바뀌고, 또 그림을 보면서 '아, 이것이 안젤리코다. 이것이 보티첼리다.' 이런 식으로 우리가 구분할 수 있게 되었습니다. 이것은 사회가 자본주의적 근대로 변화하는 것과 깊은 관계가 있어요. 왜냐하면 그때 피렌체Firenze를 중심으로 한 중부 이탈리아에서는 경제력이 커지니까 부유한 시민이나 귀족들이 그림을 주문하기 시작했습니다. 그래서 거기서 잘 그리는 아틀리에에, 물론 지금처럼 그런 개인 화방은 아니지만 어떤 수사가 있고 제자들이 있는 아틀리에에 주문하면 아주 멋있게 그려 준다, 그래서 값이 더 올라가고 그런 식으로 개성들이 생겨요. 이런 움직임을 가리켜 부르크하르트Jacob Burckhardt라는 학자가 "이탈리아 르네상스 시기 개인주의의 탄생"이라고 얘기하지요. 그렇게 서양미술의 흐름이 죽 있었습니다.

여러분이 아시는 고야^(Francisco José de Goya y Lucientes 1746~1828)는 프랑스혁명 시기 스페인의 궁정화가였어요. 그러니까 주인은 왕입니다. 왕이 어떤 그림을 그리라 하면 명령에 따라 그림을 그렸죠. 그런데 프랑스혁명을 지나서 개인의 시대가 와요. 그러니까 19세기 중반 프랑스 부르주아 시민들은 자신들이 좋아하는 그림을 많이 주문해요.

그리고 17세기 네덜란드가 동인도회사를 차려서 향료 무역에 나섰지요? 지금의 인도네시아를 식민지로 삼고 일본까지 와서 일본의 나가사키^(長崎)에서 무역도 했고……. 그 시기에 네덜란드 화가들이 훌륭한 미술 작품을 많이 완성했습니다. 반 에이크^(Jan van Eyck 1395~1441)라든가, 루벤스^(Peter Paul Rubens 1577~1640), 렘브란트^(Rembrandt Harmenszoon van Rijn 1606~1669)……. 그러니까 돈이 있는 나라에서 부유층이 파트너로 생기면서 미술도 이렇게 발전해요. 미술이라는 것도 인류의 역사, 사회적인 관계와 무관하지 않다는 것이죠.

그런데 고흐의 시대는 19세기 후반입니다. 막스 베버^(Max Weber)의 《프로테스탄티즘의 윤리와 자본주의 정신^(Die protestantische Ethik, und der Geist des Kapitalismus)》이라는 책에 나오듯이, 인간은 자본주의적인 어떤 질서 안에서 근면하게 일하는 것이 미덕이다, 유럽, 그것도 북방 사람들이 지닌 검소하고 근면한 정신이야말로 자본주의적인 발전에 큰 동력이 되었다고 강조하던 시기지요.

반 고흐의 아버지가 목사예요. 그런 아버지와의 싸움, 갈등이 고흐 예술의 가장 중요한 요소입니다. 아버지를 어떻게 넘어가나, 아버지에 대한 반발이지요. 그런데 아버지가 소위 속물이 아니에요. 검소하게 남을 위해 봉사하는 목사입니다. 그런데 그 아버지는 그림을 그리는 아들을 잘 이해하지 못합니다. 그러니까 늘 "일을 잘 해라."라는 식으로만 이야기하지요. 고흐의 예술에 대해 그다지 이해해 주지 않아요. 아버지는 훌륭하지만 아주 통속적이지요. 《프로테스탄티즘의 윤리와 자본주의 정신》에 나오는 그 시대적인 배경을 이해하지 않으면 잘 이해되지가 않아요.

그리고 고흐에 대해서 자유분방하게 하고 싶은 대로 살던 사람이라는 얘기가 있는데, 그건 오해예요. 아주 부지런하게 그림을 그린 사람입니다. 그리고 고흐 그림을 이해하기 위한 가장 중요한 요소가 화상畵商입니다. 화상이라는 것은 그림을 거래하는 상인이지요. 고흐도 한때는 화상이었고요. 동생 테오Theodorus van Gogh가 평생 화상으로 살면서 재정적인 지원을 해 주었기 때문에 그림을 그릴 수 있었습니다. 자기 작품을 하나의 상품으로 거래를 해야만 예술가로 살 수 있는 그런 근본적인 모순이 있었지요. 자본주의 시대 이전에는 궁정 화가로 살면서 왕이나 귀족이 주문하는 대로 그림을 그리면 되고, 아니면 교회가 주문하는 대로 그리면 좋았어요. 그런데 자본주의 시대로 들어가면서 이것을 상품화시키고 시장에서 잘 팔리는 그림을 그려야지 화가로 인정받을 수 있는 시대가 왔습니다. 아주 옛날에는 신을 위해서, 그 다음에는 왕을 위해서 그렸는데, 이제 부자 시민을 위해서 그림을 그려야 하는 시대가 온 거죠. 그런데 고흐는 그런 현실에 잘 적응할 수 없었습니다. 지금 신자유주의 자본주의 경쟁 시대에 잘 적응하지 못하는 우리에게는 많이 교훈적인 사람입니다. 그런 경쟁의 승자로 고흐를 보는 시각은 완전히 틀린 거지요. 고흐를 잘 팔리는 성공자로 보면서, 자식들 데리고 전람회 가서 너도 미술 열심히 배우고 학원이나 미술학교 다녀서 고흐처럼 이렇게 성공하라고 하는 것은 완전히 잘못이라고 할 수 있습니다.

고흐한테는 평생, 왜 그림을 그려야 하느냐 하는 게 문제였어요. 이 그림이 '슬픔Sorrow'이라는 그림입니다. 이거 여성 나체인데요. 이 여성은 매춘부예요. 임신하고 있어요. 아이 아버지는 고흐가 아닌데 둘이 동거하고 있었습니다. 고흐는 네덜란드에서 가장 버림받은 매춘부하고 같이 살았어요.

목사인 아버지가 이것을 어떻게 허용해 주겠어요. 그리고 동생 테오가

빈센트 반 고흐, 슬픔

볼 때도 이해가 안 되는 거죠. 자신이 돈을 보내면서 그림 공부만 열심히 해 달라고 했는데, 고흐는 매춘부와 동거하고 있을 뿐만 아니라 자신이 하고 있는 일이야말로 가장 훌륭한 일이라고 주장해요. 너희들은 그런 것도 이해하지 못하는 속물이다, 이렇게 주장해요. 테오는 또 자신의 힘으로 일 원도 못 버는 사람이 무슨 잔소리냐, 하지요. 그렇게 아버지하고도 싸우고 동생 테오하고도 싸웁니다.

미술사적으로 보면 화가들이 이때까지 여성의 나체를 많이 그렸습니다.

원래는 신을 위해서 그림을 그렸으니까 그냥 나체를 그릴 수는 없었어요. 그래서 르네상스 이후에는 일단 그리스 로마 신화나 아니면 《성서》의 한 장면을 주제로 삼아 그림으로 그리면서, 실상은 여성의 육체에 관심을 두는 식이었습니다. 소위 아름답다고 하는, 그리스적인, 이상화된 여성 나체들이 많이 나오지 않습니까? 팔등신, 그렇죠. 그런 사람이 세상에는 거의 없어요. 그런데 그런 것만 그리죠. 고흐 그림처럼 이런 것은 안 그려요. 왜냐하면 이런 것을 누가 사요? 뭐, 지금이야 사지요. 그런데 19세기 말에 누가 사겠습니까? 부르주아지^{bourgeoisie}가 거실이나 안방에다가 이런 그림을 걸겠어요? 그저 그런, 별로 아름답지 않은 여성의 나체일 뿐만 아니라 지금 이야기한 가장 버림받은, 가장 가난한 인간의 고뇌와 슬픔이 여기에 표현되어 있는데 이거 불편하잖아요? 부유층들이 이런 그림을 보면 얼마나 불편하겠어요? 이것이 아까 말씀 드린 20세기 전반기 독일 화가들이 전통적인 미의식에 저항하고, 어떤 변혁을 이루어 내고자 한 움직임의 시발점이 되었습니다.

우리가 쉽게 보면 추하고 별로 직시하고 싶지 않은데도 '이것이 진실이다. 바로 보라!', 그것이 고흐가 혁명가라고 할 수 있는 이유 중의 하나입니다. 그런데 고흐가 동생과 주고받은 편지를 살펴보면 그림에 대해서만 그런 것이 아닙니다. 동생 테오가 "형, 너무 지나치게 튀는 짓 하지 말고 그림이나 그려. 그리고 이런 여성들과 같이 사는 걸 친척이나 세상 사람들은 이해해 주지 않으니까 그렇게 자꾸 이야기하지 마." 하는데요, 고흐는 그걸 그냥 들어 넘기지 않습니다. "너는 바리케이드 저편에 있는 보수파다, 체제파다. 나는 바리케이드 앞에 있는 혁명파다." 이런 편지를 써서는 아주 치열하게 대꾸하지요. 프랑스의 1830년 7월혁명 때 들라크루아$^{Ferdinand\ Victor\ Eugène\ Delacroix}$ $^{1798~1863}$가 '민중을 이끄는 자유의 여신$^{The\ 28th\ July\ :\ Liberty\ Leading\ the\ People}$'을 그렸습니다. 시민혁명을 그린 거죠. 거기에 비유해서 "너는 보수파다, 속물이다.

그래도 돈을 보내라." 이렇게 얘기하는 거지요. 내가 너에게 저항하려면 돈이 필요하다, 그러니까 돈을 보내라, 이런 주장을 당당하게 하는 사람이 고흐예요. 그러니까 우리 상식으로는 도저히 이해할 수 없는 사람이에요. 그래서 그것이 정신병이다, 이렇게 이야기하죠.

우리처럼 이렇게 상식에 갇혀 있으면 그렇게 못 해요. 그래도 이 서한들을 보면 고흐는 "너는 상인이고 나는 화가다. 지금이야 안 팔리지만 그래도 예술적 가치는 지금 팔리는 것과 상관없이 있을 거다. 너한테 이 그림을 맡길 테니까 나한테 돈을 보내라. 그냥 달라는 것이 아니다. 너는 상인으로 일해라. 나는 예술가로 일한다." 이렇게 얘기하지요. 마지막에 정신병으로 입원도 했는데 그러다가 고흐가 자살을 했죠. 오베르 쉬르 와즈 Auvers-sur-Oise라는 마을에서 권총으로 자살을 했습니다.

제가 1983년에 그 마을을 처음 찾아갔고 《나의 서양미술 순례》라는 책에 그 얘기를 썼습니다. 그런데 테오도 보통 사람이 아니에요. 보통 그런 형을 허용하지 않아요. 하지만 테오는 그런 형을 끝까지 돕고, 심지어 고흐가 죽고 난 뒤 고흐 회고전을 열려고 분주하게 일을 하다가 6개월 후에 죽고 말았습니다. 말하자면 샴쌍둥이처럼 둘에서 한 사람인 그런 존재였다고 볼 수 있습니다. 둘 다 예술적으로도 뛰어나고, 또 둘 다 자본주의 시대에 예술이라는 가치 때문에 치열하게 싸운 사람들이라고 할 수 있어요. 그래서 고흐는 분명 뛰어나요. 제가 여러 곳에서 봤는데 평범한 화가하고는 분명 다릅니다. 단순히 고흐가 유명하니까가 아니라.

여러분, 히로시마에 갈 기회가 있다면 히로시마 미술관 ひろしま美術館에 꼭 가 보세요. 거기 고흐의 가장 마지막 작품인 '도비니의 정원 Le jardin de daubigny'이 있어요. 그런데 그런 걸 미리 알고 갈 필요가 없습니다. 히로시마 미술관은 중간에 동물원 마당이 있고, 둘레에 전시실 방들이 있는데요. 이쪽 방에

서 건너편 방이 보입니다. 거리가 머니까 어떤 사람의 어떤 그림인지는 자세히 안 보이죠. 그런데 마치 빛이 스스로 거기서 나오는 것처럼 보이는 그림이 하나 있어요. 우리가 보는 색채나 모양이라는 것은 모든 것이 빛의 반사죠. 어두우면 아무것도 안 보이잖아요? 그런데 이 그림만 내부에서 빛이 나오는 것처럼 보여요. '아, 저게 무엇일까?' 해서 다가가니 '아! 반 고흐다.' 이런 겁니다.

그리고 운이 좋아서 파리에 갈 기회가 있다면요. 오르세 미술관$^{\text{Musée d'Orsay}}$에 들러 보세요. 주목할 만한 프랑스의 근대미술 작품들을 거기서 다 전시하고 있어요. 고흐 그림 주변에 마티스$^{\text{Henri Matisse}}$도 있고 세잔$^{\text{Paul Cezanne}}$도 있고 전부 다 거장들의 아주 뛰어난 작품들인데, 자, 방에 들어가 보세요. 어떤 작품 앞에만 사람들이 모여 있습니다. 가까이 가 보니까 고흐의 '오베르의 교회 $^{\text{L'église d'Auvers-sur-Oise}}$'라는 그림이에요. 누군가가 그 그림에 대해서 설명해 주니까, 또 고흐가 유명하니까 그렇게 된 것도 있죠. 일본 사람이라면 '거기에서 고흐만 보자.' 해서 고흐 그림만 보고 만족해 돌아가는 경우가 있는데, 그런 게 아니라도 예비지식 하나 없이 그 방에 가서 '아! 저것이 무엇일까?' 해서 보게 되는 그런 그림이에요. 그런 것을 아주 특이한 재능으로 설명하는데 물론 재능이야 있지요. 그래도 지금 말씀 드린 그런 어떤 상처투성이인 투쟁, 비타협적이고 아주 치열한, 철저한 투쟁의 산물이라는 것이 제가 강조하고 싶은 것입니다. 그래서 얼마나 큰 영향을 후세대에, 예술가들뿐만 아니라 많은 사람들에게 주었을까요?

아까 말씀 드린 독일 표현주의 시대 예술가들도 고흐한테 받은 영향이 컸어요. 드레스덴^{Dresden}에서 처음 고흐 전시회가 열렸을 때, 그림을 배우는 학생들이나 독일 예술가들이 그때 받은 충격에 대한 이야기가 많이 나옵니다. 그게 바로 혁명가적인 일입니다. 그런데 여기서 아쉬운 것은 지금 말씀 드렸듯이 우리가 교과서적인 지식으로 고흐에 대해서 미리 알고 그림을 봐야 하는 것이 아닙니다. 열린 마음으로, 자유롭게 해방된 마음으로 그림하고 백지 상태로 대면해서 대화해 보세요. 지루하면 그만이고, 흥미로우면 흥미로울 것이고, 어찌되었든 솔직한 자기 느낌이 중요하지요. 아까 히로시마 미술관 작품을 예로 들었듯이 '아, 왜 이런 힘이 있느냐?' 하는 흥미를 느꼈으면 거기서부터 다시 여러 가지로 공부해 보고 사람들하고 얘기도 나누고 시대적인 배경도 좀 알아보고, 그렇게 해야 이해가 더 잘되고 감동도 또 커질 것입니다.

테오, 너는 코로의 화상이 아니다

반 고흐에 대한 가장 중요한 자료가《고흐 서한집》The Letters of Vincent van Gogh》입니다. 제가 아까 말씀 드린 동생 테오하고의 갈등, 아버지하고의 상극 이런 것들이《고흐 서한집》에 적나라하게 나와요. 이《고흐 서한집》은 말하자면 19세기 문학의 대명작이라고 할 수 있는 수준입니다. 이것이 일본에서는 여섯 권으로 번역되었습니다. 편지가 한 6백 통이나 될까요? 일본에서는 이게 완역되어 있습니다. 2류 제국주의라 하더라도 그래도 제국주의 나라로 20세기 초기부터 그런 문화적인 축적을 해 온 나라니까 완역되었죠. 놀라운 일인데요.《고흐 서한집》이 1911년, 이 나라가 일제 식민지 지배를 당한 그 다음 해에 유럽에서 출간되었는데, 일본 사람들이 그 시점에 이 책을 번역하기 시작해요. 그러니까 일본에는 1925년 그 무렵에 다이쇼 데모크라시大正デモクラシー라는 비교적 자유로운 시대가 있었는데요. 그때 고흐의 영향을 예술가뿐만 아니라 문화 비평하는 사람들이 많이 받았지요. 시라카바 파白樺派라는 진보적인 휴머니스트들의 모임에 고흐가 소개되고 그래요. 후타미 시로二見史郎라는 선생님이 아

주 놀라운 분이신데요. 1950년대에 도쿄 대학교를 졸업하셨는데 그때 벌써 《고흐 서한집》을 번역하셨습니다. 지금도 살아 계시고 지금도 번역하고 계시죠. 제가 태어났을 때 번역하기 시작하셨고 50년 넘게 계속 끈질기게 번역하고 계신 분이신데, 아주 뭐랄까 편집광적인 집념이 있죠. 그런 사람들 덕분에 제가 지금 말씀 드린 세부에 대해서 이해할 수 있었고, 이런 교양을 얻을 기회가 있었고, 고흐를 더 깊이 이해할 수 있었어요.

그런데 아쉽게도 여기 한국에는 완역본이 없습니다. 저도 제 책이 얼마나 많이 팔리는가 궁금하니까 가끔 인터넷 서점 사이트에 들어가 보는데요. 검색해 보면 반 고흐 책이 많이 나와요. 지금 베스트셀러가 되어 있는 《반 고흐의 영혼의 편지》, 그 책을 보니까 그냥 다이제스트입니다. 제가 지금까지 말씀 드린 테오하고 치열하게 주고받은 편지가 제대로 포함되어 있지 않아요. 그리고 또 중요한 것 가운데, 제일 마지막에 오베르 쉬르 와즈에서 자살을 시도했을 때 고흐 주머니에 있던 편지가 있어요. 동생 테오 앞으로 쓴 편지인데, 거기에 "테오, 너는 코로Jean-Baptiste-Camille Corot의 화상이 아니다."라는 말이 나옵니다. '코로'는 프랑스 인상파 화가로, 19세기에 가장 잘 팔린 사람이에요. 미국 동해안 쪽에 가면 19세기 말기 미국의 부자들, 재벌들의 콜렉션을 모아 놓은 미술관들이 많이 있어요. 그때 미국에 석유 재벌이나 철강 재벌들이 많이 생겼지 않습니까? 이 사람들이 가장 많이 구입한 화가가 코로예요. 코로는 19세기 후반 프랑스 풍경화의 명인입니다.

우리가 쉽게 보면 '아, 아름다운 풍경이다. 좀 위로가 된다.' 싶죠. 이런 것을 보면 마음이 진정되고 좋다는 거예요. 그런 미의식이죠. 그런데 고흐가 테오에게 "너는 코로의 화상이 아니다."라고 말한 것은 중요한 의미가 있습니다. '너는 가장 잘 팔리는, 가장 상품화된, 19세기 자본주의 사회에서 성공한 화가, 코로의 화상이 아니다.'라는 뜻이죠. '너는 그런 식으로 자본주의 세계의 기준으로 잘 팔리는 화가만 따라가는 화상이 아니고, 나처럼 반 고흐처럼 지금은 인정을 못 받지만 그래도 뭔가 진실이 있는 화가의 화상이어야 한다. 그렇게 우리는 같이 싸워 왔잖아? 같이 투쟁했었잖아?'라는 것이 마지막 편지의 내용입니다.

그런데 여기서 팔리는 《반 고흐의 영혼의 편지》에는 '코로'라는 말이 없어요. 삭제되어 있어요. 왜일까? 저는 너무 아쉬워요. 그런 식으로는 고흐에 대한 해석이 아주 얄팍한 것이 될 수밖에 없습니다. 코로가 누군지 모를 수도 있지요. 그런데 알아야만 해요. 코로라는 말이 나오면 '왜 '코로의 화상이 아니다.'라는 말을 썼을까, 고흐가 동생에게?' 이런 흥미가 생기고 문제의식이 생길 겁니다. 그러면서 또, '코로가 어떤 사람일까? 어떤 그림을 그렸을까? 반 고흐와는 어떻게 다를까?' 이런 식으로 그 문제의식을 발전시키면서 조금씩 더 알아 가는 것이 교양이지요. 그런데 그 말이 쏙 빠져 있어요. 독자들이 잘 모르니까 그랬는지도 모르겠습니다만 반 고흐의 편지는 예술적인 문화재, 인류의 공통의 귀한 유산이라고 할 수 있습니다. 그러니까 나쁘게 이야기하면 그것에 대한 훼손, 날조라고까지 할 수 있는 짓이지요.

아무튼 예술에 대한 이야기는 이 정도로 하지만 일단 여기서 다시 확인하는 것은 고향, 국가, 가족, 죽음과 마찬가지로 미, 아름다움에 대해서도 우리가 근본적으로 다시 생각해서 자율적으로 독립된 의식으로 자기 나름대로의 미를 추구해야 한다, 하는 겁니다.

8 _ 예술은 전쟁에 저항할 수 있는가?

나치 시대의 독일 화가 오토 딕스와 펠릭스 누스바움 Felix Nussbaum, 이 두 사람에 대한 이야기부터 시작하겠습니다. 그러고 나서 과테말라의 다니엘 살라사르 Daniel Hernandez-Salazar라는 예술가에 대해 말씀 드리고, 예술이나 미술로 전쟁에 저항할 수 있는지, 전쟁에 저항할 수 있는 미술이란 어떤 것인지에 대해서 생각해 보고자 합니다.

먼저, 간단히 고야에 대해서 말씀 드리지요. '전쟁의 참화 Los desastres de la guerra'라는 고야의 판화 시리즈가 있습니다. 고야는 18세기 말, 19세기 초 사람이지요. 스페인의 궁정화가니까 아주 보수적이고 아주 권위주의적인 세계에서 여든이 넘게 화가로 일했습니다. 그런데 고야 자신은 사상적으로는 자유주의적이었어요. 그래서 이웃인 프랑스에서 프랑스혁명이 일어났을 때 마음속으로는 환영했는데 궁정화가라 그런 걸 직접적으로 그리지는 못했습니다.

그런데 그 나폴레옹 Napoleon Bonaparte 군대가 프랑스혁명 이념을 앞세워 스페

프란시스코 고야, '전쟁의 참화' 연작 가운데

인을 침공해 와서는, 스페인 민중들에게 나쁜 짓을 많이 했어요. 그래서 고야의 내면은 분열됐습니다. 사상적으로는 자유주의자이지만, 고야는 구체적으로 밀려온, 침공해 온 나폴레옹 군대의 만행은 도저히 용납할 수 없었습니다. 그래서 이런 판화를 제작했는데, 물론 그때는 발표를 못 했습니다. 이것은 아무도 허용해 주지 않는, 교회도, 스페인 궁정도, 나폴레옹 정부도 허용해 주지 않는 그런 전쟁 기록화입니다.

전쟁화의 역사가 오래 되었지만 근대적인 전쟁 비판 의식을 갖고 전쟁을 그린 최초의 전쟁화는 고야의 전쟁화라고 할 수 있어요. 그 수준도 아주 높습니다. 말하자면 딕스가 이 고야의 제자라고 할 수 있는데요. 서양에는 고야에서 시작한 이런 전통이 있습니다. 아까 말씀 드린 계몽주의와 근대 민주주의 시민사회에 내포되어 있는 모순의 균열이라고 할까요? 어떤 아픔, 이것에서부터 시작했다고 할 수 있죠. 9·11에 대한 항의로 빈^Wien에서 2005년 여름에 큰 전시회가 열렸는데, 그 중심이 이 고야의 그림이었어요. 그러니까 2백 년 전에 그린 이 고야의 그림이 지금도 생생하다는 거지요.

전쟁의 기억을 그려 낸 오토 딕스

그럼 오토 딕스 얘기로 들어가지요. 독일의 드레스덴 주립 미술관^Staatliche Kunstsammlungen Dresden에 가면 거기에 오토 딕스의 '전쟁^Triptychon Der Krieg'이라는 그림이 있습니다. 딕스 작품 세계의 집대성이라고 할 수 있는 대작이 바로 '전쟁' 제단화입니다. 1929년부터 1932년까지 혼자서 그렸습니다. 나치가 정권을 잡기 직전에 그린 거지요. 그림에는 아침에 일찍 전장으로 출격하는 병사들의 행렬이 담겨 있습니다. 전쟁의 비참함, 진실을 철저히 그려 낸 그런 그림입니다. 그의 그림에는 감촉이라든가 냄새까지 느낄 수 있을 정도로 아주 철저한 리얼리즘이 있습니다. 이런 그림이 나치 시대에 파괴당하지 않고 살아남아서 지금도 이렇게 우리가 볼 수 있다는 것은 하나의 기적입니다.

그림의 형식을 보면 아주 재미있습니다. 유럽 그리스도교의 전통적인 제단화 형식이지요? 세 폭 그림이 나란히 있고, 제일 밑에 있는 것은 프레델라^predella 제단의 장식 띠입니다. 원래는 제단화 중심 부분에 그리스도의 책형도가 있어요. 아니면 성모라든가……. 그런데 여기서는 전쟁으로 파괴된 장소나, 병사의 시체, 그런 게 나오지요. 이것이 전쟁 제단화입니다. 제단화 형식을 빌렸지만, '신이 없는 시대의 제단화', '신이 죽고 만 시대의 제단화'라고 할 수 있어요.

딕스는 유럽의 전통적인, 그리스도교적인 신은 죽었다는 니체^Friedrich Nietzsche의 영향을 크게 받았습니다. 딕스 세대의 많은 독일 사람들이 니체

오토 딕스, 전쟁

의 영향을 받았지요? 니체는 우리가 널리 알고 있듯이 나치 사상하고 관계가 있는데, 딕스는 "나치가 니체를 악이용했다. 니체 뜻을 나쁘게 이용한 것이 나치다"라는 얘기를 하고 있습니다. 또 "사실 전쟁에 가 보니 신이라는 것은 없었다. 그러니까 이 시대의 그림은 그리스도교가 말하는 종교적인 미사여구가 아니라, 인간의 어리석음과 추악함을 철저히 그려 내야 한다. 신이 없는 시대에는 미술도 아름다움을 그릴 수 없다."는 얘기를 하죠. 추악한 것이야말로 미술의 대상이 된다, 추악한 것이 인간의 진실이 됐다는 생각을 합니다.

드레스덴은 옛 동독 땅에 있습니다. 1980년대 후반에 이 사회가 좀 민주화되면서 〈월간 미술〉이라는 한국 잡지에 '전쟁과 미술'이라는 특집이 있었습니다. 그 특집에 일제시대 이 나라 화가들의 전쟁 협조, 예술을 통한 친일에 대한 얘기들이 아마 처음 나왔을 겁니다. 그때도 이 그림에 대한 얘기가 나왔었는데 아마도 그때가 동독 시절이니까 한국에 사는 여러분이 직접 가서 볼 순 없었을 거예요. 저도 90년에 독일이 통일돼 가지고, 91년에 드레스덴이라는 도시에 처음 가서 실제로 이걸 봤습니다. 일생에 한 번이라도 직접 보고 싶었던 그런 그림이에요.

오토 딕스는 드레스덴 공예미술학교Hochschule für Bildenden Künste Dresden에서 공부했습니다. 1차 대전이 터지자, 오토 딕스는 아주 열광적인 애국주의에 빠져 지원해서 전쟁터로 나갔어요. 졸병으로 거기서 싸웠는데 원래 이 사람이 좌파나 그런 거 아니었습니다. 당시 독일 청년 학생들 거의가 그랬어요.

1918년에 제1차 세계대전이 끝났고, 딕스는 그때까지 한 4년 반 전장에 있다가 다행히 살아서 귀환했습니다. 그런데 사회는 전장에 내 보낼 때는 애국주의를 고취해 놓고 전쟁이 끝나니까 그 군인들을 사회적으로 버렸어요. 딕스가 그런 모순들을 많이 봤죠. '성냥팔이Der Streichholzhdndler 1920'라는 그

오토 딕스, 대도시

림이 전쟁터에서 부상을 당했는데 전쟁이 끝나고 나서 아무도 도와주지 않고, 뭐 보험도 없고 하니까 길거리에서 성냥이나 팔 수밖에 없는 사람들을 그린 그림이지요. '대도시Grosstadt 1928'라는 작품도 전후 사회적인 모순을 그린 것입니다. 전쟁에 나가서 부상을 당했지만 아무도 도와주지 않는 병사들의 모습과 화려한 카바레 문화를 대비해서 그렸어요.

그리고 불과 한 몇 년 후에 1920년대 초반 나치 같은 국수주의가 대두합니다. 그는 전쟁 현장을 바로 목격한 사람으로서 그냥 넘어갈 수 없다, 참을 수 없다 해서 1924년 열린 '전쟁에 반대하는 전쟁Krieg dem Kriege'이라는 전시회에 동판화 '전쟁Der Krieg 1924'을 출품했습니다. 딕스뿐만 아니라 많은 독일의 예술가들이 제1차 대전을 겪었고, 전쟁의 비참함, 전쟁의 비인도성에 대해서 고발해야 한다는 생각을 갖고 있었습니다.

북부 프랑스에 있는 베르둔Verdun이라는 도시에 제1차 대전 관련 박물관Memorial de Verdun이 있는데요. 프랑스에서는 'La Grande guerre대전'라고 하면 바로 제1차 세계대전 얘깁니다. 제1차 대전이 인류사에서 처음 일어난 총력전이지요? '전쟁'이라는 동판화 시리즈가 바로 이 베르둔에 있는 전쟁 기념관에 전시되어 있습니다.

이 시리즈 가운데 '기관총병의 전쟁Maschinengewehrzug geht vor(Somme 1916)'이라는 그림이 있는데요. 솜므Somme는 북부 프랑스의 아주 유명한 격전지였죠. 딕스가 기관총병이었어요. '참호Der Schützengraben 1923'라는 그림은 랑에마르크Langemarck라는 지금은 벨기에에 있는 격전지를 그린 그림인데요. 대포나 폭탄 때문에 완전히 파괴당한 그런 풍경들이 그려져 있습니다. 랑에마르크에는 지금도 독일군 전몰자 묘지가 있습니다. 이 그림들에 나오는 데가 레마르크의 《서부전선 이상 없다》라는 소설에 그려진 것 같은 현장입니다. 당시 독일하고 연합군이 이런 전장에서 싸웠는데 지금도 불발탄이 너무 많아서 통행금지 구역으로 남아 있어요. '독가스 아래로 전진하는 돌격대^{Sturmtruppe} $^{\text{geht unter Gas vor 1924}}$'라는 그림도 있는데, 레마르크 소설에도 독가스 때문에 아주 비참하게, 고통스럽게 죽어 가는 병사들에 대한 묘사가 나옵니다. 그런 모습을 그렸지요.

오토 딕스는 전쟁터에 나갔을 때 종군 일기를 꾸준히 썼는데요. 이 기록을 바탕으로 나중에 작품을 제작했습니다. '전쟁과 전쟁 미술'이라는 것은 오래전부터 있었습니다. 고대부터 있었는데, 주로 그것은 뭐라고 할까요? 화가로 종군하면서 전쟁의 정당성이라든가 영웅성이라든가 정의감을 고양시키기 위해서 그림을 그리는 거지요. 그런데 이런 보통 사람이 군에 가서 전장을 졸병으로 겪고, 이런 식으로 그림을 그린 시대가 제1차 대전 때부터 시작되었다고 할 수 있습니다.

딕스는 나중에 드레스덴 아카데미$^{\text{Dresden Academy}}$라는 미술 대학 교수가 되었는데, 1931년인가요? 나치가 정권을 쥐면서 곧 해직당했습니다. 그러나 딕스는 해직당하고 나서 '일곱 가지 대죄$^{\text{Die Sieben Todsünden 1933}}$', 그러니까 그리스도교의 주제죠? 서양미술에서 아주 고전적인, 전통적인 테마인데, '일곱 가지 대죄'라는 그림을 통해 환유로 나치에 대한 비판, 저항을 그렸습니다.

딕스의 그림 중에 '상이군인$^{\text{Kriegskrüppel 1920}}$'이라는 그림이 있는데요. 1937년 열린 '퇴폐 미술전$^{\text{Entartete Kunst}}$'에 이 그림이 전시됩니다. 그러니까 나치 선전상 괴벨스$^{\text{Paul Joseph Goebbels}}$를 중심으로 지금 우리가 알고 있는 표현주의라든가 추상예술이 퇴폐예술이다, 독일답지 않다 해서 부정적인, 비非독일적인 예술로 전시한 것이 '퇴폐 미술전'입니다. 나치 기준에서는 '상이군인'이 나쁜 예술, 비모범적인 예술인 거죠. 그래서 '딕스의 그림은 애국심이나, 조국을 위한 희생이라는 숭고한 정신에 대한 허용할 수 없는 도전이다.'라는 식으로 설명을 붙여서 전시했습니다. 그런데 이 그림이 없어졌습니다. 파괴당해서 없어요. 사진으로만 볼 수 있습니다. 그리고 나치는 같은 뮌헨^{München} 시내 한편에서 '위대한 독일 미술전^{Große deutsche Kunstausstellung}'을 열었습니다. '이런 미술이야말로 독일적이고 모범적이고 좋은 미술이다.' 하는 나치식 미학이죠. 그런 그림들을 모아 전시를 했습니다.

딕스의 '아기를 안고 있는 어머니^{Mutter und Kind 1923}'라는 그림이 있는데요. 드레스덴에 있습니다. 과로 때문에 지쳐 버린 여성을 그렸습니다. 이런 걸 통해 인간의 진실

오토 딕스, 아기를 안고 있는 어머니

이라는 것은 그렇게 예쁘지도 아름답지도 않다 하는 걸 철저히 그려 내는 것이 딕스의 특색입니다. 그 특색 중에 하나가 인간의 속, '내장'입니다. 인간의 내장까지 그렸어요. 딕스는 드레스덴에 있는 한 병원 해부실에서 인간의 속, 대장이나 그런 걸 데생하는 연습을 많이 했습니다. 세월이 지나가면 지나갈수록 흐려지는 전쟁의 기억을 더 철저히 그려 내기 위해서 이런 단련을 했습니다.

나치에게 해직당한 뒤, 딕스는 독일 남부의 시골에 숨어 삽니다. 많은 화가나 작가, 학자들이 해외로 망명을 했는데, 딕스는 지방에 살면서 아주 어렵게 버티고 있었습니다. 당시 대표적인 화가들은 정치적인 주제나, 반전·반나치 이런 주제를 직접적으로는 못 그리게 되니까 풍경화를 많이 그렸지요.

8 _ 예술은 전쟁에 저항할 수 있는가? 217

그런데 딕스 자신은 "그때 나는 풍경으로 추방당했다."는 이야기를 합니다.

딕스는 나이 쉰이 넘어서 또 전선에 나가게 됩니다. 전쟁 막바지에 돌격대에 소집되지요. 나치가 패전 직전에는 나이 열 몇 살부터 오십 몇 살까지 국민 전부 다를 이렇게 전쟁에 투입했어요. 그는 프랑스에서 포로가 되어 가지고 콜마르^{Colmar}라는 도시에서 종전을 맞았습니다. 그런데 전쟁이 끝나면서 독일이 동서로 분단되었지요? 딕스는 동부 독일 출신인데, 고향이 있는 동독으로 가지 않고 서독에 그냥 머무르면서 그곳에서 일을 했습니다.

제2차 세계대전이 끝나고 10년 후에 카셀^{Kassel}이라는 도시에서 '도큐멘타$^{The\ Exhibition\ of\ Documenta}$'라는 국제적인 전시회가 열렸습니다. 지금도 5년마다 열리는 국제적인, 아주 권위 있는 전시회입니다. 올해가 열두 번짼가 그래요. 이 '도큐멘타'가 뭐냐면 나치 시대는 국가가 미의 기준, '뭐가 아름다움이고 뭐가 추한 거냐?' 하는 기준을 국가가 독점하고, 이런 걸 그려라, 이런 걸 그리지 마라 하면서 미술을 통한 국민 통합을 시도했지요. 그래서 그것에 대한 비판적인 반성으로 나치 시대에 억압당한 작가들의 작품을 전시하면서 시작한 것이 '도큐멘타'입니다. 1955년에는 딕스의 작품이 많이 전시되었습니다. 그때는 누스바움 같은 화가들에 대해서는 많이 알려지지 않았으니까, 딕스나 뭐 이런 사람들이 중심이 되었지요.

그런데 그 다음부터 추상화 중심 시대가 왔어요. 리얼리즘 회화는 별로 인기가 없어졌습니다. 딕스는 뭐라고 할까요, 시대에 조금 뒤떨어진 사람이 되었지요. 딕스는 "미국이 그런 유행을 가져다 왔다. 그런 추상적인 미의식은 현실을 도저히 따라가지 못한다."고 서독의 추상화 붐을 아주 지독하게 비판합니다. 하지만 아무래도 딕스는 외롭게 되지요.

딕스라는 사람이 재미있는 것은 동독에서 나치에 저항한 리얼리스트 작가로 훈장을 받았어요. 그런데 서독에서도 훈장을 받았지요. 그처럼 분단된 독일 동서 양쪽에서 훈장을 받은 사람이 드문데, 딕스가 그 중 한 사람입니다. 딕스는 아주 개인적인 주체성이 있는 화가예요. 동쪽이나 서쪽 그런 것에 영향 받은 것이 아니라 '나는 내 나름대로 끝까지 내 눈으로 볼 뿐이다.'라는 태도를 취했기 때문에, 엄혹한 이데올로기 대립 시대에 양쪽 모두에서 평가를 받았다고 할 수 있죠. 그런데 일본에서는, 독일에서 이렇게 유명하고 중요한 작가인데도 별로 인기가 없습니다. 일본은 근대부터 계속 프랑스 인상파, 모네 Claude Monet처럼 그저 보기 좋고 아름답고 예쁜 그림이 인기가 있기 때문에 이런 그림에 그다지 관심이 없습니다.

계몽주의 사상의 패배를 그린 펠릭스 누스바움

다음으로 얘기할 사람은 펠릭스 누스바움인데요. 딕스보다 15년 아래지요. 누스바움은 오스나브뤼크 Osnabrück라는 도시에서 태어난 유대인입니다. 《서부전선 이상 없다》를 쓴 레마르크의 출신지이기도 합니다. 오스나브뤼크에 살던 유대인들은 거의 나치 시대에 학살당하거나 아니면 추방당해서 이제는 없습니다. 여기에 있는 '펠릭스 누스바움 하우스 Felix Nussbaum Haus'라는 미술관에서 누스바움 작품을 집중적으로 전시하고 있지요.

누스바움이 1926년에 시나고그, 유대교 예배당 내부를 그린 그림이 있는데요. 아주 중요한 그림입니다. 26년이면 국수주의나 반유대주의가 대두하고 있던 시점이지요. 당시까지 누스바움은 유대인이라는 정체성에 관련된 주제는 그린 적이 없었어요. 그런데 이 시점부터 그걸 그리기 시작했습니다. 우리가 흔히 '이렇게 유대인의 정체성이 강했기 때문에 이런 유대교 교회를 그렸을 거다.' 하고 생각하기 쉬운데 그거 오해예요. 왜냐하면 유대교 계율 때문에 유대교 예배당 내부라든가 유대인의 초상이라든가 그런 것을 그

펠릭스 누스바움, 두 사람의 유대인

리면 안 됩니다. 그래서 유대교 역사에 그런 그림이 거의 없어요. 유대인들이 서양미술사에서 이렇게 그림을 그리기 시작한 것은 19세기 말부터입니다. 여러분이 잘 아시는 샤갈Marc Chagall 1887~1985이라든가 카임 수틴Chaim Soutin 1894~1944 이런 사람들이 전부 러시아 출신 유대인들인데, 그림 그릴 때 고생을 많이 했습니다. 아버지한테 무척 야단을 맞았다든가, 동네 사람들한테 구타를 당했다든가 하는 그런 회상이 많이 나와요.

그런데 폴란드의 어떤 유대인 화가가 처음 시나고그 내부에 있는 유대인 초상을 그렸는데요. 자신은 폴란드인인지 유대인인지, 유대인이라는 것은 뭔지 하는 그런 정체성을 둘러싼 고민이 있었기 때문에 그걸 그렸지요. 그런데 누스바움의 그림도 바로 그런 그림입니다. '나는 독일 국민 가운데 한 사람이다.' 그렇게 생각해 왔는데 반유대주의가 대두하면서 과연 나는 누구인지 하는 고민을 시작했고 그래서 이 그림을 그렸다고 할 수 있습니다.

누스바움이 스물두 살에 그린 자화상이 있는데요. 그리스도 교도는 유대인 교회를 그리지 않고, 유대인도 안 그리니까 이런 그림이 별로 없습니다. 경계선에 서 있는 사람이어야만 이런 그림을 그리고 싶다는 욕망이라 할까, 생각을 하게 됩니다. 누스바움도 전통적인 유대인의 정체성으로부터 좀 거리가 생겼기 때문에 이렇게 그리기 시작한 겁니다.

누스바움은 베를린^{Berlin}에서 미술 공부를 시작했습니다. 거기서 폴란드 출신 여성 화가, 펠카 플라테크^{Felka Platek}를 알게 되고 둘이서 같이 생활하게 되었습니다. 그런데 나중에 로마에 유학을 갔다가 나치가 정권을 장악하는 바람에 독일로 돌아오지 못하고 망명자가 되었습니다. 누스바움의 그림에는 사신死神, 죽음의 신이 자주 나옵니다. 미래를 아주 불안하게 보고 있지요. 예측할 수 없는 미래, 그 길가에, 골목에는 죽음의 신이 기다리고 있다는 그런 어두운 예감을 그리기 시작합니다.

누스바움은 1935년 파리를 거쳐 벨기에에 입국합니다. 벨기에에는 제임스 앙소르^{James Ensor}라는 유명한 화가가 있었는데, 앙소르가 보증인이 되어 주어서 미술 연구 때문에 거기 체류한다는 허가를 받고 벨기에로 갔어요. 하지만 6개월마다 체류 기간을 갱신해야 하는 불안한 처지로 머물렀습니다. 거기서 정식으로는 직업을 못 갖게 돼 있으니까 그냥 뭐 그림을 그리면서 친척한테 돈을 받으며 그렇게 지냈지요. 그때 독일 상황은 계속 나빠져서 유대인들이 박해당하고 있다는 소식을 누스바움이 벨기에에서 듣습니다. 1938년에 자신이 그린 오스나브뤼크의 유대 교회도 그때 파괴당했어요. 자신이나 가족이 살던 고향이 완전히 사라져 버렸고 이제 더는 돌아갈 곳이 없어졌다 하는 것을 알게 됐지요. 1939년에는 부모도 암스테르담Amsterdam 으로 망명했습니다.

그런데 40년에 독일군이 네덜란드를 침공합니다. 망명을 갔는데도 거기로 또 독일군들이 온 거죠. 그리고 그 해 5월 18일 벨기에는 일주일 정도 저항하다가 항복을 했습니다. 그런데 벨기에 정부 처지에서 보면 누스바움은 독일 국민입니다. 독일 여권을 가지고 체류하고 있는 외국인이죠? 적성 국가 국민입니다. 독일에서 나치를 피해 도망 온 유대인인데도, 누스바움은 벨기에 정부한테 '너는 적성 국가 독일 국민이다.' 해서 구속을 당합니다. 그러고는 남프랑스에 있는 생 시프리앵Saint Cyprien이라는 수용소에 보내집니다. 생 시프리앵 수용소라는 데는 이런 식으로 벨기에뿐만 아니라 프랑스나 이런 데 임시로 살던 독일 국민들이 많이 수감되었는데, 그 중에 대부분이, 아마 80%~90%가 사실은 유대인이었습니다. 이런 유대인들이 나중에 벨기에와 프랑스가 항복하면서, 다시 독일로 이송당했어요. 그들은 독일에 가면 유대인이니까 그대로 강제수용소로 보내져서, 거기서 죽고 마는 그런 운명이었습니다. 그런데 누스바움이 그때 생 시프리앵 수용소에서 도망쳐 다시 부인이 있는 벨기에까지 돌아갑니다.

이 시기의 기억을 그린 '생 시프리앵 수용소의 자화상Selbstbildnis mit Schlüssel 1941'이라는 그림이 있습니다. 국민이라는 것이 뭐냐 하는 얘기에서 이 그림이 아주 중요해요. 우리가 잘 모를 때는 수용소에 있는 유대인이니까 나치 독일의 수용소인 줄 생각하기 쉬운데, 그거 아닙니다. 이거 연합군 수용소에 갇힌 유대인들의 모습입니다. 마찬가지로 이 사람들은 독일 국적이었기 때문에, 독일 국민이었기 때문에, 독일로 이송당하면 다시 다른 독일 수용소로 보내지게 되는 아주 절망적인 운명에 처한 사람들이지요. 제가 국적이나 국민 이런 것이 뭐 그다지 고마운 것이 아니다, 얘기하는 게 이 때문입니다. 이런 운명에서 보면 아주 부조리하지요. 누스바움이 남프랑스에서 탈출해서 브뤼셀Brussels로 다시 왔는데, 그때 아주 어둡고 절망적이고 무거운 그런 그림들을 그립니다. 그림에 로프 같은 것이 자주 나오는데, 죽음이나 처형을 상징하는 기호지요?

벨기에에서는 '유도JOOD 네덜란드어', '쥬이흐JUIF 프랑스어'라는 것은 '유대인'이라는 뜻입니다. 누스바움은 벨기에에서 유대인 증명서를 받는데요. 그때 벨기에는 독일군이 권력이 있었기 때문에 유대인 등록을 했어요. 출생지라든가 생일이라든가 직업이라든가 이런 게 전부 다 기록돼 있지요.

벨기에에는 브렌동크 요새Breendonk Concentration Camp라는 수용소가 있었습니다. 원래는 제1차 대전 때 벨기에군의 요새였는데 독일이 1940년부터 1945년까지 점령하면서 수용소로 만들었어요. 그 수용소 안에는 창문이 하나도 없는 고문실이 있습니다. 제가 《디아스포라 기행》이라는 책에 장 아메리Jean Amery라는 유대인 사상가에 대해서 썼는데요. 장 아메리의 회상이 바로 이 방에서 고문당한 체험을 쓴 것입니다. 누스바움은 여기는 안 왔어요. 당시 벨기에에 있는 유대인들에게 브렌동크라는 것은 어떤 공포의 상징입니다. 옛날 그 남산의 안기부와 같은, 그런 거하고 비슷한 곳이지요.

그때 그 브뤼셀 시내에 알키메도 알키메데스Archimede Archimedes라는 동네에 누스바움과 펠카가 같이 피신해서 숨어 있던 방이 있었습니다. 그는 거기서 그림을 그렸습니다. 그 그림들은 사람들에게 전시할 수도 없고 물론 판매할 수도 없습니다. 그러니까 증언이지요?

누스바움은 '자크Christian Jacque'라는 소년을 그렸는데, 유대인 아이죠. 얘가 자주 누스바움을 찾아와요. 찾아와서 자전거를 그냥 세워 놓고 은신처로 들어가서 얘기를 나누고 했죠. 그 때문에 누스바움이 발각됐습니다. 항상 거기 그 길가에 자전거가 있고, 아이가 어디론가 들어가니까 누구하고 만나고 있나 하는 의심을 사게 된 거지요. 제가 나중에 그 그림이 있는 미술관에서 얘길 들었더니, 이 아이가 그런 식으로 행동하니까 이 아이의 신변도 위태롭지 않습니까? 그래서 사람들이 이 아이를 프랑스 파리에 있는 친척집으로 보냈대요. 그래서 이 사람이 살아남았는데, 나중에 마피아가 됐다고 합니다. 그런데 뭐, 별로 신기한 일이 아니지요? 아무것도 믿을 수 없고, 이 세상에 정의가 없다고 생각하더라도 별로 신기할 게 없다는 얘기지요.

1944년 6월 누스바움은 나치 친위대에 체포당해 메헤렌Mechlen이라는 도시에 있는 중계 수용소로 이송을 당합니다. 그리고 나중에 아우슈비츠로 가게 되지요. 1944년 7월 31일 마지막 열차로 누스바움과 부인 펠카가 아우슈비츠로 이송당했습니다. 563명이 같은 열차로 이송당했는데, 207명이 도착 즉시 독가스로 살육당했습니다. 누스바움도 아우슈비츠에 도착하자마자 가스실에서 학살당했다고 알려져 있습니다.

'죽음의 승리Triumph des Todes 1944'가 누스바움의 마지막 작품입니다. 서양미술에서 아주 전통적인, 자주 등장하는 주제인데, 누스바움은 벨기에 은신처에 피신해서 1년 넘게 사는 동안 이것을 마지막 작품으로 그렸어요. '죽음의 승리'라는 주제는 중세 르네상스기, 12세기~13세기 무렵에 많이 나옵니다. '죽음이라는 것은 아무도 피할 수 없는 숙명이니 천국으로 들어가고 싶으면 신을 믿어라.' 하는 거죠. 인간의 이성을 중시하는 계몽주의 시대를 거치면서 20세기에 들어섰는데, 마지막에 '죽음의 승리'를 다시 그려야만 했다는 것은 유럽 계몽주의 사상의 패배, 좌절 그런 큰 사상적인 의미가 여기 있는 것이 아닌가 생각됩니다.

난민의 자화상으로 남겨진 디아스포라

제가 중요하게 보는 누스바움의 그림

은 '유대인 증명서를 든 자화상Selbstbildnis mit Judenpass 1943'입니다. 이 그림을 보고 "아, 유대인의 자화상이다."라고 쉽게들 얘기를 하는데 그것은 잘못되었다고 봅니다. 유대인의 자화상이 아니고 '유대인이라는 낙인이 찍힌 난민의 자화상'이라고 볼 수 있습니다.

유대인이라는 정체성이 원래부터 있었던 게 아닙니다. 19세기 말, 1870년대부터 독일에서 유대인들이 신분 해방이 되었습니다. 법 아래에서 인간이 평등하다는 프랑스혁명의 자유주의 사상이 1870년대에 독일까지 밀려왔지요. 그래서 그때부터는 기독교인, 유대인 할 것 없이 전부 다 같은 독일 국민이다, 했어요. 물론 펠릭스 누스바움 집안도 유대인이라는 정체성 비슷한 것이 있었지만 그것은 하나의 문화적인 전통에 대한 얘기일 뿐, 그 사회에서 더 이상 타자가 아닌 독일 국민이라고 그렇게 생각했지요.

누스바움의 아버지 같은 많은 유대인들이 제1차 대전 때 자원해서 종군했습니다. 같은 국민이라는 증명을 하려고요. 유대인은 배신을 잘하고 국적도 국경도 없는 사람들이라 경계해야 한다는 적개심이 독일 사람들 사이에 있었기 때문에, 오히려 더 과잉 충성을 한 애국자들이 많습니다. 누스바움의 아버지도 그랬지요. 누스바움도 자기는 독일 사람이다, 이렇게밖에 생각 안 했어요. 그런데 1920년대 들어가서 다시 반유대주의가 대두하면서 '유대인이라는 것이 뭐냐? 과연 나는 누구냐?' 하는 생각을 하기 시작했지요. 유대인 증명서를 늘 가지고 다녀야 하고, 친척이나 이웃 사람들이 수용소로 끌려가고, 거기서 살육당하고 하니까요.

특히 독일군 점령 하에 있던 벨기에에서는, 뭐 마지막에는 거의 모두가 살육당했지만, 그때까지는 유대인 증명서를 지니고, 외출할 때는 가슴에 '유대인의 별'을 붙여야 하고, 또 저녁 8시가 넘으면 외출할 수 없었습니다. 유대인이 아닌 보통 시민은 외출해도 되는데, 유대인은 걸어가고 있을 때 누군가

펠릭스 누스바움, 유대인 증명서를 든 자화상

가 "너는 누구냐?" 하고 물으면 이 그림처럼 증명서를 보여야 하는 일들이 벌어졌습니다.

 제가 누스바움 그림을 소개하는 NHK 다큐멘터리를 찍을 때 동행을 했는데요. 그때 이 그림을 보면서 "이것은 유대인의 증명서가 아니다. 유대인의 자화상이 아니다. 난민의 자화상이다. 난민이라는 보편성이 여기 있다."는 얘기를 했어요. 다르긴 하지만 제가 가지고 있는 일본 외국인 증명서와 본질은 같은 것이지요. 하지만 이걸 찍고 있는 일본 사람들, NHK PD는 이런 걸 이해 못 해요, 무슨 얘긴지. 제가 제 외국인 증명서를 들고 이 자화상이랑 같은 모습으로 보여 주고, "이 장면을 찍어라! 같은 일이다." 해서 찍었는데 결국 방송을 안 했어요. (청중 웃음) 편집 때 이걸 잘라 버렸어요. 그러니까 이런 것이 우리가 '국민'이라는 걸 생각할 때 아주 중요해요.

미술사에서 역사적으로 유명한 자화상은 1500년에 그려진 뒤러^{Albrecht Durer}의 자화상입니다. 그때까지만 해도 화가들은 전부 다 왕이나 귀족이나 교회를 위해서 그림을 그렸습니다. 다른 걸 그리고 싶다는 욕망조차 없었어요. 그런데 르네상스기에 들어가면서 개인의식이 생기게 되고 자기 자신에게 관심이 생기니까 자화상을 그리기 시작하지요. 그렇게 해서 뒤러부터 계속 자화상을 그립니다. 렘브란트와 고흐의 자화상도 서양미술사에서 아주 유명하지요? 누스바움의 자화상은 이런 자화상의 맥락 속에 있으면서 자화상 역사의 마지막의 단계에 이런 난민의 자화상, 외부에서 강요당한 디아스포라의 자화상을 처음 그린 겁니다. '20세기의 정치 폭력, 그리고 근대 국민국가, 국민주의의 폭력 이것의 소산으로 난민의 자화상이 그려진 그런 시대가 우리의 시대다.'라고 볼 수 있습니다.

80년대 독일, 기억의 전장

1971년에 오스나브뤼크에서 누스바움 개인 회고전이 열립니다. 전쟁이 끝나고 25년이 넘게 지나서야 처음 열렸죠. 누스바움의 작품 가운데 우연히 남아 있던 것을 가지고 오스나브뤼크 시가 전시회를 열었어요. 그때 그 지역 신문이 '누가 누스바움을 기억하는가?'라는 캠페인을 시작했어요. 오스나브뤼크 시에는 나치 시대 전까지만 해도 수백 명의 유대인들이 같이 살고 있었습니다. 그런데 지금은 거의 남아 있지 않습니다. 우리가 그것을 기억해야 된다는 그런 캠페인이었어요. 오스나브뤼크 시와 독일의 보통 시민들이 중심이 되어 누스바움을 다시 기억하자 하는 캠페인을 그때부터 시작했다는 겁니다. 신문에 그런 기사들이 계속 나오니까 "아, 누스바움에 대한 이런 기억이 있다."든가, "누스바움의 작품이 거기 있다더라." 하는 그런 통지가, 그런 제보들이 나오기 시작하지요. 그래서 오스나브뤼크 시가 그 도시의 신용 금고, 은행이라든가, 상공인들의 도움을 얻어 작품을 모았습니다.

독일도 문제점이 많습니다만, 나치 시대하고의 단절, 그리고 기억의 투쟁이라는 것을 몇 사람의 지식인이나 이런 사람들이 해 온 게 아니었습니다. '옛날 오스나브뤼크 시의 어두운 역사를 지금 우리가 같이 기억하자. 그런 과거를 딛고 새로운 도시로 다시 태어나자.' 하는 생각을 시민들이 공유하고 있었기 때문에 이런 일들이 가능했습니다. 그래서 1983년에 오스나브뤼크 시립 '문화사 박물관Kulturgeschichtliches Museum'에 누스바움의 그림을 상설로 전시합니다. 나중에 그 관에다가 '펠릭스 누스바움 하우스'라는 별관을 세우지요.

당시 1983년은 '유럽의 증언의 시대'라고 할 수 있어요. 뭐 유럽에서 증언의 시대가 몇 차례 있었는데, 80년대에 역사 수정주의가 대두했기 때문에 이 시기가 특히 중요합니다. 바이츠제커Richard von Weizsäcker 대통령이 85년 '황야의 40년'이라는 국회 연설을 통해 독일 나치 시대의 과거하고 단절하겠다는 의지를 새삼스럽게 공표합니다. 그 연설에서 국민뿐만 아니라 국민이 아닌 사람들, 신티—로마Sinti–Roma 집시라든가, 공산주의 저항 세력이라든가, 여성, 동성애자, 장애자 이런 사람들에 대한 나치의 가해를 인정하고 사과합니다. 그래서 80년대가 증언의 시대가 됐는데, 물론 우익이나 보수파가 많이 반발했지요? 그래서 독일 '역사가 논쟁Historikerstreit'이 약 2년 가까이 활발히 이루어집니다. 그런데 그런 기억의 투쟁이 벌어졌을 때, 오스나브뤼크 시와 시민들도 이렇게 그 시 출신인 유대인 화가 누스바움을 다시 기억하자는 식으로 투쟁을 같이 했다는 겁니다.

과테말라 저항 미술의 상징, 다니엘 살라사르

제가 꼭 소개하고 싶은 사람 가운데 다니엘 살라사르Daniel Hernandez-Salazar라는 예술가가 있습니다. 그는 '과테말라 : 어느 천사의 기억Guatemala : Memoria de un ángel'이라는 사진 작업을 했습니다.

과테말라에 대한 얘기부터 시작하겠습니다. 과테말라 내전은 1960년부터 1996년까지라고 돼 있습니다. 과테말라에서는 중남미 국가들이 거의가 다 그랬는데, 특히 유나이티드 푸루츠United Fruits라든가, 미국의 대기업이지요? 푸루츠니까 바나나 그런 과일 농장을 지배하는 사람들이지요. 이런 사람들, 이런 미국 기업하고 결부된 군부가 오랫동안 지배하고 있었기 때문에 이에 저항하는 내전 상태가 오래 지속되었어요.

과테말라에는 원주민들이 많이 살고 있습니다. 원주민들이라 언어도 다르고요. 도시에 살고 있는 스페인계 사람들한테 오랫동안 차별을 받았습니다. 이런 사람들이 내전에서 많이 희생되었어요. 주로 대량 학살당한 원주민들이 소위 비밀 묘지에 버려져 방치되었는데요. 그런데 내전이 끝나면서 과테말라 천주교 대교구 인권 위원회ODHA가 조직한 '역사적 기억 회복 프로젝트Proyecto de Recuperación de la Memoria Histórica'가 유골 발굴을 진행하고, 〈인권 침해 조사 보고서〉라는 걸 주관했습니다. 그런데 이 보고서가 공표된 이틀 뒤 총괄책임자인 게라디Jose Gerardi 주교가 암살을 당했습니다. 자택 앞에서 돌로 머리를 구타당했어요. 그런데도 겉으로는 군부하고 내전 세력하고 화평 상태가 유지되었습니다. 그리고 내전 종결을 선언하고서도 우파 군부가 정치적 권력을 장악한 채 과거의 가해자들에 대한 면죄를 계속 강요하고 있습니다. 그런 상황에 다니엘 살라사르라는 사진 예술가가 개입하고요. 사진으로 이런 상황을 고발하는 운동을 시작했습니다. 그래서 '과테말라 : 어느 천사의 기억'이라는 작품을 만듭니다.

살라사르의 작품을 보면 뭔가를 외치고 있는 천사가 나옵니다. 보통 이 사진을 벽에 붙이는데, 이것이 훼손당하더라도 '천사가 다시 처형당했다.' 하는 식으로 전시하는 설치 미술이지요. 그런데 이 날개가요, 인간의 뼈입니다. 발굴된 원주민의 어깨뼈, 그 견갑골로 돼 있어요. 그러니까 이게 뭐냐, 해서 자세히 보면 그런 것을 알게 됩니다. 아무도 모르게 비밀 묘지에 묻힌 시체, 그 희생자들이 "아, 나는 여기에 있다!" 하고 외치고 있다는 뜻입니다.

다니엘은 지금도 과테말라의 군부 기지라든가, 재판소, 군 정보기관, 경찰서, 그런 건물의 벽이라든가 그 동네 근처에다가 이런 설치 미술로 항거합니다. 과테말라의 시민들이 게라디 주교가 암살당한 날이면 도시 한복판에 모여서 데모를 하는데, 이 사람들이 맞춰 입는 티셔츠에다가도 이 그림을 넣습니다. 그 옷을 입고 천사의 포스터 앞에서 사람들이 데모 행진을 하기도 하지요. 어떻든 지금 계속되고 있는 기억의 투쟁을 함께, 같이 하는 것이 이 사람의 목적입니다.

그런데 이 예술이 해외까지 진출합니다. 캐나다 몬트리올Montreal, 미국 영사관 앞 건물에 이 작품을 설치했어요. 안 보고 싶어도 볼 수밖에 없는 그런 장소에 설치해서 천사가 외치고 있다는 메세지를 전하는 거지요. 미국 시카고Chicago에 있는 피카소Pablo Ruiz Picasso의 조각품에다가 이 사진을 붙이기도 합니다. 물론 피카소에 대해서 저항하고 있는 건 아닙니다. 피카소가 스페인 프랑코Francisco Franco 정권에 저항한, 말하자면 이런 예술의 선구자라고 할까요? 그러니까 피카소하고 같이, 피카소한테서 힘을 얻으면서 외치고 있다, 그런 뜻이지요. 〈시카고 트리뷴Chicago Tribune〉이라는 역사 있는 신문사 앞에 가 보면, 북부 아메리카의 원주민, 아메리카 인디언하고 백인의 싸움, 그러니까 미국의 원주민 정복 역사를 아주 영웅적인 기념비로 세워 놓았습니

2004년 일본 도쿄에서 '과테말라 어느 천사의 기억' 전시회가 열렸다.
이 책은 그 때 출판된 작품집이다.

다. 거기다가도 천사의 사진을 설치했는데요. 그 웅장한 기념비가 보여 주는 미의식, 미적 감각하고 이런 그 영웅적인 정복사, 국가의 역사가 아주 잘 어울리는데, 이것에 저항하고 있는 겁니다. 희생당한 아메리카 원주민이 외치고 있다, 그런 의미지요.

일본은 다니엘을 초청해서 전시회도 하고, 심포지엄 같은 것도 열었습니다. 일본 설치 미술가들도 많이 왔는데요. 거기 와서는 과테말라가 부럽다고들 했어요. 왜냐면 일본 같은 경우는 그럴 만한 장소도 별로 없고, 하더라도 관청이나 경찰의 고발을 받게 된다는 얘기를 해요. 그런데 이 사람이 허가 받고 하겠습니까? (청중 웃음) 뭐 사고방식 자체가 그렇게 돼 있어요.

일본 사람들은 "과테말라 사람들이 부럽다. 우리 일본 설치 미술가들은 이런 걸 도저히 상상도 못 한다. 왜냐면 허가를 못 받기 때문에……." 아, 놀랐어요. (청중 크게 웃음) 놀랐는데, 사람이 그렇게 될 수가 있다는 거죠? 그런데 물론 말할 필요도 없이, 딕스도 누스바움도 다니엘도 아무도 허가 받고 하는 일이 아닙니다. 그런데 이 나라(한국) 사람들은 어떨까요? 모르겠습니다.

기억의 투쟁에 우리는 어떻게 참여할 것인가?

〈주먹밥〉이라는 잡지가 있지요? 제가 광주 5·18 재단이 만드는 잡지의 청탁을 받고 거기에 짧은 글을 썼습니다. 이 글이 오늘 말씀 드린 내용하고 관계가 있으니까 조금 읽어 보겠습니다.

굳이 '광주 5·18'이 아니더라도 과거의 참극을 다시 되풀이하지 않기 위해서는 그 진실을 젊은 세대에게 전해 주어야만 한다. 하지만 어떻게 전해 줄 것인가? 이것은 더없이 어려운 문제이다. 역사적 사실을 증거나 숫자를 들어 가며 확정하여 드러내는 것은 역사가가 할 일이다. 그러나 역사가가 이것을 성실히 행한다고 해서, 참극의 리얼리티가 사람들의 마음에 제대로 와 닿는 것은 아니다. 교과서를 통째로 외우듯이 사건의 연도와 희생자 수를 기억하고 그것으로 무엇인가를 알고 있다는 착각에라도 빠진다면 오히려 역효과라 할 것이다. 경탄할 만큼 세세한 기억을 지니고도 피해자의 아픔에는 눈썹도 까딱하지 않는 냉혈한을 우리는 알고 있는 것이다.

5·18 희생자, 나치에 의한 학살 피해자, 일본군 위안부, 원폭 피해자 ……, 현재의 사건과는 공간적으로도 시간적으로도 동떨어져 있는 피해자들의 고통에 시공을 초월하여 공감한다는 것은 어려운 일이다. 인간은 너

나 할 것 없이 눈앞의 안락함에 매달리고 싶어 하는 성향을 지닌 것인지, 본능적으로 '타자의 고통'에는 눈을 감으려 한다. 그렇게 하지 않으면 자기가 불안하기 때문이다. 바꿔 말하자면 자기 속에 깃들어 있는 불안이나 공포를 무의식중에 '타자화'하려 드는 것이다. 그러한 인간의 심성을 뒤흔들어 자기 보신의 껍질을 두드려 부수도록 부추기는 것이 바로, 빼어난 예술이 하는 일이다. 그림에서는 고야라든가 피카소, 문학이라면 프리모 레비나 하라 타미키 같은 이들.

(……)

어떤 분에게서 이런 얘기를 들었다. 광주 5·18 당시 수많은 부랑자들과 구두닦이 소년들이 계엄군에게 희생당했다. 그들의 주검은 어딘가 버려졌고 아직도 발견되지 않는다. 왜냐하면 그들은 가족도 친척도 없으니 어느 누구도 애써 그들의 주검을 찾아내려 하지 않기 때문이다. 이 얘기를 듣고부터, 도청 앞 광장이나 금남로에 설 때면 나의 눈은 무심결에 영원히 존재하지 않게 돼 버린 그들의 모습을 찾아 헤맨다.

분명히 무슨 일인가가 있었다. 누군가 인간이 그곳에 있었다. 그렇지만 아무것도 남아 있지 않다. 이러한 부재의 의미를 생각해 보는 것, 자신들의 상상력이 미치지 못한다는 것에 대한 답답함과 두려움을 느껴 보는 것, 그것이 멋들어진 기념비 앞에서 헌화하는 것보다 훨씬 중요한 일이다.*

제가 잘 모르기는 하되, 이런 구두닦이나 부랑자는 과테말라의 원주민

---

* 서경식 씀, '부재(不在)의 의미', 〈주먹밥〉 2007년 봄호, 4쪽~5쪽 ; http://www.518.org/main.html?TM18MF=A0702에서 볼 수 있다.

같은 존재지요? 스스로 목소리를 낼 수 없는 그런 사람들입니다. 대변자도 없고요. 부재, 사람들의 기억 속에서마저 완전히 사라진 존재지요. 오늘 말씀 드린 유대인도 그렇고, 재일 조선인도 그렇지요? 관동대지진 때 6천 명이나 희생당했다고 하는데, 웬만한 기념비 하나 없습니다. 명단도 없고, 일본 정부가 공식적으로 진상 규명에 나서거나 사과한 적이 한 번도 없어요.

그런데 이 나라(한국)에서 빨갱이도 똑같은 처지였지요? 그러니까 이 나라에서 이루어지는 과거 청산도 기억의 투쟁에서 아주 중요한 의미가 있습니다. 단순히, 한국 국내의 일로 그치는 것이 아니라는 거지요. 아까 말씀 드렸듯이 유럽에서는 1980년대에 기억의 투쟁이 있었습니다. 일본에서는 10년쯤 지나 1990년대에 기억의 투쟁이 시작되었습니다. 이 나라, 우리 김학순 할머니가 91년에 서울에서 기자회견을 하면서 사람들이 구체적인 피해자의 얼굴이나 목소리나 외모나 그런 것을 알게 되고, 동아시아에서도 기억의 투쟁이 시작됐는데, 일본은 반동화 시대로 이어졌어요. 그래서 그때 기억의 투쟁에서 우리가 졌다, 하는 거지요.

아까 과테말라 사례를 말씀 드렸는데, 세계적으로도 지금 남아프리카, 아르헨티나처럼 곳곳에서 이런 기억의 투쟁이 벌어지고 있는 중입니다. 그래서 '그 기억의 투쟁에 우리 한 사람, 한 사람이 어떻게 공헌할 수 있는가? 어떻게 참여할 수 있는가?' 하는 것이 저의 관심사였습니다. 그래서 "프리모 레비에 대한 책을 한 권 쓴 것도 90년대 일본에서 벌어진 기억의 투쟁에 저 나름대로 참여한 것이었다."라는 말씀 드렸지요?

오늘 보여 드렸듯이 미술도 예술도 근대 국민국가로 들어서면서, 또 전쟁이라는 엄청난 일을 겪으면서 기억의 투쟁에서 많은 역할을 해 왔습니다. 그런 예술가들이 많이 있습니다. 여러분들도 타자의 고통이라든가, 기억의 투쟁에 대해서 이야기할 때 또 한 번 깊이 생각하셔서 지금껏 있어 온 표현

수단이라든가, 상투화된 문장을 넘어서 어떻게 해서든 우리가 이 싸움에서 이 투쟁에서 이겨 내야만 한다는 지혜로운 생각을 했으면 합니다.

  제가 여러 번에 걸쳐 강의를 해 왔는데요. 재일 조선인 얘기하고, 국민주의 얘기하고, 유대인 얘기하고, 오늘 말씀 드린 예술 얘기하고 전부 다 이렇게 연결돼 있습니다. 재일 조선인을 그저 하나의 타자로, 연민스러운 타자나 신기한 타자로 보시면 안 됩니다. '이 사람들이 싸우고 있는 일본이라는 현장에서 벌어지고 있는 기억의 투쟁은 한국에서 여러분이 싸우고 있는 그런 싸움, 투쟁하고 서로 깊이 연결돼 있다. 연결해야만 한다.'는 얘기를 하고 싶습니다.

4부;
'솔직한 비관주의자' 서경식과 나눈 대화

문민화가 돼서 김영삼, 김대중, 노무현 세 대통령을 거쳐 이명박 시대에 이르렀는데, 지금이 바로 한국판 '시라케 시대'가 왔다고 명명하고 싶습니다. 70년대의 민주화, 노동 해방 이런 꿈들, 민족 통일이라는 큰 서사에 그래도 사회의 상당한 다수자들이 가치를 공유하고 우파·보수파와 맞서 싸워 왔는데 지금은 그런 대립점이 좀 애매해 졌고 모두가 '생활 보수파'가 됐다고 할까, 그런 시대로 들어간 것 같습니다.

9_한국판 시라케 시대가 열리고 있다*

'솔직한 비관주의자' 서경식을 만나다

 이명박 대통령 취임식이 열리던 바로 그 시간, 그는 서울 창전동 자택에서 커피를 끓이고 있었다. 무심히 커피를 따라 주며 말했다. "'시라케나나'라는 말을 들어 보셨는지 모르겠어요. '퇴색하다.', '빛이 바래다.'는 뜻으로 일본에서 70년대에 유행한 말인데요. 정치에 냉소적인 70년대 학번 세대를 일컫는 말로 쓰였어요. 지금 한국 사회를 보면 자꾸 그 말이 떠올라요."

 그는 '디아스포라'라는 말을 한국 사회에 환기한 서경식 도쿄게이자이 대학 교수다. 그는 다음 달이면 2년간의 조국 생활을 마무리하고 일본으로 돌아간다. 난생 처음 조국 땅에서 '생활'해 본 그는 지금 '솔직한 비관주의

---

* 이 글은 저자가 〈경향 신문〉 손제민 기자와 나눈 대담으로, 2008년 2월 26일자 〈경향 신문〉에는 대담을 간추린 글이 실렸다.

자'의 마음이다.

2년 전 그는 "절망스러울 정도로 답답한" 일본 사회를 구원해 줄 희망을 발견하리라는 기대를 안고 한국에 왔다. 현해탄 넘어 바라본 조국은 적어도 민주화 운동을 통해 군부 독재를 종식시켰고, 사형수였던 이가 대통령이 되고, 민주 투사였던 여성이 총리가 되는, 일본에서는 상상도 할 수 없는 일이 일어나는 나라였다. 그런데 막상 와 보니, 사람들이 모인 자리에서 '정의'라는 말을 꺼내기가 왠지 모르게 좀 겸연쩍어지고, 마찬가지로 '지식인'이라는 말을 하기가 쑥스러워지는 분위기로 되어 간다는 점에서 30여 년 전 일본의 전철을 아주 빠른 속도로 밟고 있었다. 이라크전쟁에 대해 주류 사회의 어느 누구도 거론하지 않는 지금 한국 사회의 모습이 바로 '시라케 시대'라는 것이다. 한국 사회가 희망을 주지 않아도 좋으니 부디 일본 사회만은 닮아 가지 않았으면 했는데, 한국 사회는 그의 바람과 달리 어떤 경우는 일본보다 더 앞서서 신자유주의화를 향해 치닫는 모습을 보였다. 다음은 2008년 2월 25일 오전 11시부터 2시간 30분 동안 서 교수와 나눈 인터뷰 전문이다.

한국판 '시라케 시대'가 열리고 있다

손제민 오늘은 공교롭게도 이명박 대통령 취임식이 열리는 날인데요. 한국 생활 2년을 마감하는 이 시점에서 소회가 있으시다면 말씀해 주십시오.
서경식 일본 사회에서 70년대에 유행했던 '시라케'라는 말이 자꾸 떠오릅니다. 한국 사회가 일본의 재현판이라는 느낌을 지울 수 없어요. '시라케'는 원래 '색깔이 희게 되다.'라는 뜻인데, '김빠지다.', '김새다.' 그런 뜻으로 의역됩니다. 정치에 대해 아주 시니컬cynical하고 냉소적으로 된다는 뜻이지요. 60

년대만 해도 일본에서는 큰 서사나 큰 꿈—민주나 인간 해방이나, 평등 사회—을 추구하고, 대다수 학생이나 시민들이 열기에 차서 지냈지요. 1964년에 도쿄 올림픽이 있었고, 일본은 고도성장기이기도 했어요. 사회 전체가 열기에 차 있고, 뭔가 공유된 꿈이랄까 그런 게 막연하게나마 있었어요. 지금 와서 따져 보면 그 속에는 모순된 두 가지가 다 있었지요. 진짜 인간 해방으로 가려고 하는 방향과, 또 사회적인 상승이랄까 조금 더 잘 먹고 잘 사는 생활에 대한 욕구 이런 게 다 섞여 있었습니다. 그러나 70년대에 접어들면서 이런 사회 변혁의 분위기가 무너지고, '시라케 세대'가 나왔어요. 60년대 세대는 자신들의 아랫세대에게 "너희들은 '시라케 세대'다."라고 했어요. 아랫세대는 윗세대의 이중성, 자기기만성을 참을 수 없었지요. 이상적이고 아름다운 말을 많이 하면서도, 현실에서는 자기 정당화를 잘 하는 그런 세대라는 거죠. 그런 걸 보고 '시라케' 할 수밖에 없었다는 것이죠. 그래서 자기 위로를 하며 그냥 조그마한 서사에 갇혀 있으면서 사생활적인 즐거움으로 살자는 분위기였죠. 이것은 훌륭하고 영웅적이며 아름다운 삶과는 다른 것이지요. '시라케 세대'란 그런 것입니다. 여기도 그렇지 않습니까? 문민화가 돼서 김영삼, 김대중, 노무현 세 대통령을 거쳐 이명박 시대에 이르렀는데, 지금이 바로 한국판 '시라케 시대'가 왔다고 명명하고 싶습니다. 70년대의 민주화, 노동 해방 이런 꿈들, 민족 통일이라는 큰 서사에 그래도 사회의 상당한 다수자들이 가치를 공유하고 우파·보수파와 맞서 싸워 왔는데 지금은 그런 대립점이 좀 애매해졌고 모두가 '생활 보수파'가 됐다고 할까, 그런 시대로 들어간 것 같습니다.

 그런데 과거를 전면적으로 부정할 수는 없고, 또 그대로 인정하면 자신들의 지금 나날의 생활을 정당화할 수 없으니까 이중 기준적으로 살 수밖에 없게 됐죠. 이중 기준적으로 나날의 생활을 정당화하면서 살려고 하는 사람들은 흔히 큰 얘기를 하지 않고, 때로는 자신을 비하하며 대화에서 슬쩍 빠집니다. 자신은 그런 고민을 못 한다며, 그냥 소시민적으로 편안함을 추구하며 살 수밖에 없다고 하며, 결국 그 알량한 기득권을 지키며 살려는 경향을 보입니다. 이들은 이미 어느 정도 기득권을 가지고 있기도 합니다. 그게 정말 기득권이라기보다 기득권이라는 환상이기도 한데, 그런 게 생기면서 많은 사람들이 현실 타협적으로 나아갑니다. 그런 점이 일본과 공통점으로 보입니다.

이번 이명박 새 대통령에 대해서도 아무도, 아마도 보수파조차도 '빛나는 꿈이 실현됐다.'고 기대하지 않고, 또 단 한 사람도 '그 사람이 인간적으로 성인이다.' 그렇게 생각하는 사람이 없지요. 그래서 그런 시대가 왔다고 봐야 할 듯합니다.

문제는 '이런 시대에 대해 우리가 어떻게 대응하는가?'인데요. 일본에서 좌파·진보 세력이 잘못된 대응을 많이 해 왔습니다. 90년대 이후만 해도 20년 가까이 일본 사회가 우경화·반동화 일변도로 몰락해 왔기 때문에 우리나라 사람들이 거기서 교훈을 잘 배우고, 부디 같은 길을 안 가 줬으면 했는데, 이게 너무 어려워 보입니다. 분위기가 너무 일본과 비슷해지는 것 같아요.

낙관할 수만은 없는 미래

손제민 민주화 운동 세력이 기득권화됐다는 지적은 타당한 듯합니다. 그것이 전부였을까요?

서경식 옛날에 같이 싸웠던 세대는 같은 세대끼리 "너희는 변절했다."는 얘기를 잘 합니다. 그리고 아랫세대에게는 "우리는 이렇게 싸웠는데, 너희는 정치적인 의식이나 사회적인 관심이 없다."고 합니다. 우선 변절이라는 말은 아주 진지하게 봤을 때, 진짜 변절이려면 원래 있던 소망, 이상, 주의, 이데올로기, 신념 이런 것들이 진짜였어야 합니다. 그런데 대다수는 막연했습니다. 당시 처한 현실보다는 조금 다른 생활을 꿈꾼 정도죠. 너무 폐쇄적이고 억압적인 분위기만 벗어나고 싶은 욕망이었습니다. 한국에 와서도 386세대에 대한 비판을 많이 들었는데, 386세대 같은 경우도 원래가 그런 급진적인 사회 변혁 세력이라기보다 지금의 신자유주의적인 경쟁 상태에서 승자가 되고 사회적으로 상승하고 싶은 그런 의도, 사고방식을 갖고 있었고, 지금도 그대로 가고 있는 것 같아요. 그래서 그 사람들에게는 그다지 변절이 아니라고도 할 수 있어요.

여기서 문제가 되는 것은 소위 미국식 자유라는 것이 기회의 자유를 말한다는 겁니다. 기회의 자유라는 말은 경쟁을 정당화하는 말이기도 하지요. 기회가 평등하게 주어지면 능력 있는 사람이 이기고, 능력 없는 사람은 지는 것이 당연하게 받아들여집니다. 능력이 있음에도 기회가 없는 상황이 부당하다는 그런 문제 제기였죠. 그런 평등주의와 결과의 평등이라고 할까, '사람이란 태어나면서부터 누구나 평등하다.' 이런 생각은 많이 다르죠. 능력이 있건 없건 피부색이나 사회 계층이나 민족이나 성별이나 그런 것에 관계없이 모두가 사람답게 살 수 있고, 살 권리가 있다는 이런 얘기와는 사뭇 다르지요. 그러나 중복되는 부분이 많으니까, 사람들이 그냥 같은 평등이라고 얘기했죠. 그런데 지금 보면 전자는 신자유주의적 이데올로기와 친연성이 있어요. 군정 시절이나 과거 한국에서 자유가 없다, 평등이 없다고 했을 때 이런 부분들이 혼재된 채로 싸웠죠. 그 중에는 물론 사회적 약자도 있었지만, 자신이 능력이 있다고 믿고 있지만 기회가 없기 때문에 성공하지 못했다는 불만을 갖고 있는 사람도 있었습니다. 후자는 신자유주의 방향으로

가는 거지요. 그것을 변절로 보기보다는, 이 사회가 어려운 다음 차원에 돌입했다고 보는 것이 정확합니다. 이 사람들의 변절을 비판하기보다 이런 표면상 기회의 자유가 주어진 이 신자유주의 사회에서 결과의 평등이랄까, 진짜 잘된 평등을 위해 누구와 어떻게 싸워야 하는지 어려운 고민을 해야 하는 때가 왔다고 생각해야 합니다. 누구누구가 체제 내화되며 변절했다는 얘기를 윤리적으로 하더라도 별로 큰 소용이 없는 듯합니다.

물론 윤리적인 수준의 논의도 당연히 필요합니다. "너는 옛날에 같이 싸웠을 때 우리와 약속했는데 지금은 이렇게 됐다." 하는 얘기도 필요하지만, 지금은 투쟁·싸움의 차원이 달라졌습니다. 새로운 차원에서 평등을 위한, 아니면 참된 자유를 위한 싸움이 얼마나 어떻게 필요한가 하는 문제는 이런 얘기이기도 합니다. 가령 일본에서 사회가 우경화되고 있을 때 평화 헌법헌법 9조을 지키자든가, 국기·국가 강요를 막아야 한다든가 이런 걸 외치면서 싸웠죠. 저도 그렇게 했고요. "이렇게 되면 옛날 군국주의 시대의 일본으로 돌아가게 된다." 그런 레토릭을 많이 썼어요. 그것이 반이 진실이긴 하지만, 전면적으로 진실이라고 할 수는 없습니다. 옛날과 똑같은 것이 재현되는 것이 아니니까요. "옛날하고 똑같은 게 아니다. 지금 일본은 민주 사회다. 정당의 자유도 있고, 의회제도 있고, 신문도 매체도 있고 한데, 옛날 군국주의로 돌아갈 수는 없다. 너무 과장됐다." 이것이 항상 보수파, 중간파의 논리죠. 그것이 표면상 어느 정도 설득력이 있고요.

옛날과 똑같은 것이 되풀이되는 것이 아닙니다. 새로운 파시즘이 여기서 벌써 시작돼 작동하는 새로운 상황을 냉철하게 분석하면서 얘기해야 한다고 봅니다. 일본에서는 일단 그런 경직되고 단순화된 사고를 갖고 있는 사람들은 그래도 옛날 같지가 않다고 해서 안심해도 된다고 합니다. 여기도 마찬가지입니다. "아무리 이명박이라 해도 군정 시절로 돌아가지는 않는

다."고 합니다. "아무리 한나라당이라 해도, 이 나라가 15년 동안 민주화, 시민화되어 왔고 옛날같이 된다는 얘기는 너무 과장이다." 그런 얘기를 많이 들었습니다. 1년 전부터 대선 국면에서 계속 그런 얘기를 많이 나누었는데, 진보적인 사람들도 "진보파 중에 될 만한 후보자도 없고, 아마도 이명박이 당선될 거다." 그래요. 그러면서 "그래도, 이명박이 된다 해도 옛날처럼 되지는 않을 것"이라고 하더군요. 물론 옛날같이 되지는 않겠죠. 박정희 시대와 똑같은 시대가 오지는 않겠지요. 절대로 오지 않는다고까지 할 수 있을까, 하는 문제에 대해서는 저는 좀 의심스럽긴 합니다. 국가보안법이 아직 있으니까요. 온다고 하더라도 똑같은 논리가 아니겠지요. 옛날 같으면 개발 독재적인 억압이라고 한다면, 지금은 신자유주의적, 경쟁적인 파시즘에 가깝습니다. 이 파시즘은 정규직과 비정규직, 내국인과 외국인 그런 차별, 경계선을 갖고 있으며 조금이라도 그 중심에 다가가고 싶어 하는 사람들의 욕망, 강박 의식에 기반해 있습니다. 조금이라도 그 중심에 다가가지 않으면 이 사회의 낙오자가 된다는 강박 말이지요. 일본 말로는 '마케구미負け組'라고 하는데요. '가치구미勝ち組'가 이긴 자이고, '마케구미'가 진 자이죠. 그런 이분법으로 "나는 '가치구미'다. 너는 '마케구미'다." 규정하지요. "학교에서 열심히 공부 안 하면 너는 '마케구미'가 된다." 사회적으로 그런 강박 의식을 공유하면서, 사람들 스스로가 아까 얘기했던 '시라케 세대'처럼 별로 열의 없게 지금 상황을 승인하고 "아무래도 이명박으로 가지 않겠느냐?" 하며 자주적으로 노예가 되는 그런 전체주의 말입니다. 신자유주의 전체주의라고나 할까 그런 상황이지요. 옛날과 똑같느냐 달라졌느냐 하면 분명히 달라졌습니다. 그래도 '사회가 좋아졌다고, 앞으로 낙관할 수 있다고 할 수 있을까?'라는 물음에 대해서는 절대로 낙관할 수 없다고 말할 수밖에 없습니다. 좀 답답하네요.

빠르게 일본을 닮아 가는 한국 사회

손제민 일본에 있을 때에는 어땠습니까?

서경식 일본에 있으면서 더욱 답답했습니다. 저는 아무래도 소수자니까 이런저런 상황이 남들보다 잘 보이지 않습니까? 더 잘 느껴지지요. 일본 사회에서 다수자들은 별로 그런 절박감이 없습니다. 쉽게 얘기하자면, 여성들이 느끼고 있는 차별이나 이런 것을 우리 남자가 잘 못 보는 것과 비슷합니다. 그렇게 일본에서 답답하게 지내면서 이 나라, 대한민국 사회를 쳐다보았을 때는 뭐랄까 그래도 민주화, 시민혁명을 스스로 이룬 사람들의 사회였습니다. 저와 비슷한 70년대 세대들이 아직 사회에서 활약하고 있는 줄 알았습니다. 그런데 막상 한국에 와서 2년을 지내다 보니까……

(이때 전화가 한 통 걸려 왔다. 마침 이날 경복궁 옆에 인문학 책방 '길담서원'을 연 박성준 교수의 안부 전화였다.)

박성준 선생님이십니다. 박 선생님과 한명숙 여사가 일본에 계셨을 때가 90년대 중반이죠. 저는 그 전부터 교류가 있었습니다. 박 선생님이 교도소에서 저의 형 둘이와 감옥 친구였습니다. 서준식 형님이 88년에 출옥했으니 그때 제가 여기 한국 와서 박 선생님을 알게 됐습니다. 박 선생님이 출옥하신 뒤 90년대 들어와 일본에 유학을 오셨지요. 일본에서 해방신학 또는 민중 신학을 연구하는 신부나 연구자들을 제가 소개해 드리고 같이 연구하는 모임도 가졌지요.

다시 얘기로 돌아가서, 바로 그때 제가 여러 일본 친구들, 소위 진보파들에게 경고 비슷하게 이야기를 했습니다. 그런데 그들은 듣지 않더군요. 듣고는 있는데 다수자에게는 별로 절박함이 없는 거지요. 당장 벌모레 전쟁이나 터질 것 같으면 모르지만, 어제까지와 비슷한 일상생활이 계속 돼 간다고 느끼는 아주 강인한 관성이랄까 그런 게 있었어요. 심리적인 관성이죠. 그래서 조금씩 조금씩 사회가 무너지고, 변화해 가고 있음에도 어느 시점에 무엇에 의거해서 저항해야 하는지에 대한 그런 것이 전혀 갖추어질 수 없었지요. 쉽게 얘기하면 큰 회사의 사원으로 있으면 이 회사가 경영 상태가 나빠져 파산 위기에 처하더라도 하급 사원들은 일일이 이런 것을 걱정하지 않고, 맨날 일하고 월급 받고, 월급 조금 많아지면 좋아하고, 적어지면 실망하는 그런 식으로 살지요. 그러니까 주류라는 게 그런 겁니다. 그러나 비정규직은 그렇지 않죠. 불경기를 탈라치면 잘리게 되지요. 다수자와 소수자가 그런 차이가 있는 듯합니다.

저는 90년대에 일본에서 한국을 보았을 때, 그래도 한국은 아주 활발한 시민운동도 있고 사회적인 활기가 차 있다고 생각했습니다. 특히 위안부 문제 등으로 한국 여성운동계가 하던 역할은 아주 컸지요. 그걸 보면서 그래도 한국에는 희망이 있을지 모르겠다고 생각했습니다. 일본 사회 또는 일본인들은 자신을 스스로 구원할 수 없는 존재라는 게 제 결론이었습니다. 자신들은 그대로 몰락해 갈 수밖에 없는 존재인데, 이 사람들이 누군가에게 도움을 받고 다시 재기, 살아날 수 있을 것 같으면 그것이 이웃인 한국인지도 모르겠다고 생각했습니다. 자신들이 역사적으로 억압해 온 사람들에게 도움을 받고 이 사람들이 인간으로 다시 살아날 수 있을지 모르겠다, 그것도 못 하면 희망이 없다고 생각했습니다.

2년 전 여기 올 때만 해도 그런 생각이 있었습니다. 그때만 해도 노무현 정권의 전반기가 막 지났을 때였지요. 노무현이 이회창과의 경쟁에서 위태롭다 했을 때, 김대중 때 그나마 있었던 민주적 변혁들이 뒤집어질 수 있겠다는 우려도 있었지만, 그래도 노무현이 당선도 되고, 나중에 탄핵 국면도 극복을 했지요. 일본에 있는 우리들에게 제일 크게 다가온 것은 노무현이 아무리 문제투성이라 하더라도, 역사 인식 문제에 대해 일본 정부에 할 얘기를 했다는 점입니다. 그런 정부가 이때까지는 없었지요. 군정 때는 표면상 민족주의지만 사실은 일본과 동맹 관계, 친일이었지요. 박정희도 전두환도, 노태우도 물론 그랬고요. 김영삼 같은 경우도 문민화됐다 해도 구세대니까 아주 철저히 하지 못하고 타협적이었어요. 김대중 정권 들어서며 역사 문제에 대해 조금씩 할 만한 얘기를 하기 시작했죠. 노무현의 3·1절 대통령 연설 같은 경우는 재일 조선인들에게 희망을 줬어요. 이제 이런 얘기를 솔직히 하는 대통령이 나왔다는. 또 그때는 국보법 폐지가 거론되고 있던 때이기도 했지요. 여성부가 생겼고, 감옥 생활을 했던 여성이 사회적으로 지도적 위치를 잡을 수 있는 사회가 됐어요. 일본에서는 상상도 못 합니다. 일본에도 민주당 당수, 사민당 당수가 여성이기는 하지만 너무 힘이 없습니다. 여당의 여성 정치인들은 한편으론 탤런트나 이런 사람들이고, 아니면 남성 정치인보다 훨씬 공격적인 우파들입니다. 여성일수록 자신을 더 부각시키기 위해 그렇게 되죠. 요즘은 미국의 콘돌리자 라이스$^{Condoleezza\ Rice}$와 같은 능력은 없지만 그래도 일류 대학을 나와 정치학이나 외교학으로 미국 유학을 갔던 여성 관료 같은 경우는 있긴 합니다. 그러나 한명숙 씨처럼 민주화 운동을 했고, 또 여성계 대표로 일을 열심히 해 왔고, 감옥 생활까지 한 사람이 장관이 되고, 나중에 국무총리가 된 사회. 그것은 꿈이 있지 않나요? 적어도 일본 사회와 비교하면 말이지요. 그런데 그런 꿈들이 아주 급속히, 제가 여기 있는 동안 눈앞에서 사라져 버린 느낌이 듭니다. 이 사회의 문제도 있었겠지만, 제가 거리가 떨어진 일본에서 보았을 때 얼마나 이 사회의 리얼리티에 대해 피상적인 인식을 가졌는지 보여 주는 하나의 사례라고 봅니다. 뭐, 잘 배웠다고 할 수 있죠. 그런 어긋남이라고 할까요, 상상했던 것과는 좀 많이 다르다는 점을 느꼈습니다. 환상이 깨졌다고 볼 수 있을 듯합니다.

손제민 실제로 한국 사회에서 지난 2년 사이 일어난 변화도 많지 않았나요?
서경식 지금 이 나라에서 이라크 파병에 대해 주류 사회에서는 의논조차 하지 않지요. 물론 이 문제에 대해 계속 반대해 온 운동 단체가 있긴 합니다만……. 그것도 일본과 비슷해요. 이런 이중성, 자기기만성, 너무나 뻔뻔스러운 현실주의라고 할까요.

3년 전인가 부시 George Walker Bush 가 한국에 왔죠. 그때가 고이즈미 小泉純一郎 정권 때인데, 일본에 먼저 왔다가 한국에 왔죠. 고이즈미 정권은 부시의 충실한 푸들이었습니다. 블레어 Tony Blair 정권과 함께 부시 정권의 맹우였죠. 부시가 왔을 때 대환영했죠. 부시도 그걸 좋아했고. 그때가 이라크 침공 직후였습니다. 일본에도 이라크 침공, 자위대 이라크 파병에 반대하는 사람이 있는데, 사회적으로는 빅뉴스가 되지 않았습니다. 오히려 고이즈미와 부시의 개인적인 친분 관계 그런 얘기밖에 안 했죠. 일본에서 이라크전쟁 파병에 대한 반대 시위나 그런 운동이 별로 잘 이루어지지도 않았지만, 그나마 거기 참가한 사람들에 대한 경찰의 통제도 너무 심했어요. 일본의 시민권 차원에서 봤을 때에도 지나친 과잉 경비였는데, 이걸 문제 삼은 매체도 거의 없었어요. 그런데 부시가 한국에 왔을 때에는 대규모 시민들의 시위에 둘러싸이고 그랬습니다. 일본에서 그런 장면을 보면서 '아, 그래도 한국의 시민권은 살아 있구나. 한국에는 양심이 그래도 살아 있다.' 이렇게 느꼈습니다. 그런데 불과 한 일이 년 후 여기 와서, 뭐 상황이 근본적으로 달라지지도 않았죠. 오히려 이라크 침공의 명분이 없었다는 점이 더욱 분명히 드러났는데도 거의 아무도 얘기를 안 하고 있어요. 안 하는 것보다 '정의', '진실'이라는 가치가 공허화, 허망이 된 그런 상황이라 할까요. 부시의 이라크 침공을 어떻게 생각하느냐고 개인적으로 물어보면 적극 반대하는 사람도 있고, 여러 가지가 있습니다. 하지만 적어도 그것이 정의롭다고 하는 사람이 많지는 않지요. 그러면 한국이 군대를 파병하고 있는 것에 대해서 어떻게 생각느냐고 물으면 "그것이 정의가 아닌 것은 알지만 어쩔 수 없다. 국가의 이익을 위해서는 필요하다." 이런 식으로 대답하죠. 그러니까 정의라는 수준으로 얘기하고 있는 게 아니에요. 정의롭지 않지만, 그래도 어떤 목표를 위해서 또는 미국 일국 지배 하의 세계에서 그럴 수밖에 없다는 식으로 다른 차원의 대답을 하죠. 정의라는 척도가 이런 식으로 무너지는 것입니다.

보수파가 얘기할 때는 "어른이 됐다.", "사회가 성숙했다." 이런 얘기도 하는데, 그런 상황이야말로 바로 '시라케'죠. 정의를 정의로서 얘기할 수 없는, 정의를 정의로 얘기하면 웃음거리가 되는 사회입니다. 바로 일본이 그랬어요. 정의를 정의로 직설적으로 얘기하는 사회, 정의를 들어 싸우는 사회가 한국이었기 때문에 한국에 희망을 걸었지요. 일본은 아무리 정의에 대해 얘기하더라도, 다수자들은 저에게 "서 선생님은 정의롭습니다.", "선생님은 옳습니다."고 해요. 그러면서 "그런데 그것과는 달리 이렇게밖에 할 수 없어요." 이런 식으로 항상 현실을 정당화시키면서 결국 그 사람 자신도 주류가 되고, 주변화된 사람들을 억압하는 처지로 가요. 그건 자기정당화입니다. 그러니까 정의에 대해 호소하는 사람들은 다 주변화된 힘이 없는 사람들밖에 안 남게 되죠. 애초 질문 항목과는 조금 어긋나는 데 계속 이런 얘기를 해도 되나요?

손제민 어차피 다 통하는 얘기이므로 하고 싶은 말씀을 해 주십시오.

'지식인'이 사라진 시대

서경식 타카하시 테츠야高橋哲哉라는 도쿄 대학교 철학과 교수가 있습니다. 저와 대담집도 내고, 지난 10여 년간 일본 사회의 우경화를 막으려고 같이 노력해 왔습니다. 일본 사회가 타카하시에게 붙인 별명이 '정의파'입니다. 이거 칭찬이 아니에요. 오히려 아이러니라 할까, 웃음거리로 만드는 거죠. "아, 너는 정의파다." 하는 식으로 고립시킵니다. "너는 너무 정의로우니까 우리는 못 따라간다.", "사람이 이렇게 너무 정의로운 얘기만 할 수는 없다.", "이 문제는 정의니 도덕이니 윤리니 하는 문제가 아니다." 하는 식으로 항상 외면하려고 합니다.

손제민 지식인들도 그런가요?

서경식 대중들뿐만 아니라 학계, 지식인도 그래요. 조지 부시의 이라크 침공을 윤리적으로 정당화할 수 있는 사람이 세상에 있습니까? 있을 수가 없지요. 물론 아주 광신적인 기독교인들, 이슬람 사회가 악마라고 하는 사람들을 빼고는 합리적으로 생각하는 한 그것을 정당화할 수 있는 사람이 없습니다. 그런데 우리는 정당화할 수 없는 그런 힘에 이렇게 이끌려 갈 수밖에 없어요. 그 쪽으로 따라가면 이익이 되니까 따라가는 사람이 돼 버리지요. 그런 시대입니다. 정의에 대해 운운하는 것이야말로 이 사람들에게 불편하죠. 어떤 자리에 정의로운 사람이 끼어 있으면 불편하니까 정의에 대해 얘기하는 사람을 고립시키려고 해요. 고립시키려 할 때에도 그들을 논파할 수는 없어요. 상대방이 정의이고, 자신은 정의가 아니니까. 그래서 '시라케' 수사로 "아, 저는 약간 힘이 없어요.", "우리는 힘이 없어요.", "너무 정의로운 얘기는 제가 못 따라가요.", "나는 맨날 먹고살기 힘들어서, 바빠서 그런 일까지 생각할 여유가 없어요."라는 식으로 회피하는 겁니다. 지식인들조차 그렇습니다. 먹고살기 바쁘다고 하는데, 그래도 지식인은 대학교에서 책을 보고, 글을 쓰면서도 월급을 받습니다. 아침 일찍부터 밤늦게까지 육체노동을 하는 사람들과 똑같다고 할 수 없지요. 그러면 우리는 그렇게 월급 받으면서 책 보고 글 쓰는 사람의 책임 그런 게 있지 않느냐는 얘기를 합니다. 보통 사람들은 아주 조그마한 반경 100밖에 못 본다고 하면, 그래도 우리는 한 반경 500 정도는 볼 수 있고 또 그렇게 봐야 하는 존재라고 했을 때 '우리에게는 이론상 이런 게 보인다. 조심하라!'는 경고를 하는 게 지식인의 역할이 아닌가요? '정의'라는 말처럼 '지식인'이라는 말도 일본에서는 거의 사용하지 않게 됐습니다. "선생님, 저는 지식인이 아닙니다. 선생님처럼 훌륭한 분들이 지식인이지요. 저는 그냥 월급쟁이에요."라고 자신을 비하합니다. 그런데 사실은 이렇게 자신을 비하하는 사람들이야말로 권력의 중심에 가 있어요. 우리는 권력의 중심에 없으니까 이런 얘기를 할 수밖에 없지요. 아주 흥미로운 일인데, 잘 관찰해 보세요. 앞으로 몇 년 내에 한국에서 그런 어휘의 어감 변화가 비슷하게 일어날 거예요. 정의라는 말을 하기가 좀 쑥스럽고, 정의라고 하면 자리가 좀 어색해지고, 그리고 대학에서도 자신이 지식인이라고 하는 사람들은 좀 줄어들고, 그래도 '지식인이다.' 하는 사람은 좀 웃음거리가 되고, 그렇게 될 것입니다.

손제민 한국에서도 스스로 전문가라고 하는 사람들이 많아지고 있습니다.

서경식 그래요? 언제부터 그런 변화가 일어났습니까? 상당히 흥미로운데요.

손제민 1997년 외환 위기 이후인 듯합니다.

서경식 그러면 자연스럽게 전문가·지식인 얘기로 넘어갑시다. 제가 영향과 격려를 많이 받은 책이 에드워드 사이드의 《Representations of the Intellectual : The Reith Lectures》입니다. 여기서는 어떻게 번역됐는지 모르겠는데요. 사이드가 영국 BBC 방송에 출연해 연속 강연을 한 기록들을 묶은 책입니다. (한국에서는 《권력과 지성인》이라는 제목으로 번역됐다.) 미국 컬럼비아 대학^{Columbia University} 교수로 있는 사이드가 영국 BBC의 지적인 프로그램에서 한 강연인데 아주 지적인 수준이 높은 사람들을 대상으로 했습니다. 케임브리지^{University of Cambridge}, 옥스퍼드^{University of Oxford} 등 지식인의 전통이 있는 사회에, 아주 낯선 아랍인 출신의 사이드가 출연해 한 얘기입니다.* 지식인의 역할은, 적어도 사이드 자신에게는 "아마추어리즘amateurism에 입각해 잘못된 프로페셔널리즘professionalism에 대항하는 것"이라고 했습니다.

자신은 '프로페셔널'이지만 프로페셔널리즘에 빠지지 않겠다는 얘기입니다. 쉽게 말하면 저 서경식은 소위 전문교육을 못 받고, 학위도 없고 대학원도 안 다닌 사람인데, 일본에서 글 쓰고 대학교수가 됐어요. 제 주변에는 박사투성이고 전문가투성이에요. '전문가투성이인 일본의 대학이라는 직장에서 그러면, 서경식이라는 사람이 맡아야 하는 역할은 무엇인가?' 고민했을 때 이런 얘기가 도움이 됐습니다. 그리고 사이드가 했던 또 한 가지 중요한 얘기는 '지배층의 서사master-narrative'에 대항해 '억압받는 자의 서사counter-narrative'를 대치시키는 것이 지식인의 역할이라는 것입니다. 그것이 제가 대학교에서 일하기 시작할 때부터 지금까지 저의 신조랄까 기준이었습니다. 한국 사회에서도 전문가라는 말이 자연스럽게 된 것은 너무 상징적이고 위태로운 얘기라고 봅니다. 한국은 군정 시대까지만 해도 지식인의 시대였습니다. 그래도 지식인이 살아 있던 시대였다고 할 수 있습니다.

조금 우회해서 얘기하자면, 제가 프리모 레비라는 이탈리아인에 대해 관심이 많습니다. 작년이 그가 자살한 지 20주년이어서 이탈리아까지 갔다 왔습니다. 《프리모 레비 20주년 기념 논문집Voci dal mondo per Primo Levi》이 피렌체 대학Università degli Studi di Firenze에서 출간되고 저도 거기에 하나 기고했습니다. 그때 논문집을 편집한 교수가 화학자였습니다. 피렌체 대학 루이지 데이Luigi

---

* 리스 강좌 The Leith Lectures : 1948년 시작된 프로그램으로, 매년 한 차례 세계적 석학을 초대해 강좌를 연다. 버트런드 러셀이 첫 강좌를 맡았고, 로버트 오펜하이머, 존 케네스 갤브레이드, 아놀드 토인비 같은 이들이 이 강좌에 참여했다.

Dei 교수라는 분이었습니다. 프리모 레비도 화학자였지요. 그러니까 화학 하는 사람이 레지스탕스 운동도 했고, 아우슈비츠도 겪었고, 그 생활에 기반해 글도 쓰고 한 거죠. 지금 시대에 그 사람을 어떻게 보는가 하는 기념 논문집을 또 다른 화학자가 편집한 것이고요. 그걸 보면서 저는 참 매우 흥미롭다고 생각했습니다. 루이지 데이 교수에게 물었습니다. 그러자 그는 "그게 뭐 신기한 일이지요? 그냥 보통 일인데……. 프리모 레비도 화학자였고, 학문이란 것이 원래 그런 것 아닌가요?" 그러더군요.

이것도 너무 미화하면 안 되겠지만, 이탈리아는 르네상스기부터 볼로냐대학Università di Bologna이라는 세계에서 가장 역사가 오랜 대학이죠. 여기서 '휴머니즘Humanism 즉 인문학은 인간에 대한 종합적인 지知에 대해 가르치고, 그리고 종합적인 지를 다룰 수 있는 사람이라야 학자다. 지식인이다.'라고 했죠. 가령 레오나르도 다빈치Leonardo da Vinci 같은 사람이 그렇죠. 또한 중요한 특성은 이탈리아가 중앙집권적인 국가가 아니라 지방분권적인 나라였습니다. 피렌체, 밀라노Milano, 베네치아, 로마도 있었고, 서로가 싸우고 그런 상황에서 다빈치 같은 지식인은 토스카나Toscana* 출신인데, 밀라노 대공**에게 가서 일했습니다. 미켈란젤로Michelangelo Buonarroti는 로마에서도 일했고, 또 피렌체로 돌아왔죠. 영주나 왕들은 이들을 고용할 때 종합적인 지식을 보고 판단했습니다. 그것이 다 계약 관계에 있었습니다. 그들은 아주 자연스럽게 운명적으로 하나의 국가, 하나의 정권, 한 사람의 왕에 묶여 있는 것이 아니라는 것입니다. 지식인도 독립성이 있고, 그래서 상대방과 자신을 계약하는 존

---

* 이탈리아 중부에 있는 주. 주도州都는 피렌체이다.
** 밀라노는 이탈리아 북부에 있는 롬바르디아 주의 주도이다. 당시 밀라노 영주는 프란체스코 스포르차Francesco Sforza였다.

재이죠. 지오다노 브루노^Giordano Bruno*가 화형당했고, 갈릴레오 갈릴레이^Galileo Galilei가 지동설을 주장하다 공공의 적이 되는 억압적인 시대였는데도, 복수의 교권, 국가 권력과 거리를 두면서 독립적으로 계약하며 살아가는 지식인 상이 있었던 거죠. 그것이 어쩌면 독립된 지知, 지식의 사회적 배경이라 할 수 있습니다. 그런 전통들이 오늘까지 살아남아 있고, 그래서 지금도, 물론 미화만 할 수는 없지만, 화학자가 프리모 레비에 대해 관심을 가지는 것이 왜 안 되냐, 할 정도인 거죠. 그것은 국가나 기업 때문에 자신이 있는 것이 아니라 자신이 가지고 있는 지식이나 능력을 가지고 자유롭게 상대방과 계약하는 것이라는 생각입니다. 그런 종합적인, 넓은 시야가 있었기 때문에 그런 생각을 할 수 있습니다. 또한 그런 넓은 시야를 가지는 것이야말로 가장 중요한 것입니다. 시야가 좁아지면 뭔가에 갇히고 구속당할 수밖에 없습니다.

판단을 포기한 지식 노동자, 스페셜리스트

'스페셜리스트^specialist'는 그런 것이 아니지요. 그 대표적인 경우가 나치 전범이었던 아돌프 아이히만^Adolf Eichmann입니다. 〈스페셜리스트^The Specialist: Portrait of a Modern Criminal 1999〉라는 영화가 한국에서 소개됐는지 모르겠습니다. 자신을 전문가라고 소개하는 것이 얼마나 부끄러운 일인지 모릅니다. 이 말은 "저는 인간으로서의 자율성을 포기한 사람입니다."라는 말과 비슷한 어감을

---

* 1548년 이탈리아 놀라Nola에서 태어났다. 사제이자 학자로, 지구가 우주의 중심이 아니라는 주장을 끝까지 굽히지 않다가 1600년 종교재판에 회부되어 화형당했다. "종교가 진실을 바꿀 수는 없다."는 말을 남겼다.

갖고 있습니다. 제 주변 친구들은 영화 〈스페셜리스트〉를 보고 나서 자신은 '스페셜리스트'라는 말을 안이하게 할 수는 없다고들 합니다. 영화 〈스페셜리스트〉에 대해 좀 더 얘기하자면, 에얄 시반이라는 유대인 감독이 만든 영화입니다. 아이히만은 나치의 고급 관료인데 소위 '최종 해결Final Solution' 즉, 유대인 대학살을 아주 효율적으로 실행한 능력 있는 관리였습니다. 이 사람이 1962년에 예루살렘에서 전범 재판을 받았을 때 촬영해 둔 기록 필름을 편집해 영화로 만든 것이 〈스페셜리스트〉입니다. 거기서 '스페셜리스트' 는 인간이 판단을 스스로 중단하고 그런 판단을 안 하는 상태야말로 가장 바람직한 관료, 바람직한 독일 국민, 이상적인 인간상이었다는 것입니다. 그런 걸 당당하게 주장하는 사람이 '스페셜리스트'입니다. "나는 인간이 아닙니다. 기계입니다."라고 당당하게 주장하는 사람들입니다. '스페셜리스트'는 그런 식의 능력이 뛰어납니다. "너는 비행기 백 대 만들라!"고 하면 백 대 만들고, "유대인 만 명 죽이라!"고 하면 만 명을 죽일 수 있는, 요구받은 그대로 그 일을 처리해 낼 수 있는 사람이 바로 '스페셜리스트'입니다. 아우슈비츠 이후에도 "아, 저는 스페셜리스트입니다."라고 당당하게 얘기할 수 있는 사람이 있을까, 그런 의문이 들었습니다.

《교양, 모든 것의 시작》이라는 책에도 썼는데요. 일본에 와타나베 카즈오渡辺一夫라는 프랑스 사상 연구자가 있습니다. 일본의 천황제 군국주의 시대에 어렵게 정신의 자유를 지켜 낸 사람인데요. 인간이란 스스로 야만화시키고 기계화시킬 수 있는 존재라고 얘기하고 있습니다. 그렇게 생각하면 적어도 지난 10년 동안 한국에서 지식인이라는 말을 안 쓰게 되고, 오히려 자신을 "전문가입니다."라고 얘기하는 사람들이 많아졌다는 것은 이 시대가 바로 '스페셜리스트의 시대'라는 뜻입니다. 국가나 기업이나 대학교나, 자신이 속한 조직의 권력에서 독립해 있으면서 자기 스스로 판단하는 게 아니라, 판단을 포기하고 전문가로서의 특기, 기능을 팔아 먹고사는 사람들의 세상입니다. 그게 가장 위태로운 세상입니다. 나치 시대나 군국주의 일본 시대나 별로 다를 게 없는 시대입니다. 나치 시대나 군국주의 일본 시대처럼 폭력으로, 곤봉으로 때려서 학문의 자유, 사상의 자유를 빼앗은 게 아니라, 스스로 그렇게 되는 시대라고 할 수 있지 않을까요?

대학에서 일하는 사람으로서 '이 시대의 교양'에 대해 많이 고민하게 됩니다. 눈에 쉽게 보이는 폭력으로서가 아니라 신자유주의적인 통제 논리라는 보이지 않는 폭력이 지식인 사회에까지 침투하고, 지식인들이 스스로를 기계화시키고 스페셜리스트화시키는 그런 전체주의적 사회가 일본에서는 벌써 15년~20년 전부터 진행됐습니다. 일본에 원래 만연해 있던 다수자, 또는 주류의 탈정치적인 사고방식에다, 소위 신자유주의적인 개혁이 더해지자 더욱 그렇게 됐죠. 아까 얘기했듯이, 한국에서도 "아, 저는 지식인이나 그런 것 아닙니다. 그냥 월급쟁이지요." 하는 식으로 대응하는 사람들이 급속히 많아질 거예요. 그것이 말하자면 사람들의 자기방어 기제라고 할 수 있죠. 이 사람들이야말로 아주 좁은 공간에 갇혀 있는 사람들입니다. 이 사람들이야말로 학위 얻고 교수가 되는 것만이 인생의 목표가 아니라, 그래도 즐거움이 있는 다양한 삶의 형태가 있다는 점을 보여 줘야 할 사람들입니다. 그런 얘기를 하기야 쉽지만 실천하기는 어렵죠.

왜 저 같은 사람이 그런 얘기를 계속 하느냐 하면, 원래 그런 존재였기 때문입니다. 원래 재야在野에 있었기 때문입니다. 재일 조선인은 원래부터 재야이지요. 그러니까 원래 있던 어떤 기득권을 잃을까 봐 걱정하는 것이 아니라, 잃을 게 아무것도 없어요. 다시 말해 주변화된 사람, 소수자였죠. 저는 학위도 없고, 영어로 강의도 못 하지만, 그래도 대학교 교수가 된 것이 재일 조선인 입장에서 글도 쓰고, 발언도 했고 해 온 것이, 아주 소수이지만 '아,

이런 것도 재미있다. 이런 것도 대학에 있어야 한다.'고 판단한 사람들, 그나마 조금 균형 있게 생각하는 사람들이 일본에 있었기 때문입니다. 그래도 그런 사례가 아주 예외적이지요. 드뭅니다. 그래서 그것이 하나의 성공의 서사가 아니라, 재일 조선인처럼 어차피 사회의 주류가 될 수 없는 사람들이야말로 자유롭게 사유하고, 발언도 하고, 거기서 공부만 하면 지식인이 될 수 있다는 거지요. 전문가가 될 수 없고 지식인이 될 수밖에 없다, 그렇게 얘기할 수도 있겠죠.

신자유주의 시대라는 것은 사회 주류가 되고, 정규직이 되고, 사회적으로 상승하면 잘 먹고 잘살 수 있다는 환상을 공유하고 있는데, 사회 성원 대다수가 그렇게 될 수 없어요. 그렇게 될 수 있으면 경쟁이 아니고, 자본주의가 아니지요. 그렇게 될 수 있는 사람은 소수입니다. 한국에서 삼성의 사원이 되면 사회적인 성공자가 되고, 그렇게 되면 평생 안정이 된다고 생각하지요. 사실 삼성에 들어간다고 해서 평생 안정되는 것도 아니지요. 그리고 삼성 내부에 들어가도 아주 치열한 경쟁을 겪지 않습니까? 일도 많이 해야 하고. 게다가 대한민국 국민이 모두 삼성의 사원이 될 수도 없고요. 그러니 이렇게 경쟁이라는 논리가 힘이 있죠. 그렇다면 오히려 숫자로는 배척당하고 주변화되고 낙오하는 사람들이 다수자입니다. 이 다수자는 권력관계로 볼 때는 소수자이지만, 인구 숫자로 볼 때는 다수자입니다. 이런 다수자는 다수자끼리 힘을 모으는 논리, 논리가 아니더라도 그런 힘을 모아 사람답게 살 수 있다는 느낌조차도 없어요. 그런 느낌조차 가질 수 없기 때문에 필사적으로 주류로 들어가 편입되고 싶고 그런 방향으로만 살 수밖에 없죠. 정신적인 위계 제도의 노예가 되는 거죠. 낙오한 사람들, 경계선상에 있는 사람들이 서로 손잡고 힘을 모을 줄 몰라요.

컴퓨터 첨단 기술과 노예화

한국 와서 가장 놀랐던 일이 하나 있는데요. 이 나라에서는 상식이라니까, 나는 상식이 없는 사람이었다는 걸로 깨닫는데요. 연세대에 있는 어떤 교수가 알려 줬습니다. 학생들 성적 평가를 상대평가로 한다는군요. 그런데 이 사람이 가르치는 분야가 인문학입니다. 문학·역사·사상을 포괄하는. 학생이 20명 있다고 합시다. 그 중에 30% 정도가 A 학점이다, 어떻게 이렇게 점수를 붙일 수 있어요? 그건 불가능한 일입니다. 아주 비인간적이고 비인문적인 처사입니다. 인문학이란 게 모두가 A일 수도 있고, 모두가 낙방할 수도 있는 것 아닌가요? 30%를 넘으면 컴퓨터에 입력할 수도 없도록 소프트웨어가 돼 있다고 합니다.

손 기자도 고개를 끄덕이시네요. 저는 그걸 듣고 경악했는데 아무렇지도 않아요? 그런 게 여기서는 상식이에요? 이제는 이명박이 대통령이 됐으니 국가 전체가 그런 방향으로 가겠네요? 다른 부분에서는 시차를 두고 한국이 일본이 걸어온 길을 따라가고 있지만 적어도 그 점에서는 한국은 일본보다 앞서 있어요. 부정적 의미에서 '선진국'입니다. 지금 일본도 그런 방향으로 가려고 하는데, 그래도 저항이 남아 있으니까 아직 한국처럼 되지는 않았어요. 그래도 그런 걸 하려고 하는 사람들이 많아지고 있어요. 그런데 물론 인문학 같은 경우 상대평가로 할 수 없다는 공감대가 있지요. 저에게 그 얘길 해 준 사람은, 31%에게 점수를 주고 싶다고 하더라도 행정적으로 불가능하다고 합니다. 그렇다면 우리는 컴퓨터에 지배당하고 있는 것입니다. 컴퓨터에 소프트웨어를 부여하는 사람의 권력에 지배당하고 있는 것입니다.

그것과 비슷한 사례로, 일본에는 원호元號가 있습니다. 천황의 통치 기간마다 쇼와 1926~1989, 다이쇼大正 1912~1926, 헤이세이平成 1989~ 같은 원호가 있어요. 1960년대만 해도 원호를 폐지하자는 사람들이 꽤 있었어요. 지금처럼 그렇게 당연하게 쓰게 된 것이 아닙니다. "그래도 일본에 지난 전쟁의 책임이 있다.", "지금은 군주제 시대가 아니다.", "민주제 국가면 원호를 안 쓰는 것이 마땅하다." 이런 의견들이 많았죠. 국민주권, 인간 평등의 관점에서 헌법 위반이 아니냐는 주장이 그래도 많았어요. 정부가 원호 사용을 강요하려 했는데 결국 못 했어요. 그런데 1980년대 후반부터 다시 쓰기 시작했어요. 처음에는 일본 다수자들 중에서도 저항하는 사람들이 많았지요. 그런데 지금은 거의 대다수가 아무 의식 없이 '平成 몇 년' 이렇게 써요. 그런 말은 없지만 저 같은 경우는 '양심적인 원호 거부자'라고 합니다. 가능한 한 원호를 안 쓰고 서기를 쓰려고 노력합니다. 그런데 학교나 관청에 가서 공식 서류를 만들 때는 원호를 쓰게 돼 있어요. 제가 서기로 쓰면 컴퓨터 입력을 못 합니다. 학교 같은 경우 사무직원들이 그것 때문에 고생을 많이 합니다. "서 선생 때문에 우리가 쓸데없는 것도 다 고치고 입력해야 하나?" 이런 얘기를 합니다. 누군가가 폭력적으로 곤봉 가지고 원호를 쓰라고 위협해서 쓰는 것이 아니라, 대다수가 어쩔 수 없이 원호를 쓰게 됩니다. 불과 몇 년 동안 그렇게 자연스럽게 됐어요. 신용 카드 같은 것도 원호로 합니다. 외국에 나가서 연도를 쓸 때는 머릿속으로 고쳐야 하고 아주 불편합니다.

여기서는 주민등록 번호가 그런 역할을 하고 있죠. 그러니까 컴퓨터 같은 아주 현대적인 기술과, 천황제라는 전근대적인 군주제 지배가 결부돼 있는 것입니다. 이것은 군주제적인 사고방식으로 첨단 기술을 사용하면 아주 효율적으로 인민을 지배할 수 있다는 뜻이기도 합니다. 마찬가지로 한국에서도 상대평가에 대해 그걸 하느냐 안 하느냐, 또는 A학점을 25%한테 주냐 30%한테 주냐 50%한테 주냐, 논쟁을 하더라도 그런 걸 민주적으로, 공개적으로 해야 하는데 그런 것도 없지 않습니까? 학생들에게 발언권을 주는 것도 없고요. 이렇게 컴퓨터로 해 버리고 나면 아무도 저항할 수 없게 됩니다. 주민등록 번호가 비합리적이라고 해서 저항하면, 이 번호 없이는 휴대전화도 못 사고, 티켓 예매도 못 하니까 너무 불편하죠. 그래서 어쩔 수 없이 적응하는 거고요. 오히려 주민 번호를 갖고 있는 것을 정당한 시민 취급을 받는 자격처럼 착각합니다. 그것처럼 컴퓨터 첨단 기술을 사용해서 신자유주의 경쟁 전체주의가 진행됐습니다.

이 연세대 교수가 하는 얘기 중에 가장 무섭기도 하고 흥미로운 것 중의 하나가, 그렇게 되면 학생들 서로의 관계가 항상적인 견제 상태가 된다는 겁니다. 어떻게 하면 20%~30% 안에 들어갈 수 있을지가 학생들의 의식을 지배합니다. 심지어 이런 일도 있습니다. 무슨 무슨 보고서를 언제까지 내라고 했는데, A라는 학생이 마감을 지켜서 내고, B 학생은 아프다는 사정이 있어서 못 내고 그 다음날 냈다고 합시다. 그런데 둘 다 A 학점을 받았다고 한다면 A라는 학생이 항의한다고 합니다. 불공평하다고요. "나는 마감 지켰고 그 놈은 안 지켰는데 어떻게 같은 점수를 주느냐?"고요. 학생들이 항상 그런 의식을 갖고 있습니다. 그런 의식을 가지고 어떻게 인문학을 공부합니까? 인간의 자유 같은 그런 가치, 학문 자체가 공허화돼 있는 것입니다. 물론 말할 것도 없이 마감을 지켜야 하지요. 그러나 마감을 지켜야 한다는 것은 합리적인 판단으로 학생 스스로가 지키는 거지요. 그리고 남이 못 지켰다고 해서 이 사람을 좀 낙제시키라고 하는 그런 것은 아니지요.

언어의 감옥을 넘어서

손제민 사모님을 부를 때 '파트너'라고 부르시는데요. (서 교수는 기자를 맞이하며 "파트너는 연세 어학당에 한국어 수업을 들으러 갔다."고 말했다.)

서경식 고유한 한국어라는 것이 있다고 하면, 사실은 그런 것이 있기는 있는지 의심이 들기도 하지만, 있다고 합시다. 그것도 잘 배워야 합니다. 저처럼 한국어가 모어가 아닌 처지에서는 참된 진정한 한국어를 배워야 한다는 그런 것이 있다고 해도, 그 언어의 내부에는 위계제가 너무 강하게 반영돼 있어요. 다들 언어의 권력관계에 갇혀 있어요. 선·후배 관계라든가, 교사·제자 관계라든가, 아버지·자식 관계라든가 경칭이나 말하는 게 너무 면밀하고 복잡하게 정해져 있죠. 옛날에는 그렇게까지 복잡하지는 않았던 것 같은데, 가면 갈수록 더욱 복잡하게 되는 것 같아요. 심지어 식당에 들어가면 "다음에는 후식이 나오세요."라고 합니다. 후식은 경칭의 대상이 아닌데도 경칭을 붙입니다. 이런 게 점점 더 많아지고 있어요. 일본도 그래요. 신자유주의 시대에 들어가 맥도널드로 대표되는 외식 산업이 들어오고, 그리고 백화점, 영업 사원 등이 말하는 것이 매뉴얼화되어서 상대방 고객들에게 하는 말을 외워요. 암기하고 기계적으로 얘기하지요. 여기에도 '기계화'가 들어옵니다. 기계화된 말로 얘기하면 싸워야 할 때 못 싸워요. 싸움이 없다는 것이 진짜 사랑도 없다는 뜻이기도 하고요.

서설이 길어졌는데, '아내'라는 말은 일본에서도 쓰입니다. 저도 처음에는 그런 자각이 별로 없었는데요. 1980년대 초반 나이가 30대쯤 되면서부터, 여성해방운동 그런 움직임이 커지고, 아는 여성 친구들에게 비판도 많이 받으면서, 스스로도 깊이 생각했습니다. 일본 사람들은 남편을 '주인ㅎㅅ'이라고 부릅니다. "주인이 아직 퇴근 안 했어요?"라고. 남편이 '주인'이라면 그 여성은 '노예'인가요? 평등한 관계로 살고 싶으면 호칭도 평등해야 합니다. 그런데 적당한 말이 없습니다. 다른 말을 쓰면 말 잘 못 하는 사람, 상식 없는 사람으로 낙인찍게 됩니다. 일본 같은 경우 배우자를 부를 때 '같이 다니는 사람', '같이 사는 사람'이라는 뜻으로 '쯔레아이ㄱれあい'라는 말을 쓰기

시작했습니다. 진보적인 소설가나 평론가 같은 사람들이 처음 썼죠. 우리 마음에도 적절하다고 여겨져 사람들이 쓰기 시작했고 어느 정도 보급됐어요. 사회 대다수가 쓰지는 않지만, 저 같은 사람들이 그런 말을 써도 상대방이 뜻을 이해해 주고, 별로 불편함을 못 느끼는 정도로 쓰입니다. '이 사람 '쯔레아이'라는 말을 쓰면서 아내를 얘기하고 있구나.' 일일이 설명 안 해도 이해해 주는 정도로 됐습니다. 한국에서도 우리는 원래 그런 말 안 쓴다는 식으로 이상하게 대하면 절대로 언어의 감옥에서 벗어날 수 없습니다.

그리고 이건 좀 어려운 얘기이긴 한데, 한국 사회에는 가족의 비유가 너무 많습니다. 사람들끼리 만나면 학벌 따지고, 상대방이 연배가 위이면 '형님'이라고 하죠. 그렇게 하면 마음이 안정되고, 관계가 더 진전되는 것처럼 느낍니다. 가령 제가 손 기자께 "제민이."라 하고 손 기자가 제게 "형님." 이렇게 부르면 그런 관계가 성립되죠. 누군가가 이명박에게 "형님!"이라고 불러서 이명박도 무척 좋아했다는 얘기를 들었는데요. 사회관계가 모두 가족에 비유가 돼 있죠. 그리고 젊은 여성들이 자신의 남편이나 애인을 "오빠."라고 부르죠. 옛날에는 그런 게 없었는데 언제부터 그랬는지 모르겠어요. 그런 건 한국이 옛부터 가족적인 가치를 소중히 했기 때문이 아닙니다. 그런 가족의 비유가 이중성이 있습니다. 긍정적인 측면만 있는 게 아닙니다. 그런 것을 바로 봐야 합니다. 김상봉 교수와 만나 대담을 다 끝낸 뒤에도 김상봉 교수가 그러더군요. "이제 서로 속을 많이 알게 됐고 서 교수님이 저보다 연배가 위이니 '형님'이라 부르고 싶다."고요. 그 제안에 저는 단호히 아니라고 했습니다. 우리는 모두 '타자'입니다. 이렇게 얘기하면 너무 냉정하다, 또는 서운하다고 할 수도 있겠지만 그런 게 아닙니다. 사회는 타자와 타자가 만나는 것이죠. 부모나 부부도 타자입니다. 제가 이렇게 얘기하면 저를 동정하는 사람들이 많습니다. 불쌍하다고 말합니다. 너무나 디아스포라적으로 어렵게 섭섭하게 외로운 세상을 살아온 신세였기 때문에 가족의 따뜻함을 이해하지 못하는 사람으로 대합니다.

그런데 한번 보세요. 가족이란 게 얼마나 억압적인지. 제가 혈압이 높아 병원에 사흘간 입원한 적이 있습니다. 놀라웠던 것은 제 병실에 6명이 입원해 있었는데, 증상이 가볍건 중하건 모두가 가족들이 와서 병간호를 하고 있더라는 겁니다. 전부 다 며느리나 부인 같은 사람들이었어요. 그 분들이 항상 같이 있고, 집에서 음식을 해 가져와서 간병하더군요. 그것을 보며 아름다운 가족애라기보다는 이러면 여성들이 얼마나 부담스러울까 하는 생각이 들었습니다. 물론 위독해서 아파 죽을 상황이라면 가족이 와 있어야 하지만, 일본 같은 경우는 가족이라도 허가된 시간만 면회하게 돼 있습니다. 간호사 대신 음식을 먹이고 하면 안 되게 돼 있습니다. '아, 그렇다면 일본이라는 나라가 너무나 차가운 세상이다. 가족이라는 가치가 완전히 무너진 산지옥이라고 할 수 있을까?' 그렇게 생각하시겠지요. 그렇지 않습니다. 그렇게 해서 여성들의 사회적 활동 시간, 독립성이 미흡하나마 보장될 수 있는 겁니다. 자신의 일을 다 하고 난 뒤에 면회 시간에 면회하고 마음의 교류를 하는 것이야말로 진짜 사랑이 아닐까요. 마음은 그런 마음이 없는데 "저기 손씨 집안 며느리가 좋은 며느리네."라는 평가를 받고 싶어서 그렇게 하는 것이라면, 그건 권력관계 때문에 어쩔 수 없이 하는 거죠. 그렇게 하지 않고 나는 조금 더 중요한 약속이 있거나, 학교도 다니고, 시험도 봐야 하고, 논문도 써야 해서 병실에 자주 못 나오면 나쁜 며느리, 부인이 되는 것이죠. 그런데 그런 권력에 대해 문제 제기하기가 너무나 어려운 사회가 한국 사회입니다. 사회제도상 그렇게 돼 있는 것 뿐 아니라, 사람들의 사고방식, 심지어 언어의 위계질서도 그렇게 돼 있습니다. 그런 상황에 대해 문제 제기하려면 우리부터, 김상봉 교수부터 저를 형님이라 부르는 것은 그만두고, 낯선 표현이라도 새로운 표현으로 우리가 서로, 타자가 타자끼리 구성하는 동등한 공간으로서의 사회를 구상해야 한다고 했습니다.

피를 나눈 가족, 말로 표현 안 해도 눈빛만 보고 이해하는 가족이라는 것도 망상입니다. 이런 망상이나 공상이 권력화되는 그런 사회가 되면 피를 나누지 않고, 언어가 잘 통하지 않는 사람들은 그 사회 성원으로 인정받지 못하게 됩니다. 여기 외국인 노동자도 있고, 외국에서 시집 온 사람들도 있고, 저 같은 디아스포라도 있지 않습니까. 이 사람들은 외면상 타자죠. 내부의 타자도 있어요. 아버지에게 억압받는 자식, 남편에게 억압받는 부인……. "너는 내 마음을 얘기 안 해도 다 이해하는 며느리여야 한다." 하면 '그건 아닌데……' 하면서도 아무런 얘기조차 못 하는 상황입니다. 가족이라고 하면 타자 중에서도 제일 가까운, 제일 잘 아는 타자니까 물론 정情도 생기는 것이 당연하지요. 그런데 타자는 어디까지나 타자입니다. 아이들도 태어난 순간 타자이긴 하지만 적어도 사춘기가 지나면서 그야말로 타자가 되어 가는, 존중해야 하는 타자입니다. 그런 사고방식이 좀 더 필요하다고 봅니다. 그렇다고 제가 이때까지 있어 온 사고방식을 전면적으로 부정하는 것은 아닙니다. 제가 이런 식으로 얘기하면 너무 서양적인 개인주의나, 포스트모던적인 보편주의를 주장한다는 오해를 사기 쉬운데 그건 아닙니다. 이 사회가 가족주의적인 사고방식, 문화 때문에 지금 있는 억압 상황을 바로 보지 못하고, 거기서 벗어나지 못하는 것처럼 보인다는 점을 지적하고 싶을 뿐입니다.

디아스포라의 눈에 비친 한일 양국

손제민 한일 양쪽 사회에서 다 소수자로서 정체성을 갖고 계신데요. 일본에서는 국적 소수자, 한국에서는 언어 소수자지요. 양쪽 사회가 소수자를 대하는 차이나 공통점이 있다면 무엇입니까?

서경식 물론 차이가 있습니다. 일본에서 저 같은 재일 조선인은 수가 적을 뿐만 아니라 일본은 과거 식민지 역사를 제대로 인정하지 않는 사람들의 사회이기 때문에 과거 1세기의 역사 문제까지 모두 부담으로 짊어지게 돼 있습니다. 그러니까 여기서 소수자로서 느끼는 것과는 다르다고 할 수 있습니다. 일본에서는 80년대 후반쯤부터 다민족, 다문화라고 해서 "다수자가 소수자에게 배려 있는 그런 사회로 가자!"는 구호가 나오기 시작했습니다. 그때가 나카소네 보수 정권 때인데 외국인 노동자들이 많이 들어오고, "다른 문화를 가지고 있는 외국인들과 같이 사는 열린 사회"라는 구호가 많이 유행했습니다. 하지만 우리에게는 공허한 구호로만 들렸습니다. 왜냐하면 그것이 역사적인 인식이 없이 나온 것이니까요. 지금 이 순간 아무 배경 없이 일본 사회에 들어온 소수자와 원래 있던 우리 사이에는 차이가 있다, 우리는 역사, 식민지 지배의 청산, 사상·문화적인 청산이라는 문제가 여전히 해결되지 않고 있었다는 거죠. 종전인 1945년 시점 이후에도 식민지 역사가 끝난 것이 아니고, 본국인 조선이 분단되고 그 때문에 자신들의 중심지인 조국을 자유롭게 왕래하지도 못하는 상황이었죠. 지금도 일본은 이북과 국교가 없으니까 왕래하지 못합니다. 그러니까 식민지 지배와 분단이라는 역사의 상처가 지금도 쑤셔 대고 있는 거죠. 그게 일본에 있을 때 우리의 상황입니다. 저는 일본의 다수자인 일본인들이 그런 역사 인식이 없이 그냥 '소수자에 대한 연민이나 배려' 같은 태도로 나왔을 때 오히려 불쾌감을 느꼈습니다. 따라서 그런 다문화주의는 역사를 부인하는 효과가 진짜 있었다고 생각합니다.

그런데 한국에 와서는 이런 역사적 측면에 대한 인식은 물론 공유할 수 있죠. 그런 측면에서는 편안해요. 이것도 과거 식민지 지배의 소산이기는 하지만 일본에 있으면 조선인이라는 이유로 문화나 정체성에 대한 별로 근거 없는 열등감 같은 것이 있는 게 사실입니다. 가령 밥을 먹는 방식 얘기를 해 보죠. 밥을 쌈에 싸 먹는 것이라든가, 국에 밥을 넣고 말아 먹는 것이 일본 사람들이 보기에는 너무 버릇없는 것처럼 보이는데, 그건 그냥 문화가 다를 뿐이죠. 여기에는 우월 관계가 없다는 것을 머리로는 알고 있는데도 그런 것에 대한 무의식적인 긴장 상태가 있습니다. 그런 점에서도 여기 오면 편합니다. 그런데 반대로 여기가 그렇게 천국 같은 느낌인가 하면 아닙니다. 1960년대에 젊었을 때 두 번 한국을 짧게 방문한 적이 있는데, 그때 우리 재일 조선인은 본국 여러분들이 볼 때는 일본에 대한 표상, 일본에 대한 온갖 감정들이 다 투영된 대상이었어요. 우리를 볼 때 일본에 대한 굴절된 분노도 나오고 또 동경도 나오는 거죠. 나라가 이렇게 분단돼 여러분들이 고생하고 있을 때 일본이라는 안전지대에서 잘 먹고 잘 사는 사람들이라는 시선 같은 것도 많이 느꼈어요. 그것도 일리는 있었어요. 옳다고는 할 수 없지만 그런 감정을 갖게 된 배경에 대해서는 이해가 간다는 말입니다.

그러나 요즘은 그런 것보다 일본에 대해, 특히 젊은 사람들의 감정이 많이 달라졌음을 느낍니다. 애니메이션이나 소설, 대중음악 등을 중심으로 일본에 대한 동경이 생겨나고 있습니다. 그런 동경을 우리에게 투사하고 우리에게 호의를 갖고 다가오는 사람들도 있습니다. 이들은 사실 재일 조선인에 대한 관심이 아니라 일본에 대한 관심을 갖고 다가오는 사람들이지요. 그런 것이 저 같은 사람에게는 어색하고 때때로는 별로 기분이 안 좋을 때도 있습니다. 이것은 60년대 얘기와 다른 식으로 이해할 측면도 있습니다. 이 젊은 사람들에게 과거 식민지 시기 역사는 좀 알려야 합니다. 이 사람들도 공부를 좀 해야 하는데, 제 상상과 달리 너무나 모르고 있는 것 같습니다. 일본에서는 한국의 젊은 사람들이 역사교육을 지나치게 받고 있어서 '역사 중독'에 걸린 것 아니냐 그런 얘기까지 나오는데, 실제로 제가 와 보니까 안 그래요. 별로 몰라요. 독도니 뭐니 하는 것도 몰라요. 모르면서 다들 분노하고 그러는 것 같아요. 그것이 좀 한심스럽고 걱정이 되기도 해요.

한편 이 사람들이 갖고 있는 일본에 대한 시선에, 그래도 일방적으로 부정만 할 수 없는 측면도 있는 듯합니다. 젊은 사람들과 얘기를 나누며 알게 됐는데, 이것이 일본 사회에 대한 오해라 할 수 있습니다. 일본 사회가 이 사람들이 동경할 정도로 개방된 자유로운 사회가 아닌데 말입니다. 젊은 사람들 중에는 일본 사회에 있는 개인의 자유, 사생활에 대한 존중에 대해 얘기를 하는 사람도 있습니다. 여기는 가족주의나, 70년대까지 있어 온 큰 서사, 거기에다 최근에는 경쟁 논리까지 부과됐기 때문에 젊은 사람들에게는 좀 부담스러운 사회 분위기가 된 측면이 있죠. 너무 짙고 열기가 가득 차 있고요. 진짜로 열기가 가득 차 있지는 않지만, 가득 차 있어야만 할 것 같은 그런 분위기라고 할까요. 월드컵 축구 경기가 있으면 같이 응원해야만 할 것 같은 분위기이죠. "나는 그런 데에 관심 없다."고 하면 왠지 고립될 것 같은 그런 분위기이죠. 그것은 오히려 일본 사회의 젊은 사람들과 정서가 비슷해요. 그것이 건전한 상황이 아니지만 위에서 질타하더라도 효과가 별로 없어요. 또 이런 얘기하는 분도 있었어요. 여성인데, 자신이 일본을 좋아하는 것은 서로가 별로 간섭 안 한다는 것 때문이래요. 한국에서는 회사 다니면 꼭 물어보는 게 "왜 아직 결혼 안 하냐?", "아기는 왜 안 낳냐?", "둘째는 언제 낳을 거냐?" 그런 거죠. 인사 대신 하는 말인데, 너무 지나치게 간섭하는 것 같아 부담스럽다고 합니다. 사실 일본에서는 그렇게 하면 성희롱이 될 수도 있습니다. 30년 이상 여성들이 문제를 제기해 왔기 때문에, 남자들 스스로도 좀 심하게 하면 여성들에게 불쾌감을 주고, 더 심하면 소송을 당해 손해배상 해 줘야 할지도 모른다는 경계가 있기 때문에 조심합니다. 그 여자 분이 도쿄 비행장에서 도쿄 시내로 가는 전철을 탔을 때, 전철역에서 퇴근하는 일본 여성들이 거리에서 담배 피우는 모습을 보고 '아, 여기가 여성으로 편하게 살 수 있는 사회다.'는 생각이 들었답니다. 저는 잘 몰랐는데 '아, 그렇게도 생각하는구나.' 새삼 깨닫게 됐습니다. 역사 인식이 모자란다든가, 일본이 과거에 식민 지배를 했으니 일본을 좋아하는 것은 친일이다 하는 식의 단순 논리로는 이 사람들을 별로 설득할 수 없겠죠.

문제는 그런 측면만 볼 때에는 일본이 더 열린 사회처럼 보이는데, 사실은 그렇지도 않다는 것입니다. 지나가는 여행자로서는 그렇게 보이죠. 사람들이 모두 친절하고, 거리도 깨끗하고, 질서를 잘 지키니까요. 그런데 거기서 살다 보면 얼마나 억압적인지, 눈에 보이지 않는 동조 압력이랄까, 모두가 가는 방향으로 말없이 따라가야만 하는 분위기가 형성돼 있어요. 일본에는 요즘 'KY*'라는 말이 유행 중입니다. '공기를 읽는다.', '분위기를 읽는다.'는 뜻인데요. 친구끼리 있을 때에도 회사 회의 때에도, 사람들이 모였을 때 분위기를 먼저 읽어야 한다는 뜻입니다. 여기서 이런 말을 하면 안 된다라든가, 여기서 지나치게 사람들 눈에 띄는 행동을 하면 안 된다든가, 여기서 리더가 누구인데 그 사람을 따라가야 한다든가, "자, 오늘 중화요리 먹으러 가자!" 하면 "같이 갑시다." 하며 기꺼이 가는 것처럼 연기해야 한다는 것이죠. 그걸 잘 읽는 사람이 KY입니다. 아베 신조가 지난해에 사임했는데, 아베 신조가 전형적인 공기를 못 읽는 사람이라고 젊은 사람들이 얘기합니다. '우리는 공기를 잘 읽는 사람으로 이 사회에서 살아남아야 한다.' 이런

---

* '쿠키가 요메나이空気が読めない' 라는 표현을 쿠키空気의 K, 요메나이読めない의 Y를 따서 줄여 이르는 말이다.

식으로 얘기하지요.

한국 사회가 일본 사회를 따라가고 있는 것처럼 보이니까, 한국에서도 'KY 현상'이 나타날 것입니다. 조금 시차가 있으니까, 이 시차가 있는 동안은 한국에서 일본에 가면 조금 공간이 있는 것처럼 느껴지는 측면도 있습니다. 젊은 사람들의 일본에 대한 선호가 일본의 전부, 천황제 전부, 보수파에 대한 선호라고는 볼 수 없습니다. 그렇다고 해서 진보적인, 해방적인 의미가 있는 긍정적인 것이라고도 할 수 없고요. 아직까지 불분명한 두 가지 요소를 가지면서 표류하고 있는 상태죠. 그만큼 우리의 책임이 무겁다는 것입니다. 기존 세대 지식인들의 책임입니다. 특히 저 같은 경우는 양측 사회를 보고 있고, 지금 말씀 드린 과도기의 시차 같은 것도 느끼고 있으니. 일본에 대한 막연한 동경심을 가진 이 나라 여러분에게도 '그것은 아니다.' 이렇게 경고할 수 있는 처지이고요. 그런 사람이 맡아야 하는 책임입니다.

디아스포라 지식인의 역할

일반화하자면, 디아스포라가 그런 것입니다. 에드워드 사이드가 그런 존재입니다. 그는 팔레스타인 사회도 알고, 미국 사회도 즉 서양 중심 문화도 아니까 《오리엔탈리즘Orientalism》이라는 책을 쓸 수 있었습니다. 한쪽만 알면 못 썼겠지요. 이 사람은 어떻게 보면 양쪽 사회에서 고립되고 외롭다고 볼 수도 있습니다. 세계 곳곳에 그런 디아스포라들이 있고, 이때까지 디아스포라이면서도 지식인인 존재는 별로 많이 없었습니다. 유럽에는 있었죠. 20세기 초반부터 유대인들이 그랬죠. 그런데 전세계적으로 볼 때 아시아나 아프리카에는 디아스포라 지식인이라는 존재가 많이는 없었어요. 있더라도 미국 같은 사회에서 상품화되는 경향이 강했습니다. 아시아, 중남미, 아프리카 출신 지식인으로 미국 유명 대학의 명물 교수가 되고, 결국 백인 사회에서 상품화되는 과정을 겪었어요. 영어로는 토큰token 승차표이라고 하는데, 뉴욕에서 지하철 탈 때 사는 '토큰' 말입니다. 미국 사회가 얼마나 다문화되고 얼마나 소수자의 목소리에 귀 기울이고 있는가를 표시하기 위한 '토큰'이 되기 쉬웠습니다. 그렇지 않은 디아스포라 지식인이 지금까지는 별로 없었다고 할 수 있습니다. 특히나 동아시아에는 없었습니다. 그런데 시대가 이렇게 되면, 좋건 싫건 이 사람들이 경계를 넘어 이동하게 되면 저 같은 디아스포라 지식인이라는 사람들이 많이 나오게 되겠죠.

디아스포라 지식인이라고 해서 반드시 긍정적인 역할을 담보하는 것은 아닙니다. 디아스포라가 기본적으로 불안정한 존재이죠. 안정을 얻기 위해서는 과잉 충성을 하게 되고, 국가주의에 경도될 가능성이 더욱 높기도 합니다. 디아스포라니까 꼭 도덕적으로 옳다고 할 수도 없습니다. 그러나 디아스포라 지식인들이 제대로 역할을 하면 여러 개 있는 척도를 상식화해 개인의 자유도 지키면서 공동체도 풍요롭게 할 수 있습니다.

손제민 한국에 있으면서 그런 디아스포라 지식인을 만난 적이 있는지요.

서경식 한국 사회는 공동체 의식이 너무 강해서 개인주의자가 드뭅니다. 그런 분들은 대개 고립돼 있는 것 같습니다. 누구도 동문 의식, 동향, 학벌 같은 공동체 의식에서 자유로울 수 없습니다. 흥미로운 사례가 있습니다. 외국 유학을 갔는데 일본인 친구가 파리에서 철학 공부를 해서 박사 학위를 받자 가장 친한 친구 한 명만 와서 와인을 마시며 축하를 해 주더랍니다. 한국인들은 한 명이 학위를 받으면 유학생들이 다 모여서 축하를 했다고 합니다. 그걸 좋게 얘기할 수도 있지만, 과연 그럴까요? 학문하는 사람은 철학적으로 적이 될 수도 있습니다. 철저히 비판하는 것도 있어야 합니다. 그런데 우린 한 가족이어서 고립된 독립적인 지식인으로서 치열하게 비판하는 게 아니라, 같이 유학 가서 고생하고 드디어 사회의 주류가 됐다며 축하하는 것이 바람직한가요? 그 사례를 접하며 이런 게 떠오릅니다. 옛날에 과거 시험에 합격하면 가문 전체의 신분이 올라가는 게 있었지요. 죽고 난 뒤에도 호칭이 달라지지요. 그런 문화의 유산일 수도 있겠다는 생각이 듭니다. 아주 열심히 공부해서 학위를 얻거나 교수가 되는 것이 독립적 지식인이 되는 것이 아니라, 주류 지배 기득권층에 들어가기 위한 통과의례가 아닌가 여겨지기도 합니다. 그렇게 되면 그것이 목표가 됩니다. 양반, 관직이 되는 게 목표이지 학문이 목표가 아닙니다.

제가 오늘 좀 격하게 말했지만 그래도 60년대~70년대 유신 체제 때 이 나라 민주화를 이끈 지식인들의 역할은 아주 빛나는 것이라고 할 수 있습니다. 저는 지금도 그것이 정말 자랑할 만한 것이었다고 봅니다. 그런 전통은 소중히 기억하고 그런 선학들에게 많이 배워야 한다고 봅니다. 60년대 4·19 교수단이나, 70년대 창비 그룹의 리영희 선생 그리고 학생운동 진영도 모두 디아스포라적인 측면이 있었습니다. 분위기가 2000년대와는 달랐던 것 같습니다. 당시만 해도 장래 진로 걱정을 안 하던 때였습니다. 불안정한 디아스포라였지만 그래도 지식인이 있었고요. 지금은 60년대~70년대보다 여유 있게 생각할 수 없는 '감옥'에 갇혀 있는 모습입니다.

손제민 앞으로 어떻게 하실 생각인가요.

서경식 일본에 돌아가면 학교 일로 바빠질 것입니다. 소모적인 행정 업무도 많을 것이고. 제가 와 있는 2년간 일본도 많이 나빠졌습니다. 일본 헌법 개정이 될 것 같은 분위기가 성립되었고요. 물론 제가 있어도 막을 수 있었다는 것은 아니지만……. 헌법이 본격 개악되리라는 것이 구체적인 일정에 올라오는 나날이 된 듯합니다. 이르면 삼사 년 내에 그게 구체화될 것입니다. 이 선을 지켜야 한다고 말해야 합니다. 그것이 일본뿐만 아니라 동아시아

평화를 위하는 것입니다. 일본의 군비가 금지된 것이 식민 지배와 침략 전쟁의 결과로 인한 것인데, 그것을 청산하지도 않고 다시 군비를 하는 것은 역사적인 반동입니다. 재일 조선인들이나 일본인들이나 어느 정도 같이 대들 수 있을지 막막합니다. 재일 조선인의 처지나 입장이 우경화 문제와 관련해 할 수 있는 것이 많지 않습니다. 아마 재일 조선인 사회의 어려움에 대해 계속 천착할 것 같습니다. 한국에는 장기간 올 수는 없겠지만, 가능한 한 자주 오고자 합니다. 2년 전만 해도 공기가 희박해지는 일본 사회에서 조금이나마 도망해서 숨 쉬고 싶다는 그런 생각이 있었는데요. 하지만 이 나라에도 공간이 얼마나 남을까 걱정스럽습니다. 쉬러 온다기보다 이런 문제의식을 같이 고민하는 기회를 가졌으면 합니다.

자료

소논문 일본 '국민주의'의 어제와 오늘
연표 재일 조선인의 역사
연표 팔레스타인 분쟁사

재일 조선인이라는 처지에서 바라본

일본 '국민주의'의 어제와 오늘*

들어가는 말

이것은 일본의 다수자majority 속에 깊이 스며든 '국민주의Gugmin-ism'를 문제 삼는 글이다. 먼저 용어에 대해 설명할 필요가 있겠다.

나는 여기서 '국가주의Gugka-ism'와는 구별해 '국민주의'라는 용어를 임시로 사용하고자 한다. '국민Gugmin'은 국적 보유자national를 뜻하는 조선어이며 '국가Gugka'는 'State'를 뜻하는 조선어이다. 두 용어는 모두 영어로 번역하면 'nationalism'이 되지만, 지금부터 문제 삼고자 하는 '국민주의'는 'nationalism' 일반과 달리, 소위 선진국(구 식민지 종주국)에 사는 다수자가 무의식중에 품고 있는 '자국민 중심주의'를 이르는 말이다. '국민주의'는 대

---

* 이 글은 2006년 11월 '지구화 시대의 연대와 소통 – 상호문화철학의 문제들'이라는 주제로 전남 대학교에서 열린 국제학술대회에서 저자가 발표한 것이다.

개 일반적인 배타적 내셔널리즘과는 다른 것처럼 보이기 때문에 당사자도 스스로를 내셔널리스트라고는 생각하지 않는다. 뿐만 아니라 '국민주의자'는 자신을 내셔널리즘에 반대하는 보편주의자라고 주장한다. 스스로를 시민권citizenship을 지닌 주체라고 여기고 있다. 그러나 다른 한편으로 그들은 자신이 누리는 여러 권리가 근대 국민국가에서 만인에게 보장되는 기본권이라기보다는 '국민'이라는 것을 전제로 보장되는 일종의 특권이라는 현실을 좀처럼 인정하려고 들지 않는다. 국민주의자는 자신이 누리는 특권에 대한 자각이 없고, 그 특권의 역사적 유래에는 눈을 감으려는 경향이 있다. 따라서 국민주의자는 '외국인'의 무권리 상태나 자국이 저지른 식민지 지배에 대한 역사적 책임에는 둔감하거나 의도적으로 냉담하다. '국민주의'는 이러한 조건 아래에서 배타적인 '국가주의'와 공범共犯 관계를 맺게 된다.

이와 같은 '국민주의'적 심성은 근대국가의 국민이라면 많건 적건 공유하고 있을 테지만, 여기서는 특히 일본의 경우를 문제 삼고자 한다. 왜냐하면 일본은 구 식민지 종주국이며 동시에 제2차 세계대전 패전국이지만, 독일의 경우와는 명확히 다르다. 이러한 역사적 책임을 지려고 하지 않은 채 현재에 이른 나라이기 때문이다. 또 지난 10년 동안 일본의 행보는 역사적인 '반동反動'이라 부를 만한 것이다. 게다가 2006년 9월에 들어선 아베 신조 내각은 '극우 정권'으로 규정하는 것이 옳다. 이와 같은 현상은 보수파나 우파가 혼자 불러왔다기보다는 오히려 국민 다수 속에 뿌리내린 '국민주의'적인 심성이 보수파와 우파를 크게 도왔다고 보아야 한다. 이는 동아시아뿐 아니라 세계 평화의 위기 요인이다. 그리고 이런 위기와 싸워 나가려면 여러 민족 간 연대나 다수자majority—소수자minority 간 연대가 필요한데, 이를 막는 장애도 또 이 '국민주의'인 것이다.

나는 '재일 조선인Korean minority in Japan'이라는 처지에서 이 글을 쓴다. 재일 조선인이란 조선반도 출신^{origin}인 일본 거주자를 모두 이르는 말이다. 그 가운데 지금도 일본 국적을 취득하지 않은 채 정주 외국인으로 일본에 살고 있는 사람은 약 60만 명이다. 이 사람들은 다시 한국 국적을 지닌 사람과 사실상 무국적자라 할 수 있는 '조선 적朝鮮籍'으로 나뉘지만, 여기서는 자세한 설명을 하지 않기로 한다.

'재일 조선인'이라는 존재는 일본이 조선을 식민지 지배한 결과물이다. 1910년 '병합' 조약을 맺어 조선이 일본의 식민지가 되었는데, 이때 모든 조선인은 일본국 신민臣民, 즉 일본 국적 보유자가 되었다. 일본의 식민지 지배는 1945년 8월까지 35년 동안 이어졌는데, 이 기간 중 많은 조선인들이 저임금 노동력으로 일본에 왔다. 특히 전쟁이 격화된 1939년부터 5년 동안은 일본 국내 기간산업의 노동력 부족을 메우기 위해 적어도 70만 명이 넘는 조선인이 일본에 강제 연행되어, 탄광, 광산, 군수공장, 토목공사 현장 같은 곳에서 중노동을 강요당했다. 그래서 일본이 패전했을 때, 230만 명이 넘는 조선인이 일본 본토에 살고 있었던 것이다. 그 가운데 대부분은 고향인 조선반도로 돌아왔지만, 약 60만 명에 이르는 조선인들은 여러 가지 어쩔 수 없는 사정 때문에 계속 일본에서 살게 되었다. 이것이 '재일 조선인'의 기원이다.

원치 않았지만 일본의 식민지 지배로 '일본 국민'이라는 테두리 안으로 끌어들여진 재일 조선인은, 전후 일본 정부의 의도에 따라 '국민'의 테두리 밖으로 쫓겨나 사실상 난민이 되었다. 일본 정부는 재일 조선인들을 무권리 상태로 몰아넣고서 일본 국적을 취득해 일본 사람처럼 살거나, 아니면 국외로 나가라며 계속 압력을 넣어 왔다. 일본 정부는 '일본 국내에는 소수민족 문제를 만들지 않는다.'라는 정책을 꾸준히 펴 왔다. 다시 말하면 재일 조선인이 그 민족적 아이덴티티^{identity}를 지닌 채 일본에 계속 머무는 것을 용인하지 않겠다는 것이다. 식민지 지배에 대한 도덕적·정치적 책임을 부정하려고 하는 일본 지배층에게 존재 그 자체가 식민지 지배의 산 증인이라 할 수 있는 '재일 조선인'이라는 존재는 눈엣가시이기 때문이다.

일본이 패전하고 60년이 넘게 지난 지금, 일본에서 태어난 2세, 3세가 재일 조선인의 90%를 차지하게 되었다. 그러나 그들은 지금도 일본 국민과 같은 권리를 보장받지 못하고 있다. 또 일본과 한국, 일본과 북조선 관계가 긴장될 때마다 일본 사회에서 재일 조선인에 대한 차별이나 이지메いじめ 집단괴롭힘가 심해져 어쩔 수 없이 일본 국적으로 귀화하는 조선인이 늘고 있다. 현재는 이른바 북조선의 일본인 납치 문제와 핵실험 문제 때문에 (그것을 일본 보수파가 정치적으로 이용하고 있기도 하다.) 재일 조선인에 대한 이지메는 과거 어느 때보다 심각한 수준에 이르고 있다.

전후 일본에서 '국민주의'가 생겨난 까닭

일본이 대일본 제국이라는 다민족 제국이었던 시대에, 일본 지배층은 일본 민족(야마토 민족)의 우월성을 강조하는 한편, 조선인이나 대만인 같은 식민지 신민에게 야마토 민족과 마찬가지로 국가에 충성하라고 요구했다. 식민지 신민을 '이등 국민'으로 다뤄 심하게 차별하면서, 차별에서 벗어나고 싶으면 천황과 국가, 즉 일본을 위해 목숨을 바치라고 한 것이다.

그런데 패전을 전후해 일본 지배층은 천황제 유지를 최우선 목표로 삼고, 구 식민지 출신자를 배제한 채 야마토 민족이 사는 단일민족국가로서 전후 일본을 다시 출발시켰다. 전후 일본에서 '국민주의'가 생겨난 까닭이 여기에 있다.

일본 정부와 연합군 GHQ는 한편으로는 패전 후에도 계속 재일 조선인의 일본 국적이 유효하니 일본의 법체계에 복종하라고 요구하면서 재일 조선인이 자력으로 세운 민족 교육기관을 금지하는 식으로 민족 자주권을 탄압했다. 그리고 다른 한편으로 일본 지배층은 재일 조선인의 참정권을 빼앗았다. 해방 전 조선반도에 살던 조선인에게는 참정권이 없었지만 일본 본토에 거주하는 조선인에게는 일정한 조건 하에 참정권이 주어졌다. 그러나 일본 정부는 치밀하게도 1945년 8월 15일 일본이 패전하고 4개월 뒤에 열린 중의원의원선거법 개정 때 조선인을 비롯한 구 식민지 출신자의 참정권을 정지시켰다. 남아 있는 선거제도조사 특별위원회 토의 자료를 살펴보면, "조선인의 참정권을 허용하면 상당수가 국회의원에 당선될 염려가 있으며, 그렇게 되면 그들은 공공연히 천황제의 폐지를 요구할 것이다."라는 것 때문이었다.

이 조치는 개정된 법률의 부칙 가운데 "호적법의 적용을 받지 않는 자의 선거권은 당분간 정지한다."라는 매우 눈에 띄기 어려운 문구와 관련이 있다. '호적법'이란 일본에 거주하는 일본인(야마토 민족)을 대상으로 하는 법률로, 조선인에게는 '호적령'이 적용되고 있었기 때문에, 이 문구는 '야마토 민족'의 참정권만을 인정한다는 것이다. 이 선거법 개정으로 일본 역사상 처음으로 여성의 참정권이 인정되었다. 새로운 선거법에 따라 치른 선거로 뽑힌 의원들이 전후 일본의 신헌법을 심의하는 역할을 맡았다. 일본 국민들은 이 선거법 개정을 패전까지 이어져 온 군주 주권을 부정하고 남녀평등 같은 민주주의적 제도를 들여와 국민주권 국가를 새롭게 세울 수 있는 기회로 보고 반겼다. 하지만, 실제로 이 선거법은 천황제를 유지하기 위해 교묘하고도 주도면밀하게 구 식민지 출신자를 '국민'의 틀에서 배제하고 있었던 것이다.

현재의 일본 헌법은 연합군 GHQ가 영문으로 초안을 제시하고 그것을 일본 정부가 수정, 번역한 뒤 국회에서 결의한 것이다. 점령군의 헌법 초안은 '맥아더 초안ᴹᵃᶜᵏᵃ‑草案'이라 불린다. 맥아더 초안의 핵심은 다음 세 가지다.

첫 번째, '상징 천황제'라는 형태로 천황제를 남겨둔다. 즉 천황의 군주 주권은 부정하지만 '국민 통합의 상징'으로서 천황제를 남겨둬, 일본을 원활하게 간접 지배한다.

두 번째, 장래 군사적 위협을 제거하기 위해 일본의 재군비再軍備를 금지한다. 이것이 재군비와 교전권交戰權을 금지한 일본 헌법 제9조이다.

그리고 세 번째, 사상과 신념의 자유, 정교 분리, 남녀평등 같은 민주주의적 개혁을 실시한다.

당시 연합군 GHQ 내부에는 크게 일본의 민주화를 중시하는 파와 전후 동아시아에서 미국의 우위를 확보해야 한다는 전략적 목적을 중시하는 파가 서로 갈등하고 있었는데, 후자가 결국 주도권을 잡았다. 맥아더 초안의 내용은 그 두 세력의 대립과 타협의 산물이었는데, 냉전 체제 속에서 동아시아 패권 확립을 노리는 미국의 전략을 앞세운 내용으로 결정되었다. 그것은 일본 지배층의 이익에도 맞아떨어졌다.

그와 같은 헌법 초안에도 긍정적인 요소가 남아 있었지만, 일본 지배층의 저항으로 그나마 왜곡되었다. 예를 들면 연합군 GHQ가 맨 처음 일본 정부에 제시한 맥아더 초안에는 "외국인은 법의 평등한 보호를 받는다."라는 내용이 있었지만, 이 조항은 일본 정부와 교섭하는 과정에서 삭제되었다.

또 초안에는 원래 다음과 같은 말이 있었다.

"모든 자연인ᵃˡˡ ⁿᵃᵗᵘʳᵃˡ ᵖᵉʳˢᵒⁿˢ은 일본 국민이냐 아니냐에 관계없이 법률 아래 평등하며, 인종, 신념, 성별, 사회적 신분, 혹은 문벌ˡⁱⁿᵃᵍᵉ 또는 국적ⁿᵃᵗⁱᵒⁿᵃˡⁱᵗʸ에 의해 (……) 차별받지 않는다."

그러나 이 조항을 두고도 일본 정부가 강하게 저항하는 바람에, 우선 '일본 국민이냐 아니냐에 관계없이'라는 문구가 빠지고, 나아가 '국적'이 '가문門地 family origin'으로 변경된 데다가, 최종적으로는 '자연인'이 '국민people'으로 바뀌었다. 결국 이 조항은 이렇게 마무리되었다.

"All of the people are equal under the law and there shall be no discrimination in political, economic or social relations because of race, creed, sex, social status or family origin."

일본 헌법 제10조는 '국민의 요건'을 규정하고 있다. 그 조문은 "일본 국민이 되는 요건은 법률로 규정한다."인데, 영문으로는 "The conditions necessary for being a Japanese national shall be determined by law."이다.

제11조는 "국민은 모두 기본적 인권을 누리는 것을 방해받지 않는다."라고 규정하고 있는데, 이 조문은 영문으로 "The people shall not be prevented from enjoying any of fundamental human rights."이다. 원문의 'people'이 '국민'이라는 일본어로 번역되어 있다.

즉 제10조의 'national'과 제11조의 'people'이 '국민'이라는 동일한 용어로 번역되어 있어, 일본어로는 이 두 조항의 주어가 같은 것처럼 읽힌다. 이로 인해 '기본적인 인권을 누릴 수 있는 주체는 '국민'이며, 그 '국민'이란 법(국적법)이 정하는 일본 국적 보유자다. 그러니 '국민'이 아닌 사람에 대해서는 기본적 인권을 보장하지 않아도 된다.'라는 자국민 중심주의적 헌법 해석이 널리 퍼지게 되었다.

덧붙이자면 일본의 국적법은 혈통주의에 원칙을 두고 있다. (이것은 한국도 마찬가지이다.) 그래서 "'일본인'의 혈통을 이어받는 자 = 일본 국적 보유자 = 일본 국민 = 기본적 인권을 누릴 권리가 있는 사람'이라는 등식이 성립하게 된다. 이 등식이 '만인이 법 아래에서 평등하다.'고 주창하는 기본적 인권의 이념에 정면으로 반하는 것임은 분명하다.

1946년에 전후 처음으로 국회의원 선거가 이루어졌는데, 그것은 아까 말한 것처럼 구 식민지 출신자의 선거권을 미리 빼앗은 상태에서 치른 것이었다. 이 선거에서 뽑힌 국회의원들이, 맥아더 초안을 일본 정부가 수정한 헌법 초안을 승인했다. 이와 같은 과정은 전후 국가의 주체를 가능한 한 혈통적인 의미에서의 '일본인'으로 규정하여 다민족 제국이었던 일본을 재빨리 '일본인'에 의한 단일민족국가로 변모시키고자 한 일본 지배층의 일관된 의지를 웅변적으로 보여 준다. 이렇게 해서 재일 조선인은 '국민'의 테두리에서 쫓겨난 동시에 '인권'의 테두리에서도 쫓겨났다.

일본 정부는 패전 후에도 공식적으로는 연합국과 강화조약을 체결할 때까지는 구 식민지 출신자의 일본 국적은 계속 유효하다는 입장이었다. 그러나 한편으로는 1947년 외국인등록령을 공포해 "구 식민지 출신자를 외국인으로 간주한다."고 선언했다. 명백한 이중적 태도$^{double\ standard}$다.

해방 직후 조선으로 귀환한 조선인 가운데 수만 명이 정치 상황이 불안정한 조선에서 생활 기반을 잡기가 어려웠기 때문에 다시 일본으로 돌아가려고 했다. 살기 위해서는 어쩔 수 없는 선택이었으며 역사적으로 볼 때 정당한 권리 행사였다. 법적으로 보아도 그들은 아직 이 시점에는 일본 국적 보유자였기 때문에 위법이 아니었다. 그러나 연합군 GHQ와 일본 정부는 이 사람들이 일본으로 입국하는 것을 막기 위해 '외국인등록령'을 공포한 것이다.

패전 후 일본 정부의 일관된 방침은 일본에 남은 조선인을 한시라도 빨리 국외로 쫓아내는 것이었다. 빈곤층이 많았던 조선인이 국내에 남아 재정 부담을 더하는 것을 피하기 위해서였으며, 또 천황제에 반대하는 좌익 운동의 중요 인물 가운데 조선인이 많아 이들을 정치적으로 달갑지 않게 생각했기 때문이다. 이러한 일본 정부의 입장에 연합군 GHQ도 동의를 해 주었다. 연합군 GHQ의 권한을 사실상 쥐고 있던 미국은 '일본의 공산화 저지'라는 냉전 전략을 최우선하여, 조선반도가 남북으로 분단되고 조선전쟁(한국전쟁)이 터지는 정세 변화 속에서 조선인이 일본과 조선반도를 오가는 것은 전략상 위험하다고 보았기 때문이다. 이리하여 '외국인등록령'에 걸려 구속된 조선인은 수용소에 수용된 뒤 조선반도(한반도)로 강제 송환되었다.

이어서 일본 정부는 1952년 샌프란시스코 강화조약이 발효되자 재일 조선인의 일본 국적 상실喪失을 일방적으로 선언했다. 때문에 재일 조선인은 일본 국민(국적 보유자)과 마찬가지로 소득세나 주민세 같은 의무를 다하면서도, 공무원 임용권이나 공공 주택 입주권처럼 국민이 누릴 수 있는 다양한 권리를 박탈당했다.

국민 건강보험에도 1960년대 말까지는 가입할 수 없었다. 그 전까지 재일 조선인은 병이 나면 의료비 전액을 자기가 부담해야 했다. 국민연금도 1980년대까지 가입할 수 없었다. 재일 조선인은 '국민'이 아니기 때문이라는 이유를 들어 법원까지도 이렇게 자국민 중심적인 판결을 내렸다. 그렇지 않아도 빈곤층이 많았던 재일 조선인은 일본 국민들에게 숱한 차별을 당하는 한편, 이러한 권리를 뺏기는 바람에 더욱 생활고에 시달리게 되었다.

1959년부터 일본과 북조선 적십자사가 협정을 맺어 재일 조선인의 북조선 귀국 사업을 추진했다. 이 사업으로 10만 명 가까운 재일 조선인이 북조선으로 돌아갔지만, 그 가운데 많은 수는 일본에 살면서 겪어야 하는 차별과 가난을 피해 귀환한 것이다. 그런데 일본과 북조선 사이에는 국교가 없기 때문에 귀국선을 탄 사람들은 다시는 일본으로 돌아올 수 없었다. 즉 이 사업은 일본 처지에서 보자면 '인도人道주의'의 이름을 빌린 재일 조선인 추방 정책이었다고 할 수 있다. 실제로 최근 연구에서 당시 일본 적십자사 담당자와 일본 정부가 이 사업을 추진하는 것이 일본의 국익에 들어맞는다는 인식을 확인하는 문서를 주고받은 사실이 밝혀졌다.

한일협정과 그 이후

한국과 일본의 국교 정상화는 일본이 패전한 지 20년 뒤 1965년에 체결된 한일협정으로 마침내 실현되었다. 국교 정상화가 이처럼 늦어진 가장 큰 이유는 일본 정부가 과거 식민지 지배 사실을 인정하려고 하지 않았기 때문이다. 그러다가 베트남전쟁을 일으킨 미국이 전략상 필요하다며 한·일 두 정부에 협정 체결을 재촉하는 압력을 강하게 넣는 바람에 1965년에 한일협정을 맺게 된 것이다.

한일협정에는 많은 문제점이 있는데, 가장 큰 문제는 일본의 조선 식민지 지배 책임을 모호하게 했다는 데 있다. 이 조약 제2조에는 일본이 1910년 병합조약에 이르기까지 조선에 강요한 여러 가지 불평등조약은 "이미 무효다.already null and void"라고 쓰여 있다. 이 조문의 해석을 놓고 한국 정부는 국회에서 "구 조약은 처음부터 무효이며 일본의 식민지 지배는 불법이라는 의미다."라고 설명했다. 그러나 일본 정부는 국회에서 "구 조약은 현재는 무효가 되었지만 원래 양국의 완전한 의사와 평등한 입장에서 체결되었다."라고 설명했다. 일본의 조선 식민지 지배라는 가장 근본적인 사실에 대해 한·일 두 정부는 자기네 국민들에게 정반대로 설명했던 것이다. 일본은 한일협정을 맺은 뒤 한국에 3억 달러를 무상 지원하고 2억 달러에 이르는 정부 차관을 주었지만, 식민지 지배 책임을 인정하지 않았기 때문에 이 자금은 배상이나 보상을 위한 것이 아니라 '독립 축하금'이라고 주장했다.

한일협정으로 재일 조선인 가운데 '한국' 국적을 취득하는 사람들은 더 안정된 일본 거주권을 얻었지만, 그렇지 않은 사람들은 그 전처럼 매우 불안정한 거주권밖에 누릴 수 없었다. 이런 식으로 한일 양국 정부가 서로 협력해서 재일 조선인 사회에도 남북 분단을 들여온 것이다. 재일 조선인 가운데 '한국' 국적 보유자와 그렇지 않은 사람에 대한 거주권 차별은 1991년까지 꼬박 25년 동안이나 계속되었다.

한일협정이 체결될 즈음 일본 국내에서도 사회당, 공산당 등을 중심으로 꽤 강력한 반대 운동이 벌어졌지만, 그 논리는 반공 군사동맹 강화에 반대한다는 것이었지, 식민지 지배 책임이라는 관점은 빠져 있었다.

한일 국교 정상화는 과거 식민지 종주국과 피식민국이 새롭게 국교를 맺는 사건인 만큼 일본 국민이 식민지 지배에 대해 올바른 역사 인식을 가질 수 있는 중요한 기회였다. 그런데 일관되게 식민지 지배 책임을 부정하는 일본과, 냉전 사고방식을 강화하면서 개발독재형 경제성장을 추진하던 한국이 미국의 압력 아래 협상 체결을 서두른 것이다. 그것은 중대한 화근을 남겼다. 즉 일본 국민의 무자각적인 '국민주의'적 심성을 더욱 고착시켜, 일본군 위안부를 비롯한 식민지 지배 피해자에 대한 보상에 장애가 되었다. 또 재일 조선인의 일본 생활은 더 어려워졌다.

패전 이후 50년이 지난 1995년이 되어서야 일본은 무라야마 도미이치村山富一 수상 담화를 통해 역사상 처음으로 "식민지 지배와 침략 전쟁으로 아시아 여러 나라의 국민들에게 손해와 고통을 주었다."라는 사실을 공식으로 인정했다. 하지만 오히려 그 즈음부터 일본 사회는 급속히 우경화되었다.

북조선과 일본 사이에는 지금도 국교가 없다. 2002년 '조일 평양 선언'에서 일본 정부는 무라야마 담화를 좇아 '과거 식민지 지배' 사실을 인정했고, 그 이후 국교 교섭이 개시되었다. 그러나 '납치 문제'와 '핵 문제'가 부각되면서 교섭은 중단되었고, 그 뒤 대립이 더 심해지고 있다. 일본 국민 다수 사이에서는 이미 식민지 지배 책임을 문제 삼는 것이 곤란한 상황이 되었다. 오히려 대북조선 강경파인 보수 정치가 아베 신조가 일본 국민들에게 큰 인기를 모았다. 자신이 수상이 되면 무라야마 수상 담화의 인식을 따르지 않겠다고 언명한 아베가 지난 2006년 9월 일본 수상에 취임한 것이다. 현재까지 겉으로는 "정부 입장에서는 무라야마 수상 담화를 변경할 생각이 없다."고 말하고 있지만, 과거 10년 동안 아베의 언동으로 보면 이것이 표면적인 외교사령에 지나지 않는다는 것은 명백하다.

재일 조선인에 대한 제도상 차별이 서서히 완화되기 시작한 것은 1982년 이후부터이다. 베트남전쟁으로 수많은 난민boat people이 생겼는데, 이들을 받아들이는 데 일본이 몹시 소극적이었기 때문에 구미 각국으로부터 심한 비판을 받았다. 그러한 국제적 '외압' 때문에 일본은 UN 난민조약을 비준했고, 재일 조선인에 대한 법적·제도적 차별을 조금씩 완화하기 시작했다. 그 한 예가 국민연금법 수정이다. 국민연금 가입 자격을 '국민'에서 '주민'으로 바꾼 것이다. 지방공무원 임용 길도 조금씩 열리고 있지만, 여전히 충분치는 않다. 공무원에 임용되더라도, 일본 국적이 없는 사람은 어느 지위 이상 승진할 수 없고 관리직이 될 수 없기 때문이다. '국적 조항'이라 불리는 이러한 법적인 장벽은 지금도 사라지지 않고 있다. 또 재일 조선인은 지금도 외국인등록법에 따라 신분 증명서를 늘 지녀야 하는 것이 의무이며 어겼을 때는 처벌받는다.

그러나 여기서 내가 강조하고 싶은 것은 일본 지배층이 재일 조선인을 법적·제도적으로 차별하고 있는 부당한 현실보다도, 오히려 많은 일본 국민들이 이러한 현실에 거의 의문을 품지 않고 이를 고치려고 별다른 노력도 하지 않는 현상이다. 국가주의자나 인종차별주의자들이 그러는 것은 그리 이상한 일이 아니지만, 표면적으로는 온건하고 리버럴liberal하며 공격적인 내셔널리즘과는 무관한 듯 보이는 일본인 다수자가 그러한 것이다. 그 이유는 그들이 기본적 인권이라는 것을 '국민'에게만 보장된 특권인 것처럼 잘못 인식하고 있기 때문이다. 그들 가운데 많은 사람은 재일 조선인이 '국민'이라는 틀에서 배제된 경위를 모르고 있거나 혹은 알고 있어도 눈을 돌리고 있다.

반동의 시대로

90년대 일본 사회를 돌아볼 때, 그것은 어떤 시대였다고 말할 수 있을까? 나는 전에 그것을 '증언의 시대'라고 규정했다. 아시아의 전쟁 피해자들이 증인으로 출현한 그 시대는 일본이 침략 전쟁과 식민지 지배라는 부채負債의 역사를 청산하고 동아시아 여러 나라 국민들과 진정으로 화해할 수 있는 좋은 기회였을 것이다. 그러나 현실은 그렇지 못했다.

1991년 한국 서울에서 일본군 '위안부'였던 김학순 할머니가 이름을 밝힌 뒤, 아시아 여러 곳에서 일본의 침략과 식민지 지배 피해자들이 차례차례 들고 나와 일본 정부에 사죄, 보상, 책임자 처벌 따위를 요구하기 시작했다. 그 피해자들은 일본의 침략과 식민지 재배 사실을 증거하는 살아 있는 증인이었다. 그러나 15년이 넘게 지난 지금, 일본군 '위안부'를 비롯한 피해자들이 일본 법정에 제기한 소송은 모조리 패소로 끝났다. 일본 정부는 사죄나 보상을 위한 어떤 법도 제정하지 않았다. 역사교육은 우파의 공격을 받아 크게 후퇴했다.

90년대 일본의 '증언의 시대'는 이제 와서 보면 오히려 '반동의 시대'였다고 말해야 한다. 여기서 '반동'은 제2차 세계대전 패전으로 일본 사회에 자리 잡은 '민주주의'나 '평화주의' 같은 보편적인 가치나 제도들에 대한 반동을 뜻한다.

1955년 일본 국회에서 '과거에 저지른 전쟁을 반성하고 미래의 평화에 대한 다짐을 새로이 하는 전후 50년 결의'가 부쳐졌다. 그러나 이 과정에서 결의를 저지하려는 국가주의자들이 총집결해 우파의 강력한 국민운동이 형성되었다. 그들은 "그 전쟁이 침략 전쟁이라면 전사자들은 모두 개죽음이었다는 것인가?"라는 주장을 펼쳤는데, 이렇게 비논리적인 주장이 예상외로 설득력을 얻어 일본 사회로 퍼졌다.

'전후 50년 결의'는 결국 채택되었지만, 결의 전 문안에 있던 "자국의 행위를 반성한다."라는 문구 앞에 "세계 근대사의 갖가지 식민지 지배나 침략 행위를 생각하며"라는 문구를 집어넣었다. 이렇게 해서 우파의 강력한 반대와 타협해 '침략이나 식민지 지배를 한 것은 일본뿐만이 아니다.'라는 식으로 자기를 정당화하는 수사를 추가했던 것이다. 이리하여 피해 민족들이 보기에 결의가 불성실하다는 것이 분명해져, 과거를 극복하고 상호 이해로 나아갈 수 있는 기회가 되레 손상되는 결과를 낳았다. 또 일본 국민 다수에게 '일본만 지나치게 비난받고 있다.'는 잘못된 국민주의적 감정을 더욱 부추기는 꼴이 되었다.

전쟁 피해자에 대한 사죄와 보상을 둘러싸고 일본 사회의 국론이 갈라져 심하게 맞섰다. 이때부터 극우파의 주장이 언론, 학계, 정계 등 일본 사회의 공적 공간으로 나와 버젓이 자리 잡게 되었는데, 그러한 사태를 낳은 데에는 시민파 리버럴 세력의 유화적 자세에도 책임이 있다. 어쩌면 '유화적 자세' 때문이라기보다 이들 속에 뿌리박힌 '국민주의'적 심성이 저도 모르게 자기중심주의로 드러났다고 해야 될 것이다.

아베 신조 내각은 그야말로 극우 정권이라고 할 만한 것이다. 아베의 외조부인 기시 노부스케^{岸信介}는 만주국 고급 관료를 거쳐 도조 히데키^{東條英機} 내각에서 각료를 지낸 인물로, 일본이 패전한 뒤 A급 전범으로 처벌되었다. 아베는 이 외조부를 자랑스럽게 여긴다고 공언하고 있다. 아베 내각의 외무대신인 아소 다로^{麻生太郎}는 과거 조선인 노동자를 비인도적으로 혹사한 탄광 기업주의 손자다. 그는 "창씨개명은 당시 조선인들도 원한 것"이라는 망언을 뱉었다. 그 밖에도 아베 내각을 둘러싼 인사들의 면면을 보면 '새로운 역사교과서를 만드는 모임'의 간부를 비롯해 우파나 국가주의자 논객이 적지 않다.

이 내각은 헌법 제9조를 폐지해 일본을 교전권을 가진 정식 군대가 있는 '보통 나라'로 만들고자 한다. 또 나라 밖으로는 지금까지 헌법으로 금지해 온 집단적 자위권을 허용해 미국과 군사동맹을 강화하려는 방침을 내세우고 있다. 한편 안으로는 일본의 민주주의와 평화주의를 유지하는 데 중요한 역할을 맡아 온 교육 분야에서 교원의 권한과 권리를 억압하면서, 국가주의를 강화하는 것을 목표로 하고 있다.

이러한 사실은 동아시아 한쪽에 강력한 극우 정권이 탄생했다는 것을 뜻한다. 그러나 이는 우파나 국가주의자들이 혼자 힘써서 그리 된 것이 아니다. 오히려 여러 민주주의적 가치들을 지키고자 했던 사회민주주의 세력이나 시민파 리버럴 세력이 스스로 무너지거나 변질한 것이 우파를 크게 도왔다고 할 수 있다. '자기 붕괴'를 불러 온 원인으로 몇 가지를 들 수 있겠지만, 그 가운데에서도 중요한 것이 바로 다수자의 국민주의적 심성이다.

국민주의적 심성이 잘 드러난 모습들

위에서 말한 국민주의적 심성이 어떤 형태로 일본인 다수자의 내면에 스며들어 있는지 그 예를 소개한다. 아래는 내가 1990년대 후반에 도쿄의 몇몇 사립대학에서 학생들에게 받은 보고서를 발췌한 것이다. 이 학생들은 대개 중산층 가정의 자녀로 학력 수준도 평균 이상이다. 즉 그들의 심성은 평균적인 일본인 다수자의 심성을 반영하고 있는 것으로 생각해도 좋다.

① 제국주의는 조선에 많은 영향을 미쳤다. 조선은 일본 발전의 발판이 되고, 이어서 미소 대립에 희생되었다. 하지만 약간이기는 해도 좋은 면도 있다. 그것은 강자에게 의지하는 조선인의 연약한 정신을 단련시킨 것이다. 제국주의는 분명 비인도적이고 물질주의적이며 박멸해야 하는 것이다. 하지만, 산업혁명을 이룬 어떤 나라도 피할 수 없었던 것이며, 여러 과학의 진보를 촉진하여 과거 식민지에 살았던 민족에게 간접적으로 민주주의를 확산시켰다는 점도 잊어서는 안 된다.

② 냉정한 인간이라고 생각할지 모르지만 과거의 식민지 지배는 더 이상 어쩔 수가 없는 일이 아닐까. 조선인이나 중국인이기 때문이어서가 아니라 그 전쟁은 긴박하고 피할 수 없는, 어쩔 수 없는 전쟁이며, 당시 일본인을 포함해 온 세계 사람들이 제정신이 아니었기 때문이다. 일본만 책임을 져야 하는 것은 아닐 것이다. 일본은 가해자이면서 피해자이기도 한 것이다. 지금 전쟁 피해에 대해 보상을 요구하고 있는 사람들 얼마가 생활도 할 수 없을 만큼 궁지에 몰려 있는가? 아마도 그런 일은 없을 것이다. 우리 일본인들도 국민 1인당 GNP가 세계 1위인 나라에 산다지만, 생활이 걸려 있는 것이다.

③ (식민지 시대에 일본이 금지한 조선어로 시를 써, 반일 용의자로 체포되어

옥사한 시인 윤동주에 대한 강의를 들은 뒤에 쓴 감상문)

　이런 일은 일본과 조선에 그치지 않고, 전쟁이 벌어진 시대에는 어디서건 벌어진 사건일 것이라고 생각한다. 과거에는 이런저런 일이 있었다. 인간도 이런저런 것을 가지고 태어난 사람과 그렇지 않은 사람이 있는 것처럼, 국가라는 것도 모든 나라가 평등한 기회를 부여받는 일은 있을 수 없다. 자기 책임이 아닌데도 불행한 사람이 있는 것처럼 '빗나간 제비'를 뽑는 일은 국가와 국가 사이에도 있을 거라고 생각한다. 전쟁 책임을 묻고자 하는 사람은 그런 일은 용서할 수 없는 것이라고 생각한다. 그러나 나는 그런 부류의 인간이 아니다.

④ (오사카 시가 일본 국적이 없는 재일 조선인 3세의 직원 채용 시험 수험을 거부한 사건에 대한 감상문)

　나는 공무원이라는 직업의 성격상 재일 조선인이 차별받는 것은 어쩔 수 없는 일이라 생각한다. 공무원은 국가나 지방자치단체의 업무를 담당하는 만큼 재일 조선인을 안 좋게 여기는 주민들은 재일 조선인이 공무원으로 일하는 것에 불쾌감을 느낄 것이다. 공무원과 주민 사이에는 서로 신뢰가 필요하며, 그것이 어렵다면 재일 조선인의 고용을 거부한 오사카 시를 비난하는 것은 옳지 않다.

⑤ 나는 이 조선 식민지 지배의 책임이라는 문제에 부딪히면 무거운 기분이 된다. 위선자가 된 것 같다. 우리처럼 전쟁을 알지 못하는 세대뿐만 아니라 전쟁을 알고 있는 세대의 죄의식도 가식이며, 실감이 없는 것이 아닌가. 피해자인 조선인이 가해자인 일본인을 탓한다. 일본인 가운데 전쟁을 알지 못하는 세대는 전쟁 당시 세대를 탓한다. 전쟁 당시 민간인은 군인

을 탓한다. 군인들은 상층부를 탓하고, 마지막에는 천황에게까지 다다른다. 여기에서 천황이 전쟁에 소극적이었다라고 한다면 도대체 누가 가해자로서 실감을 하고 있는 것일까? 나는 진정 죄의식을 느끼고 있는 사람은 없다고 생각한다.

이런 다섯 사례 가운데 ①에 나타난 '다른 제국주의 국가들과 같은 일을 했을 뿐인데 왜 일본만 비난받아야 하는가?'라는 자기 정당화의 심성은 1990년대 중반부터 일본 사회에 크게 퍼졌다. 그 대표적인 예가 앞에 말한 '전후 50년 국회 결의' 삽입구다. 이 학생은 이러한 지배층이나 어른들의 말을 정직하게 반복하고 있는 것에 지나지 않는다.

1960년대 후반 이후 일본은 고도 경제성장기를 거쳐 '경제대국'으로 발돋움했다. 그 과정에서 국민적인 성공 신화와 경제적 풍요를 최고로 치는 가치관을 많은 사람들이 공유했다. 더구나 그들은 그러한 가치관을 국가와 국가, 민족과 민족 관계에도 적용하려고 한다. 자신들이 풍요한 것은 행운이 따랐기 때문이며, 아시아 국가들이 가난한 것은 '빗나간 제비'를 뽑았기 때문이다. 따라서 자신들의 풍요를 고깝게 볼 필요는 없다. 그런 논리라면 자신들이 '풍요'라는 기득권을 놓지 않아도 되는 것이다. 이와 같은 심성을 ②와 ③의 예는 잘 드러내고 있다.

말할 필요도 없지만 일본과 조선은 '제비뽑기'를 해서 한쪽이 당첨 제비를 뽑고 다른 한쪽이 '빗나간 제비'를 뽑은 관계는 아니다. 한쪽이 다른 쪽을 침략한 뒤 지배해 착취하고, 그것을 사죄도 보상도 하지 않고 있는 관계다. 일본인 다수자는 이렇게 단순한 진실로부터도 눈을 돌리기 때문에, 중국, 한국, 북조선 같은 이웃 나라가 일본에 대해 정당한 비판을 하더라도, "일본의 풍요를 질투해서 비뚤어졌기 때문"이라고 설명한다. 심지어 어느 저명한 교육 평론가는 "과거 종군 위안부 같은 전쟁 피해자들이 내는 목소리는 일본의 경제력에 대한 한국의 반일 콤플렉스를 기반으로 해서 터져 나왔다."라고 해설하고 있다. 그리고 보면 학생들은 독자적으로 이런 생각을 하는 것이 아니라 어른들의 말을 고스란히 반영하고 있는 셈이다.

재일 조선인을 공무원으로 임용하는 것에 반대하는 의견 ④는 겉으로는 논리적인 것처럼 보이지만, 중요한 점을 놓치고 있다. 재일 조선인이 공무원이 되는 것에 '불쾌감'을 느끼는 주민이란 누구인가? 그 '불쾌감'에는 정당한 근거가 있는 것인가? '불쾌감'을 느끼고 있는 것이 실은 이 학생 자신이 아닌가? 누군가가 '불쾌감'을 느끼는 것이 어떤 민족을 공무원으로 채용하지 않을 이유가 되는 것인가? 하지만 가장 중요한 것은 다음과 같은 점이다. 이 학생은 '주민과 재일 조선인 사이의 신뢰 결여'를 지적하지만, 그렇다면 재일 조선인은 '주민'이 아니라는 것인가? 실제로는 재일 조선인도 일본 국민과 마찬가지로 주민세를 내고 있다. 오사카 시 이쿠노 구라는 지역 주민세 수입의 25%는 재일 조선인이 부담하고 있다. 그런데도 재일 조선인은 주민자치라는 시스템에서 배제되어 있는 것이다. '주민' 대 '재일 조선인'이라는 대립 구조로 논의하는 것 자체가 재일 조선인을 '주민'의 틀에서 배제하는 사고방식이다.

⑤의 예가 보여 주고 있는 것은 전후 일본에서 국민주의적 심성의 중요한 요소다. 전쟁 전 일본의 주권자는 천황이며, 천황은 절대군주로서 '무답책無答責', 즉 국사에 대해 전혀 책임을 물을 수 없는 존재였다. 패전으로 현재의 헌법이 제정되면서 주권자는 천황이 아니라 '국민'이라고 규정되었다. 그러나 천황제는 '국민의 뜻總意'에 따라 국가의 상징으로 남겨졌다. 전쟁과 식민지 지배의 최대 책임자인 천황을 연합국 측도 심판하지 않았으며, 일본 국민의 대다수는 천황의 면책을 환영했다. 따라서 전후 일본은 형식상은 국

민주권 국가지만, 국민들 저마다는 주권자라는 자각이 없는 상태였다. 그 때문에 다양한 정책 결정에서도 이런 수동적인 심성과 태도가 고스란히 반영되었다. 동시에 전쟁이나 식민지 지배의 책임이라는 문제를 두고는 '천황의 책임을 물을 수 없는 이상, 자신들이 책임을 질 이유도 없다.'라는 심리를 온존시켰다. 일본 국민은 '그러니까 천황의 책임을 분명히 하자.'라는 쪽으로는 결코 나아가지 않고 오히려 천황을 면책하는 것으로 자기들 책임도 벗어 버렸다. 천황제는 핑계가 좋은 면책 장치인 것이다. 이처럼 자기본위적인 면책 장치에 스스로를 안주시키기 때문에 일본 국민은 타자가 책임을 물을 때 제대로 답하기가 어렵다. 오히려 그들은 전쟁 피해자들더러 "일본에서는 누구도 책임을 지는 것이 불가능하니까 이런 형편을 이해해 달라."는 식으로 요구한다. 그리고 그것을 '이해'하지 않는 피해자를 '민주주의라는 제도를 이해하는 것이 불가능한 내셔널리스트'라고 규정하는 것이다.

예로 든 보고서를 쓴 학생들 누구 한 사람도 자기를 국가주의자라고 생각하지 않는다. 그들은 자신은 민주주의자라고 주장한다. 그들의 수사법은 노골적인 국가주의라기보다는 오히려 가짜 보편주의라고 할 수 있을 것이다. 그러나 그것은 보편적인 인권 같은 가치들에 대한 확신에서 생긴 것이 아니라 침략 전쟁이나 식민지 지배라는 자국의 역사에 대한 책임을 부인하면서, '국민'으로서 스스로가 누리고 있는 기득권을 지키려는 동기로 이루어진 것이다. 이것이 현대 일본 '국민주의'의 전형적인 특징이다.

1995년 국회에서 '전후 50년 결의'를 심의할 때, 타카이치 사나에高市早苗라는 1961년생 여성 의원이 이렇게 발언했다. "적어도 나 자신은 당사자라고는 할 수 없는 세대이기 때문에 반성 같은 것은 하고 있지 않으며, 반성을 요구당할 이유도 없다고 생각합니다." 그녀의 발언에 갈채를 보낸 것은 우파나 국가주의자들만이 아니었다. 많은 일본 국민들이 그녀가 자신의 국민주의적 심성을 대변해 주었다고 느낀 것이다. 그로부터 10년 뒤 그녀는 아베 내각에서 대신大臣 자리를 얻었다.

나는 2000년 10월 도쿄에서 열린 일본 식민지 교육사 연구日本植民地敎育史硏究 국제 심포지엄에서 아까와 같은 학생들 보고서를 소개하면서, 이 글과 비슷한 발표를 했다. 거기 모인 사람들은 우파나 국가주의자들에 맞서 민주주의적인 교육을 실천해 온 일본인 교육자들이었다. 그러나 발표가 끝난 뒤 "교육자의 본분을 잊고 일본인 학생만을 비난하고 있는 것이 아닌가?", "타자에 대한 섬세한 상상력이 요구되는 것은 일본인 학생뿐인가?" 하는 의견과 질문이 쏟아졌다. 비교적 리버럴하다는 교육자들이 이렇게 결정적으로 과녁을 벗어난 반응을 보이는 것이야 말로 뿌리 깊은 '국민주의'를 증명하는 것이다.

카토 노리히로의《패전후론》에 대해

1997년에 나온 카토 노리히로加藤典洋의 책《패전후론敗戰後論》*이 일본에서 베스트셀러가 된 것은 아시아 여러 나라 피해자들의 비판에 직면하면서 한편으로 기득권을 잃지 않으려고 안간힘을 쓰는 일본인 다수자가 보신과 자기 긍정의 수사법을 거기에서 찾았기 때문이다.

카토의《패전후론》을 요약하면 다음과 같다.

지금 아시아 전쟁 피해자들의 사죄와 보상 요구가 이어지고 있으나, 일본은 사죄하는 것이 불가능한 상태에 있다. '일본이라는 인격'이 '개헌파(우파)'와 '호헌파(좌파 내지 리버럴파)'로 나뉘어 있기 때문이다. 그래서 피해자에게

---

* 한국에서는 1998년 《사죄와 망언 사이에서》라는 제목으로 창비에서 출판되었다.

사죄를 할 수도 없다. 그러니 피해자에게 사죄하기 위해서라도 국가의 인격 분열을 해결하는 일이 가장 중요하다고 하겠다. 일본 사회를 '단지'에 비유하자면 이 단지는 둘로 쪼개져 버렸다. 이것을 붙여 물을 담을 수 있는 단지로 고치는 것이 과제다. 그러기 위해서는 아시아의 피해자들보다 먼저 '무의미하게 죽어 간 300만 명에 이르는 일본인 사망자'를 제사 지내지 않으면 안 된다. 그 추도를 통해서 새로운 국민적 주체를 형성해야 한다……

카토는 '자국의 사망자'들의 본보기로 요시다 미츠루吉田滿의 '전함 야마토의 최후戰艦大和の最後'라는 서사시에 나오는 우스부치臼淵 대위를 든다. 이 시는 전쟁 말기 오키나와에서 승산 없는 전투를 지원하기 위해 거대한 전함 야마토가 특별 공격에 출격한 사실을 토대로, 거기서 살아남은 사람이 쓴 작품이다. 이 작전은 미군의 공격을 유인하려고 편도 연료밖에 싣지 않고 출격한 자살 공격이다. 승무원들의 죽음은 뻔히 예정된 사실이었다. 승무원들 사이에 이 피할 수 없는 죽음이 무슨 의미가 있는가를 두고 심각한 논쟁이 벌어진다. 그때 우스부치라는 대위가 다음과 같은 말로 논쟁에 종지부를 찍는다.

"우리가 패한 것으로 일본이 깨닫는다. 그것으로 됐지 않은가?"

승무원들은 그 말을 듣고 기꺼이 죽음을 받아들일 각오를 다진다. 카토는 우스부치의 이 말을 독자들에게 되새기는 한편, 그 전쟁에서 죽은 사람들은 '아버지'이며, "때가 묻어 있어도 아버지는 아버지다."라고 말하면서, 종래 좌파나 호헌파는 자국의 사망자를 '방치'해 왔다고 비난한다. 그리고 우스부치처럼 "무의미한 사망자를 무의미한 채로 제사 지내는" 일이 전후 일본의 새로운 국민 주체 형성을 위해 꼭 필요하다고 주장한다.

그러나 카토의 주장은 왜곡과 모순에 찬 것이다. 카토는 우스부치의 죽음을 '무의미한 죽음'이라고 부른다. 그러나 실제로는 우스부치의 죽음은 '무의미'한 것이 아니다. 그것은 이미 객관적으로는 패전이 분명한 침략 전쟁 말기에 천황제를 지키기 위해 강행한 무모한 군사작전 가운데 하나다. 우스부치 자신이 어떻게 생각하건 객관적으로 그와 같은 '의미'를 띠고 있는 것이다.

그와 같은 '의미'를 진지하게 생각하면 할수록 그 부조리한 죽음을 받아들이기는 어렵다. 우스부치의 말은 그러한 사고를 억지로 멈추고 국가가 강요한 부조리한 죽음을 스스로에게 납득시키기 위한 것이다. 거기에는 '국가를 위한 죽음'을 태연하게 받아들인다는 낭만화된 나르시스틱한 이미지가 배어 있다.

청일전쟁 이래 긴 침략 전쟁에서 일본군이 살해한 수많은 아시아의 피해자들에 대해 여기서는 자세히 말하지 않겠다. 그러나 그 과정에서 죽어 간 많은 일본군 병사들을 생각하더라도 카토가 강조하는 우스부치의 죽음은 예외적인 것에 불과하다. 일본군 병사 대부분은 우스부치와 같은 낭만화된 숭고함과는 전혀 관계가 없는 존재였다. 전장에서 여성을 강간한 자, 난징에서 비전투원을 학살한 자, 먼 남방의 전장에서 아군에게 버림받아 배고픔 때문에 현지인이나 동료의 인육을 먹은 자, 살아남기 위해 같은 일본인 민간인을 방패로 삼은 자, 중국 둥베이 지방에 소련군이 밀어닥치자 민간인을 버리고 도망친 자 들이 있었다. 그런데도 카토는 '자국의 사망자'를 대표하는 이미지로 우스부치의 죽음을 들고 있는 것이다.

우스부치 같은 특공대원들은 피할 수 없는 자기의 죽음만을 바라보고 있다. 카토의 수사법을 보고 있으면 그들이 마치 '희생자'처럼 느껴진다. 나아가서는 전쟁이 마치 대지진이나 태풍과 같은 천재이며, 일본인은 그 희생자였던 것처럼 생각되기까지 한다. 그러나 그것은 오해라기보다는 사기술이다. 전쟁은 천재가 아니며 그 전쟁은 일본의 침략 때문에 일어난 것이다. 자신들이 입은 피해의 몇 배나 되는 거대한 해를 타자에게 입힌 전쟁의 최종 국면에서 무모한 자살 공격이 이루어진 것이다. 다른 나라를 침략하지 않았더라면 특공대의 자살 공격도, 우스부치의 죽음도 있을 리 없었다. 우스부치에게 죽음을 강요한 것은 적국이 아니라 자국의 권력인 것이다.

그럼에도 태연하게 죽음을 받아들인 우스부치의 마음속에는 일본 국가라는 '단지'가 있을 뿐, 그 '단지'에 어떤 물을 채워야 할 것인지에 대한 사상은 없다. 우스부치는 다만 국가가 강요한 부조리한 죽음을 국가 재생을 위한 숭고한 희생이라고 굳게 믿으려고 하고 있는 것이다. 그런데 이런 우스부치의 사상에 전후 사상의 가능성이 담겨 있다고 카토는 주장하는 것이다. 그것은 모든 것을 국가에게 백지위임하라고 국민에게 요구하는 사상이다.

카토는 자신의 사상은 여태까지의 국가주의와는 다르다고 주장하면서, '자국의 사망자'를 추도한 뒤 새로 세워야 할 '전후 일본인'이라는 국민 주체는 전쟁 전처럼 혈통주의에 바탕을 둔 '공동체적 주체'가 아니라 출생지주의에 바탕을 둔 '공공적 주체'라고 말한다. 하지만 이것은 앞뒤가 안 맞는 이야기다.

말할 필요도 없이 "때가 묻어 있어도 아버지는 아버지"라는 논법은 혈통주의적 사고방식 그 자체이기 때문이다. 출생지주의에 바탕을 둔 새로운 국민 주체를 세운다고 하면 거기에 맨 먼저 포함되어야 하는 것은 재일 조선인일 것이다. 그렇다면 카토의 말은 재일 조선인을 비롯한 식민지 지배 피해자들더러 '일본군 전사자'를 '아버지'로 받아들여 함께 추도 의식에 참여하라고 요구하는 것과 다를 바가 없다. 그러한 국민 주체가 새로운 '공공적 주체'라고 하는 것은 뻔뻔한 주장이다. 그와 같은 국민 주체는 침략 전쟁의 의미를 불문에 부쳐 '국가를 위한 자기희생'이라는 나르시스틱한 미의식을 공유하는, 극도로 자기중심적인 국민 주체가 될 것이다.

논리적으로 말하자면 그와 같은 주체가 가해의 책임을 깊이 깨닫는 일은 있을 수 없으며, 피해자에게 사죄하는 주체도 될 수 없다는 것은 분명하다. 일본의 침략 전쟁이 어떤 의미가 있는지 똑바로 보고 그 책임을 분명히 하지 않고서, 전후 일본 국가의 '공공적 주체'를 만들어 내는 것은 불가능하다. 금이 간 '단지'는 철저하게 깨 버리지 않으면 안 되는 것이다.

《패전후론》에 제시된 카토의 논의는 위에서 말한 것처럼 모순투성이다. 그것은 국가주의와는 다르다는 태도를 취하고 있지만 속은 국가주의의 한 형태다. 여기서 문제 삼아야 될 것은 이같이 논리적으로 말이 안 되는 카토의 논의가 일본 국민들 사이에 널리 받아들여졌다는 현실이다.

《패전후론》을 발표한 뒤 카토는 〈아사히 신문〉이나 〈마이니치 신문毎日新聞〉과 같은 리버럴파 매체에 자주 나오면서 오피니언 리더로 자리 잡았다. 피해자에 대한 사죄와 보상을 해야 되는가 그렇지 않은가, 헌법의 평화주의를 지켜야 되는가 그렇지 않은가라는 중요한 대립점이 있을 때 태도를 분명하게 하지 않고 "좌우 어느 쪽에도 문제가 있다."라는 상대주의적인 말장난을 하면서 자신을 안전지대에 두려고 하는 사람들에게 카토의 수사법은 매우 편리한 것이기 때문이다. 그것은 국민주의적인 자기보신의 욕망에 딱 들어맞는 것이다. 이렇게 하여 카토의 수사법은 리버럴파 속에 숨어 있던 국민주의적 심성을 국가주의라는 방향으로 유도하는 역할을 수행했던 것이다.

《패전후론》이 나온 뒤 10여 년이 지나는 동안 일본 사회는 급격하게 변모했다. 수상이 전후 피해 민족의 거듭되는 항의를 무시하고 야스쿠니 신사 공식 참배를 반복했고, 그것을 국민 다수가 지지하는 나라가 되었다. 과거 카토는 "자국의 사망자를 추도해 새로운 국민 주체를 세운다."라는 계략적인 수사법을 구사하면서, 대두하는 국가주의와 다수자의 국민주의적 심성을 유화시키려고 했다. 객관적으로 보면 카토도 국가주의자들이 공적 공간에 자리 잡을 수 있도록 도움을 준 셈이다. 그 결과 지금 국가주의자들이 일본의 정계나 언론계 주류에 파고들어 정책 결정을 좌지우지하는 지경에 이른 것이다.

맺는 말

일반적으로 말해서 보수정당이나 우파를 형성하고 있는 것은 '국가주의자'이며, 그들이 최고의 가치로 삼는 것은 '국가'나 '군주'이지만, 리버럴파나 진보파가 신봉하는 가치는 적어도 표면적으로는 '의회제 민주주의'다. 그러나 선진국(구 식민지 종주국)의 리버럴파나 진보파에게는 '국민주의'라는 심성이 깊이 스며들어 있다. '국민주의자'에게 의회제 민주주의를 지지하는 것과 '국민'이 갖는 특권을 배타적으로 누리려고 하는 이기적인 욕구는 모순되지 않기 때문이다.

원래 의회는 투표권이 없는 '외국인'을 배제한 뒤, 투표권이 있는 '국민'들에 의해서 구성된다. 말하자면 '국민'의 특권을 지닌 기득권층에 의해 의회는 서 있는 것이다. 정당이나 정치단체도 의회주의에 기반을 두는 한, '국민'의 지지를 얻고자 하며, 스스로도 '국민주의'를 강화해 가게 된다. 지지율이 낮아 오랫동안 고생해 온 일본 공산당은 수년 전 계급정당에서 '국민정당'으로 변신을 천명했다. 모든 정당이 "국민의 안전과 이익을 지킨다."는 슬로건을 채택하고, '국민' 바깥에 있는 '외국인'의 목소리는 지워 없애 간다. 이렇게 해서 '국민주의'는 국가주의와 공범 관계를 맺게 되는 것이다.

이제 많은 나라에서 전후 일본에서 나타난 '국민주의'와 비슷한 상황이 보일 것이다. 그것은 앞으로 더욱더 여러 민족 혹은 소수자와 다수자가 함께 힘을 모으는 데 장애가 될 것이다. 국민주의를 근본적으로 비판하고 극복해 내지 않고서는 식민지 지배 역사를 청산할 수 없으며 세계평화를 실현할 수도 없다. 일본 식민지주의 때문에 큰 피해를 입은 한국에서도 무자각적인 국민주의가 널리 뿌리 뻗치고 있는 상황을, 우리는 심각하게 걱정해야 한다.

참고 문헌

- 서경식·타카하시 테츠야 씀, 김경윤 옮김, 《단절의 세기 증언의 시대》, 삼인, 2002
- 서경식 씀, 임성모·이규수 옮김, 《난민과 국민사이》, 돌베개, 2006
- 徐京植, 〈'日本人としての責任'をめぐって〉, 〈'日本人としての責任'再考〉, 〈記憶.證言.斷絶〉; 《半難民の位置から》, 影書房, 日本東京, 2002에 수록

재일 조선인의 역사

1894년 동학농민전쟁을 진압하기 위해 청, 일 두 나라가 조선반도에 군사를 파병했다.

1895년 청일전쟁 전후 처리를 위해 청나라와 일본이 시모노세키 조약下關條約을 맺었다. 이 조약으로 랴오둥 반도遼東半島와 대만, 펑후澎湖 섬이 일본에 할양되었다.

1904년 조선반도와 중국 둥베이 지방 분할권을 둘러싸고 러, 일 두 나라가 전쟁을 일으켰다. 일본은 이 전쟁에서 승리해 대한제국에 대한 지배권을 공고히 하는 한일의정서韓日議定書 즉, 제1차 한일협약第一次韓日協約을 체결한다.

1905년 일본은 대한제국의 외교권을 빼앗기 위해 제2차 한일협약第二次韓日協約, 일명 을사조약乙巳條約을 체결한다.

1907년 일본은 한일신협약韓日新協約을 강행한다. 이 조약은 조선반도를 병합하기 위한 마지막 예비 조치로, 정미7조약丁未七條約으로도 불린다.

1910년 한일병합조약韓日倂合條約 체결로 대한제국은 국권을 빼앗긴 채, 일본에 병합되었다. 병합조약 제1조를 보면 "대한제국 황제는 조선반도 전체에 대한 통치권을 완전 또는 영원히 일본 천황에게 양여하기로 한다."고 되어 있다. 대만과 조선은 '외지外地'로 규정되어, 조선반도는 일본 헌법이 적용되지 않는 '이법 지역'으로 남게 되었다.

1911년 일제는 조선인의 민족의식을 억제하고, '충량忠良한' 제국 신민을 양성하기 위해 제1차 조선교육령第一次朝鮮敎育令을 공포한다. 조선인은 일본어를 보급시키기 위한 보통 교육과 농·상·공업 분야의 하급 직업인을 만들기 위한 실업교육, 기술을 가르치는 전문교육만 받을 수 있을 뿐 대학 교육은 허용되지 않았다. 이때, 재일 조선인 인구는 2,527명이었다.

1919년 조선반도 전역에 걸쳐 3·1운동이 일어난다.

1922년 '문화정치'의 일환으로 제2차 조선교육령第二次朝鮮敎育令이 공포된다. 일본 학제에 따라 보통학교는 6년, 고등보통학교는 5년, 여자 고등보통학교는 4년으로 수업연한을 늘렸다. 또한, 사범학교가 설치되었고, 대학에 대한 규정을 두어 조선에도 대학을 세울 수 있게 되었다. 또 조선에 지방자치제를 실시한다는 명목으로 도 평의회와 부·면 협의회를 설치했다. 한편 일제는 '내지內地 일본 본토'에 전적轉籍을 금지하는 조선호적령을 선포한다. 조선인과 혈통적 일본인을 구별하는 차별적 조처였다. 이때 재일 조선인 인구는 59,865명이었다.

1928년 재일 조선인 인구가 243,328명까지 늘어났다.

1936년 미나미 지로南次郎가 조선 총독으로 부임하면서, 황국신민화정책皇國臣民化政策을 펼치기 시작한다. 제국주의 전쟁을 수행하기 위해 조선의 물자와 인력을 수탈하고자 한 정책이면서, 나아가 조선 민족의 정체성을 말살하여 아예 일본 민족으로 통합하려는 민족말살정책民族抹殺政策이었다. 이때, 재일 조선인 인구는 690,501명이었다.

1939년 일제는 황민화정책의 일환으로 '조선민사령朝鮮民事令'을 개정, 한민족 고유의 성명제를 폐지하고 일본식 씨명제氏名制로 바꾸도록 강제했다. 일명 창씨개명령으로도 불린다. 재일 조선인 인구는 961,591명에 이른다.

1942년 일본은 조선인에게 징병제徵兵制를 적용하기로 결정한다.

1943년 태평양전쟁이 가열되자, 일본은 대대적인 국민 동원 계획을 세워 "조선인을 관 알선官斡旋으로 노무 동원勞務動員"한다.

1944년 1939년부터 실시된 국민징용령國民徵用令으로 조선반도에서 '내지'로 약 72만 4천명이 강제 동원되었다. 겉으로는 지원병제를 표방하면서 실제로는 강제 모병을 자행해 왔던 일제는 이때부터 정식으로 징병제를 실시한다. 군인이나 군속으로 전쟁에 동원된 조선인은 약 24만 2천 명, 사망자는 약 2만 2천 명에 이른다. 당시 재일 조선인 인구는 1,936,843명까지 늘었다.

1945년　1월에 선거법이 개정되어 "조선반도에 거주하는 조선인에게 참정권을 부여할 것"을 결정했다. 조선반도에 배정된 의원 수는 23명이었다. 그러나 일본이 곧 패전했기 때문에 선거는 한 번도 실시되지 않았다. (일제시대 조선인에게는 원칙적으로 참정권이 없었지만, 당시 '내지'에 거주하고 있는 조선인에게는 제한적으로나마 참정권이 있었다.)

8월 15일 일본이 패전했다.

9월에는 '재일조선인연맹在日朝鮮人聯盟 조련'이 결성된다.

11월 연합군 기본 지령이 선포된다. "대만계 중국인과 조선인을 군사상 안전이 허락되는 한 해방 민족으로 다루지만, 그들은 과거 일본 신민이었기 때문에 필요한 경우에는 적국민으로 다루기로 한다.", "일본 정부는 강화조약이 체결될 때까지 조선인을 포함한 구 식민지 출신자를 계속 일본 국적 보유자로 간주한다."는 내용을 담고 있다.

12월 중의원의원선거법衆議院議員選擧法이 개정된다. 부칙에 "호적법의 적용을 받지 않은 자의 선거권 및 피선거권은 당분간 정지한다."는 조항이 담겨 있다. 일본 정부는 1922년부터 조선인에게 호적령을 적용해 왔기 때문에, 이 조항으로 조선인의 선거권 및 피선거권은 박탈되었다. 재일 조선인 인구는 2,365,263명에 이른다.

1946년　일본 헌법이 제정되었다. 제10조 "일본 국민이 되는 요건은 법률로 정한다. (The conditions necessary for being a Japanese national shall be determined by law.)", 제11조 "국민은 모두 기본적 인권을 누리는 것을 방해당하지 않는다. (The people shall not be prevented from enjoying any of the fundamental human rights.)" 두 조항을 견주어 보면, 10조와 11조에서 일본어로 번역된 '국민'이라는 영어의 원래 뜻이 다르다는 것을 확인할 수 있다. 1946년 말까지 재일 조선인 인구는 약 60만 명으로 줄었다.

1947년　5월 외국인등록령이 공포된다. "일본 정부는 강화조약이 체결될 때까지 조선인을 포함한 구 식민지 출신자를 계속 일본 국적 보유자로 간주한다."는 1945년 11월 연합군 기본 지령을 뒤집고 "재일 조선인을 당분간 '외국인'으로 간주한다."는 입장으로 돌아선다. 이때 재일 조선인 대부분은 국적을 '조선'으로 신고한다. '기호'로서의 '조선 적朝鮮籍'은 그렇게 시작되었다.

1948년 3월 일본 정부는 조선인학교폐쇄령을 내린다. 조선인들은 4월 '한신阪神 교육 투쟁'으로 격렬히 맞선다. 이 일로, 1명이 죽고 2천 명 이상이 검거된다.
8월 한반도 남녘에서는 대한민국 정부가 수립된다. 9월에는 북녘에 조선민주주의인민공화국이 들어선다.

1949년 미 점령군과 일본 정부는 '단체등규제령'을 선포해 '조련'을 해체하고, 조선인 학교를 강제 폐쇄한다.

1950년 조선전쟁(한국전쟁)이 일어난다.

1951년 9월 제2차 세계대전 전후 처리를 위해, 미국과 일본이 샌프란시스코에서 강화조약을 맺는다.

1952년 4월 19일 일본 정부는 법무부 문서를 통해 "조선인은 강화조약이 발효되는 그 날로 일본 국적을 상실할 것"이라고 밝혔다. 같은 달 28일 샌프란시스코 강화조약Treaty of Peace with Japan이 발효되었다.

1953년 일본 정부는 법무부의 국회 답변에서 "공권력 행사 및 국가 의지 형성에 참여하는 공무원이 되려면 일본 국적이 있어야 한다."며 국적 조항에 대한 의견을 밝혔다.

1959년 북조선 귀국 운동이 시작되었다. 1984년까지 총 9만 3천 명에 이르는 재일 조선인들이 북조선으로 귀국했다.

1962년 11월 16일 오전 10시 미야기宮城 형무소에서 재일 조선인 이진우(일본 이름 가네코 지즈오金子鎭宇)의 교수형이 집행된다. 1958년 일본 경찰은 같은 학교 여학생 두 사람을 죽였다며 고마쓰가와小松川 고등학교에 다니던 이진우를 구속 수감한다. 변호사가 정밀한 정신감정을 요구했지만 받아들여지지 않았고, 소년범죄로는 이례적으로

1961년 8월 사형이 확정되었다.

1965년 대한민국 정부와 일본 정부가 한일기본조약韓日基本條約을 맺는다. "한국 국적 보유자에게만 '협정 영주권'을 부여한다."는 조항에 따라, 일본 영주권을 얻기 위해 외국인 등록 때 국적을 '조선'에서 '한국'으로 바꾸는 사람이 늘어났다. 하지만 "자격 취득자의 손자 이후 재류 자격은 미정"으로 남겨둔 채, 1991년까지 양국 정부가 협의하기로 한다.

1968년 일명 김희로(권희로) 사건이 터져, 재일 조선인 문제를 일본 사회에 도발적으로 환기했다. 김희로는 2월 20일 빚 독촉을 하러 온 야쿠자 두 명이 "조센진, 더러운 돼지새끼!"라고 한 말에 격분, 라이플총으로 이들을 살해한 뒤 다이너마이트와 실탄을 가지고 도주해 한 여관에서 투숙객들을 인질 삼아 나흘 동안 경찰과 대치했다. 김희로는 경찰들의 재일 조선인 차별을 고발하기 위해 사건을 일으켰다고 주장하며 텔레비전을 통해 경찰의 사과를 받아 냈다. 체포된 뒤 8년 간의 재판 끝에 무기징역을 선고받고 구마모토 형무소에 수감되었다. 1999년 9월 7일 31년 만에 석방된 뒤, 7년 이상 복역한 외국인 장기수는 법적으로 국외 추방토록 되어 있는 일본 법규에 따라 한국으로 돌아왔다.

1970년 10월 6일 와세다 대학에 재학 중이던 재일 조선인 양정명(일본 이름 야마무라 마사아키山村政明)이 분신자살했다. 현장에 남아 있던 '항의·탄원서'에는 "남·북조선의 자주적 평화통일 실현!", "재일 조선인의 민주적 민족 권리를 탄압하는 것을 용납하지 말자!", "김희로 동포의 법정 투쟁을 단호히 지지한다!"라는 구호가 쓰여 있었다.

1991년 '샌프란시스코 강화조약에 따른 일본의 국적 이탈자 등의 출입국에 관한 특례법入管特例法 입관특례법'이 성립되면서, 한국 국적이나 조선 적 구별 없이 모두 '특별 영주권자'로 일본에 거주할 수 있게 되었다. 한·일 외상각서를 통해 영주권자에 대한 지문 날인 제도가 폐지되었다.

1995년 일본 국회에서 일본의 식민지 지배 및 전쟁 책임에 대한 반성을 담은 '전후 50년 결의'가 채택된다. 무라야마 수상은 전후 50년 패전 기념일을 맞아 '8·15 담화'를 발표하면서, 과거 일본의 잘못을 공식적으로 반성하고 사과한다.

2002년 9월 17일 일본 고이즈미 수상이 방북해 '조일 평양 선언'을 발표한다. 제2조에는 "일본 측은 과거 식민 지배로 인하여 조선 인민에게 크나큰 손해와 고통을 준 역사적 사실을 겸허하게 받아들이며 통절한 반성과 마음으로부터 사죄의 뜻을 표명한다."는 내용이 담겼다. 한편 1978년 즈음 이루어진 북의 일본인 납치 문제에 대한 김정일 국방 위원장의 사죄와 재발 방지 약속도 담겼는데, 일본 언론은 식민 지배에 대한 일본 정부의 반성에 대한 언급은 제쳐 둔 채 이것만 강조하면서 소위 '납치 문제'에 대한 일본 내 비난 여론을 부추긴다. 이 일로 재일 조선인 가운데 '조선' 적에서 '한국' 국적으로 바꾸거나 '일본' 국적으로 귀화하는 사람이 급증했다.

2005년 재일 조선인 인구는 '조선' 적과 '한국' 국적을 합쳐 598,687명으로 집계되었다. 그 중 '특별 영주권자'는 451,909명이다.

팔레스타인 분쟁사

1897년 유럽에서 반反유대인 움직임이 일어나자, 유대인들이 스위스 바젤Basel에 모여 제1차 시온주의자회의The First Zionist Congress를 개최한다. '조국 시온(팔레스타인)의 언덕으로 돌아가 새로운 유대인 국가를 건설하자.'는 '바젤 계획Basel Program'을 채택하고 민족주의 운동을 펼쳐 나간다.

1915년 영국은 제1차 세계대전이 일어나자 독일 편이던 오스만 제국을 견제하기 위해, 오스만 제국 내 아랍인들의 반란을 지원했다. 영국 고등판무관 맥마흔Henry Macmahon은 1915년 1월부터 이듬해 3월까지 이런 내용이 담긴 서한을 메카의 샤리프(무함마드의 직계 자손에게 붙이는 호칭) 후세인Husayn bn Ali 1852~1931에게 10여 차례 보내, 그 대가로 아랍인들이 팔레스타인을 비롯한 아랍 독립국을 세울 수 있도록 돕겠다고 약속했다. 이는 맥마흔 선언McMahon Declaration으로 불린다.

1917년 벨푸어 선언Balfour Declaration이 나왔다. 영국 외무장관 아서 벨푸어A. J. Balfour는 미국 내 유대인의 환심을 사 미국을 제1차 세계대전에 끌어들이기 위해, 시오니즘 운동을 재정적으로 후원하던 영국계 유대인 로스차일드 경Lionel Walter Rothschild 1868~1937에게 서한을 보내 유대인들이 팔레스타인에 민족국가를 건설하는 것을 지지한다는 약속을 했다.

1920년 영국은 산 레모 회의Conference of San Remo에서 팔레스타인 지역을 이라크, 요르단과 함께 자신의 위임통치 아래 편입시키고, 팔레스타인으로 이주해 오는 유대인들에게 유리한 정책을 폈다. 이때부터 유대인이 팔레스타인에 대규모로 이주하기 시작했다.

1939년 독일의 폴란드 침공으로 제2차 세계대전이 터지면서 나치의 유대인 대학살이 시작된다. 이를 피해 유럽 전역의 유대인들이 팔레스타인 지역으로 대거 이주하자 팔레스타인 지역에 유대인 소유 토지가 늘어났다. 때문에 아랍 민족들 사이에 반유대인 운동이 촉발되어 아랍 민족과 유대인 사이에 크고 작은 분쟁이 자주 일어났다.

1945년 제2차 세계대전 종전과 함께 영국의 팔레스타인 위임통치도 끝났다. 팔레스타인은 미국과 소련 두 강대국의 영향력 아래로 편입되었다.

1947년 미국과 소련이 팔레스타인 문제를 UN에 넘기면서 이 지역 분쟁은 국제 문제가 되었다. UN은 아랍 세력의 강한 반대를 무릅쓰고 팔레스타인 지역을 아랍인 구역과 유대인 구역으로 나누는 분할 독립안을 가결한다.

1948년 5월 14일 이스라엘이 건국을 선언했다. UN의 분할 독립안을 거부하는 아랍 국가들이 팔레스타인으로 진격해 제1차 중동전쟁이 터진다.

1949년 UN이 중재에 나서 전쟁이 끝났다. 이스라엘은 이 전쟁으로 팔레스타인 영토 70%를 차지했고, 팔레스타인인 8만 5천여 명이 강제 추방되었다.

1956년 이집트 총리 나세르가 수에즈 운하 국유화를 선언하자 영국과 프랑스가 이스라엘과 함께 수에즈 운하에 대한 지배권을 되찾겠다며 군사작전을 전개한다. 이것은 제2차 중동전쟁으로도 불린다. 이스라엘은 이 전쟁에서 이집트 시나이 반도의 요충지를 점령했다.

1964년 5월 29일 팔레스타인해방기구Palestine Liberation Organization, 즉 PLO가 창설된다.

1967년 시리아와 이집트가 군사동맹을 맺고 이스라엘 공격을 준비했지만 이스라엘이 선제공격을 해 제3차 중동전쟁은 6일 만에 끝났다. 이스라엘은 시나이 반도, 골란 고원, 가자 지구, 서안 지구 등 본토의 5배에 달하는 광대한 지역을 점령했다. 11월 UN 안전보장이사회는 이스라엘의 점령지 철군을 촉구하는 결의안 242호를 채택한다.

1969년 제5차 팔레스타인민족평의회Palestine National Council, PNC에서 파타 지도자 야세르 아라파트Yasser Arafat가 PLO 의장으로 선출되었다.

1973년 이집트와 시리아가 수에즈 지대 이스라엘군을 기습 공격한다. 제4차 중동전쟁으로 불린다.

1974년 UN이 팔레스타인인의 독립과 자결권을 인정한다. PLO는 옵저버 자격을 얻어 팔레스타인 대표 체제로 공인받는다.

1977년 5월 이스라엘 총선에서 노동당이 패하고, 우익 연합 정권이 들어선다. 11월에는 이집트 대통령 사다트가 이스라엘을 방문한다.

1978년 미국 대통령 카터Jimmy Carter의 중재로 이집트와 이스라엘이 캠프 데이비드 협정 Camp David Accords을 맺는다.

1979년 3월, 이집트가 아랍 국가로는 처음으로 이스라엘과 평화협정을 맺는다.

1980년 이스라엘은 제3차 중동전쟁과 제4차 중동전쟁에서 점령한 동예루살렘과 가자 지구 및 골란 고원을 1981년까지 이스라엘 영토로 공식 합병한다.

1981년 이집트 대통령 사다트가 암살된다.

1987년 이스라엘 점령 지역에서 이스라엘군 지프차가 팔레스타인 노동자들을 태운 트럭 두 대를 일부러 들이받아 팔레스타인인 4명이 죽는다. 팔레스타인인들이 이 사건에 항의해 시위를 벌이다가, 팔레스타인 청년 1명이 이스라엘군 총에 맞아 숨졌다. 시위는 순식간에 점령지 전역으로 퍼져나가 제1차 인티파다intifada 반反이스라엘 저항운동로 번진다. 이 무장봉기는 1993년까지 계속돼 팔레스타인인 천여 명이 희생되었다. 한편 1987년 말 아마드 야신Ahmad Yasin이 반反이스라엘 팔레스타인 무장 저항 단체 하마스HAMAS를 창설한다.

1988년 아라파트는 팔레스타인민족평의회를 통해 가자 지구와 요르단 강 서안 지구를 영토로 하는 팔레스타인 독립국을 선포하는 한편, 서방 외교를 강화해 60여 개 국에서 팔레스타인 독립을 승인받는다.

1991년 마드리드에서 열린 중동평화회담에서, 팔레스타인 대표를 비롯한 아랍 국가 대표들이 이스라엘 대표와 처음으로 만난다. 이 교섭은 1992년 워싱턴에서 마무리된다.

1992년 이스라엘 총선에서 노동당이 승리해, 라빈Yitzhak Rabin — 페레스Shimon Peres 정권이 들어선다. 중동평화회담을 비롯한 모든 정치적 협상에 반대해 온 하마스 지도부가 레바논으로 추방된다.

1993년 제1차 인티파다가 계속되자 팔레스타인 문제가 세계적인 쟁점으로 떠오르면서 오슬로 협정Oslo Accords이 체결된다. 이스라엘은 PLO를 합법적인 팔레스타인 정부로 인정하고, PLO도 이스라엘의 존재 근거를 인정하면서 공존의 가능성을 제시했다. 곧이어 라빈 총리와 아라파트 의장이 미국 백악관에서 '팔레스타인 자치 확대를 위한 원칙 선언'에 서명하면서 가자 지구와 서안 지구 일부가 팔레스타인 자치 지구가 되었다. 그러나 하마스는 이에 반대하면서 이스라엘에 대한 무장 공격을 감행한다.

1995년 9월 라빈 총리와 아라파트 의장은 팔레스타인인의 자치를 요르단 강 서안에 있는 7개 도시로 확대하는 협정에 서명한다. 그 해 11월 라빈 총리가 이스라엘 극우파 청년에게 암살당한다.

1996년 1월 20일 팔레스타인 첫 총선이 열려 아라파트가 팔레스타인 자치 정부 수반으로 선출되었다. 이스라엘에서는 우익 성향의 네타냐후Benjamin Netanyahu가 총리에 당선되면서 평화 정착을 위한 그간의 노력을 후퇴시키는 강경 정책을 펼친다. 이 해, 처음으로 팔레스타인 자살 테러가 일어난다.

1998년 이스라엘과 PLO는 오슬로 협정의 실천 방안을 담은 와이 리버 협정Wye River Memorandum에 서명한다.

1999년 이스라엘 총선에서 노동당 후보 에후드 바라크Ehud Barak가 총리로 당선된다. 와이 리버 협정을 일부 수정한 이른바 와이II 협정이 체결된다.

2000년 당시 야당 당수였던 샤론Ariel Sharon이 동예루살렘에 있는 알 아크사 사원Al-Aqsa mosque을 방문하면서 제2차 인티파다가 일어난다. 이 일을 빌미 삼아 이스라엘은 팔레스타인 자치 지구를 다시 점령했다. 한편 PLO는 팔레스타인 독립국가 선포를 천명하지만, 조지 부시가 미국 대통령으로 당선되면서 PLO와 아라파트는 더욱 고립된다.

2001년 강경파 샤론이 이스라엘 총리로 당선된다.

2002년 가자 지구와 요르단 강 서안 지구에서 유혈 충돌이 격화된다. 이스라엘은 팔레스타인의 자살 폭탄 테러를 막겠다며 요르단 강 서안 지구에 보안 장벽을 세우기 시작한다. 한편 조지 부시 미국 대통령은 팔레스타인 독립국가 출범 지지를 선언한다. 이 해, 미국, 러시아, 유럽연합EU, UN이 후원해 2005년까지 팔레스타인 독립국가를 세우겠다는 중동 평화 로드맵Road map for Middle East peace이 처음으로 공개된다.

2003년 팔레스타인 쪽에서 온건파인 마흐무드 압바스Mahmoud Abbas 총리 체제가 출범하면서, 이스라엘은 6월부터 북쪽에 있는 군대를 철수하기 시작했고, 팔레스타인 자치 정부가 자치 지구를 통제하기 시작했다. 압바스와 샤론은 중동 평화 로드맵에 합의한다.

2004년 샤론 총리는 가자 지구 21개 정착촌 철수 계획을 발표한다. 한편 이스라엘 정부가 하마스 인사들에 대한 표적 암살을 공식 선언한 뒤, 3월 하마스 창시자 야신이 이스라엘의 미사일 공격으로 목숨을 잃는다. 후임 지도자 란티시Abdel Aziz al-Rantissi도 한 달이 채 지나지 않아 표적 살해된다. 새 지도자가 된 칼레드 마샬Khaled Mashal은 시리아의 수도 다마스쿠스Damascus로 망명했다. 한편, 11월에는 아라파트 팔레스타인 자치 정부 수반이 사망한다.

2005년 마흐무드 압바스가 팔레스타인 자치 정부 수반으로 취임한다. 샤론과 압바스는 상호 적대 관계를 끝내기 위해 이집트 샤름 엘-셰이크Sharm El-Sheikh에서 정상회담을 열고 평화 선언을 채택한다. 9월 이스라엘이 가자 지구에서 이스라엘 정착촌 및 주둔 병력을 모두 철수한다. 이로써 이스라엘은 38년에 걸친 가자 점령을 끝낸다.

2006년　샤론 총리가 뇌졸중으로 뇌사 상태에 빠져, 에후드 올메르트Ehud Olmert 총리 체제가 열린다. 1993년 팔레스타인 자치 정부 출범 후, 두 번째 총선에서 강경파 하마스가 압도적으로 승리한다. 이스라엘은 헤즈볼라Hezbollah 레바논 이슬람 무장 운동 단체가 이스라엘 병사를 납치했다며 레바논을 침공해 제2차 레바논 전쟁을 일으킨다.

2007년　이스라엘은 하마스가 가자 지구에서 대중적인 지지를 받자 봉쇄 정책을 더욱 강화한다. 9월에는 시리아 핵 의혹 시설을 공습한다. 11월에 이스라엘은 하마스를 배제한 채, 압바스 수반 진영과 팔레스타인 자치 국가 수립을 위한 협상 재개에 합의한다.

2008년　6월 19일 이집트의 중재로 이스라엘과 팔레스타인이 휴전협정을 맺는다. 하지만 그 뒤로도 크고 작은 분쟁이 계속되었다. 12월 27일 이스라엘은 가자 지구에 대한 대대적인 공습과 포격을 가하고, 지상군을 투입했다.

2009년　1월 12일 현재까지 가자 지구에서는 이스라엘의 무차별적인 공격으로 팔레스타인인 사상자가 5천여 명에 이르고 있다. 이스라엘은 UN 안전보장이사회의 휴전결의안마저 거부하고 공격을 멈추지 않고 있다.